经合组织-粮农组织 2019—2028 年农业展望

中文译校者：

　　许世卫　王盛威　李干琼　王东杰　刘佳佳

　　张永恩　喻　闻　王　禹　僧珊珊

（中国农业科学院农业监测预警创新团队）

图书在版编目（CIP）数据

经合组织-粮农组织2019—2028年农业展望/经济合作与发展组织，联合国粮食及农业组织著.—北京：中国农业科学技术出版社，2020.2
ISBN 978-7-5116-4608-8

Ⅰ.①经… Ⅱ.①经…②联… Ⅲ.①农业经济—经济发展趋势—分析—世界—2019-2028 Ⅳ.①F313

中国版本图书馆CIP数据核字（2020）第023346号

责任编辑　张志花
责任校对　贾海霞

出 版 者	中国农业科学技术出版社 北京市中关村南大街12号　邮编：100081
电　　话	（010）82106636（编辑室）（010）82109702（发行部） （010）82109709（读者服务部）
传　　真	（010）82106631
网　　址	http://www.castp.cn
经 销 者	各地新华书店
印 刷 者	北京地大天成文化发展有限公司
开　　本	889毫米×1 194毫米　1/16
印　　张	12.75
字　　数	300千字
版　　次	2020年2月第1版　2020年2月第1次印刷
定　　价	198.00元

◀━━ 版权所有·侵权必究 ━━▶

《经合组织－粮农组织2019—2028年农业展望》由经济合作与发展组织（经合组织）秘书长和联合国粮食及农业组织（粮农组织）总干事负责出版发行。本报告中涉及的观点和结论并不一定与经合组织成员国政府或粮农组织成员国政府相一致。

本信息产品中使用的名称和介绍的材料，并不意味着粮农组织和经合组织对任何国家、领地、城市、地区或其当局的法律或发展状态、或对其国界或边界的划分表示任何意见。

提及具体的公司或厂商产品，无论是否含有专利，并不意味着这些公司或产品得到粮农组织或经合组织的认可或推荐，优于未提及的其他类似公司或产品。粮农组织和经合组织已采取所有合理预防措施来核实本出版物内容；但出版材料分发时，不附带任何明确或暗含的保证。解释和使用材料的责任取决于读者，粮农组织和经合组织对于因使用材料造成的损失不承担任何责任。

本出版物中所包含的文件和任何地图并不意味着对任何领土的状态或主权、对国际边界和界限的划定以及对任何领土、城市或地区的命名表示任何意见。

引用该出版物的格式为：
OECD/FAO (2019)，经合组织－粮农组织农业展望 2019—2028, OECD Publishing, Paris/FAO, Rome, https://doi.org/10.1787/9db040d8-zh.

ISBN 978-92-64-72571-3 (PDF)

FAO
ISBN 978-92-5-131398-5 (Print and PDF)

以色列的统计数据由以色列当局提供和负责。经合组织使用该数据并不意味着按照国际法条款对戈兰高地、东耶路撒冷和以色列在约旦河西岸的定居点表示任何意见。

联合国关于耶路撒冷问题的立场载于 1947 年 11 月 29 日联合国大会决议第 181 号（Ⅱ）以及联大和安理会关于该问题的后续决议之中。

图片来源：封面 © 由经合组织在 Juan Luis Salazar 的原版封面概念设计的基础上改编。

经合组织出版物的勘误可登陆：www.oecd.org/about/publishing/corrigenda.htm.

© OECD/FAO 2019

允许为个人使用目的，复制、下载或打印经合组织内容，也可在自己的文件、演示文稿、博客、网站和教材中引用经合组织/粮农组织的出版物、数据库和多媒体产品，但需注明经合组织/粮农组织为资料来源和版权所有者。所有公共或商业用途授权及翻译权申请，应发送电子邮件至 *rights@oecd.org*。如需申请获许将影印本资料之相关部分用于公共或商业用途，请直接通过 *info@copyright.com* 联系版权审核中心（CCC）或通过 *contact@cfcopies.com* 联系法国版权中心（CFC）。

前 言

全球农业已发展为高度多样化，经营者既有小型自给自足的农场，也有大型跨国公司。农产品在当地市场新鲜出售，也通过复杂而现代的价值链在世界各地销售。除了为人类提供食物的传统作用外，农民还是自然环境的重要监护人，并已成为可再生能源的生产者。

为了满足社会对农业的高度期望，公共和私人决策者都需要可靠的信息，以了解全球需求、供给、贸易和价格的可能趋势及其驱动因素。为此，《经合组织－粮农组织农业展望》是为国家、区域和全球农产品市场提供全面的中期基线情景的年度报告。

除了为未来10年的农业市场提供合理的基线情景外，本《经合组织－粮农组织2019—2020年农业展望》（以下简称《展望》）还列出了一系列农业市场风险以帮助决策者更好地进行预测和管理，包括动植物疾病的传播、日益极端的气候事件风险，以及贸易紧张局势加剧可能造成的供给中断。

《经合组织－粮农组织2019—2028年农业展望》预测，未来10年农产品需求将增长15%。满足这些需求的方式将决定农业对自然资源基础的影响，尤其是对土地、水和生物多样性的影响。粮食产量增长还伴随着更高的温室气体排放，近1/4的排放来自农业、林业和土地用途的变化。

毋庸置疑，当前农业在减少碳足迹以及缓解气候变化方面，面临日益剧增的压力。

与此同时，近20亿人依靠农业谋生。世界上大多数最贫穷人口仍将在农村生活，并依靠农业获得大部分收入。全世界约有8.2亿人营养不足，而数百万人则患有其他形式的营养不良，如微量营养素缺乏和肥胖。

本报告支撑着我们的成员国在消除饥饿、实现粮食安全、改善营养和促进2030年可持续农业方面的努力，这是可持续发展目标和《联合国气候变化框架公约》各缔约方于2015年达成的《巴黎协定》所承诺的。

本《展望》有一个特别章节，重点介绍拉丁美洲及加勒比地区农业的前景和面临的挑战。该地区高度多样化，已成为世界上最大的农产品出口地区，并有望在未来10年中进一步巩固这一地位。该地区还拥有世界57%的原始森林和40%~50%的生物多样性来源。因而，拉丁美洲及加勒比地区应采用因地制宜且协调一致的政策措施，以创造一个支持农民生计、保护自然资源基础、促进与进口地区互利贸易关系的有利环境。

该报告促进了我们两个机构之间更广泛的合作，包括通过二十国集团和七国集团伙伴进行的合作努力。特别值得指出的是，农业市场信息系统（AMIS）通过提供有助于提高市场透明度以及更好地协调对粮食安全政策反映的短期信息，对本中期展望进行了补充。

我们希望新一期联合出版的展望报告将再次为我们的成员国政府以及所有其他利益相关者提供有用的前瞻性市场信息和分析。这些见解可以使各国有能力做出明智的政策决策，从而造福国民并保护其赖以生存的自然资源。我们的机构致力于共同努力以确保可持续利用自然资源基础、改善全球粮食安全和营养状况，为实现可持续发展目标作出有意义的贡献。

经济合作与发展组织

秘书长

安赫尔·古里亚

联合国粮食及农业组织

总干事

若泽·格拉齐亚诺·达席尔瓦

致 谢

《经合组织–粮农组织2019—2028年农业展望》是经济合作与发展组织和联合国粮食及农业组织共同努力的结果。本《展望》汇集了两个组织在商品、政策和国别方面的专业知识以及成员国合作伙伴的意见,对未来10年国家、区域及全球农产品市场前景进行了年度评估。

本《展望》由经合组织和粮农组织两个秘书处共同编写。

在经合组织,基线预测和《展望》的编写人员如下:贸易和农业总司 Marcel Adenäuer、Jonathan Brooks(处长)、Koen Deconinck、Annelies Deuss、Armelle Elasri(出版事务协调员)、Hubertus Gay(《展望》事务协调员)、Céline Giner、Gaëlle Gouarin 和 Claude Nenert;农产品贸易与市场处 Ana-Maria Muresan 和 Grégoire Tallard;自然资源政策处 James Innes 负责鱼品和海产品;经合组织种子计划的 Csaba Gaspar 和 Sophia Gnych 负责植物育种创新插文。经合组织秘书处对以下访问专家做出的贡献表示感谢,包括 Abdi Ali(加拿大农业及农业食品部)、Aline Gomes de Almeida Gastardelo(巴西农业、畜牧业和食品供应部)和喻闻(中国农业科学院农业信息研究所)。局部随机建模基于欧盟委员会联合研究中心农业经济部的工作而建立;Thomas Chatzopoulos 和 Ignacio Pérez Domínguez 负责极端气候事件插文。会议组织及文件编写工作由 Kelsey Burns、Helen Maguire 和 Michèle Patterson 完成。Karine Lepron、Eric Espinasse 和 Frano Ilicic 为建立《展望》数据库提供了技术帮助。经合组织秘书处许多其他同事和成员国代表团就报告初稿提出了有益的评论意见。

联合国粮农组织方面,在 Boubaker Ben-Belhassen(贸易与市场司司长)和 Josef Schmidhuber(贸易与市场司副司长)的领导下,在 Máximo Torero(经济及社会发展部助理总干事)和经济及社会发展部管理小组的总体指导下,贸易与市场司经济学家和商品官员完成了基线预测和《展望》编写。核心预测小组成员包括:Francesca Biasetton、Katia Covarrubias、Sergio René Araujo Enciso、Holger Matthey(组长)、Svetlana Mladenovic 和 Javier Sanchez Alvarez。鱼品和海产品团队包括粮农组织渔业及水产养殖部的 Stefania Vannuccini 和 Adrienne Egger,Pierre Charlebois 提供了技术支持。来自海洋原料组织(IFFO)的 Enrico Bachis 就鱼粉和鱼油问题提供了咨询。有关粮农组织统计数据库的观点和支持由 Salar Tayyib、Carola Fabi

和 Alicia English 提供。商品方面的专业知识由以下人员提供：Abdolreza Abbassian、ElMamoun Amrouk、Thomas Bower、Erin Collier、Jean Luc Mastaki Namegabe、Shirley Mustafa、Adam Prakash、Peter Thoenes、G.A. Upali Wickramasinghe 和 Di Yang。动物饲料和食物之间的权衡插文由 Anne Mottet 和 Alessandra Falcucci 提供。我们对来自比勒陀利亚大学粮食和农业政策局的访问专家 Tracy Davids 表示感谢。David Bedford、Julie Claro、Harout Dekermendjian、Annamaria Giusti、Kotomi Honda、Yanyun Li、Lavinia Lucarelli、Emanuele Marocco 和 Marco Milo 协助了研究工作和数据库的构建。粮农组织和成员国机构其他同事对本《展望》提出了评论意见。Araceli Cardenas、Ettore Vecchione、Yongdong Fu、Jessica Mathewson 和 Raffaella Rucci 在出版和宣传方面提供了宝贵的帮助。

粮农组织和经合组织秘书处在 Salomón Salcedo Baca 领导下，编写了《展望》第二章"拉丁美洲农业：前景与挑战"。有关肥胖问题的插文由经合组织秘书处的 Céline Giner、Aline Gomes de Almeida Gastardelo 和 Ana-Maria Muresan 提供。有关香蕉和热带水果的插文由粮农组织秘书处的 Sabine Altendorf 和 Giuseppe Bonavita 提供。

最后，诚挚感谢国际棉花咨询委员会、国际乳业联合会、国际肥料协会、国际谷物理事会、国际食糖组织、海洋原料组织（IFFO）及世界甜菜和甘蔗种植者协会提供的信息及反馈。经合组织秘书处还感谢国际种子联合会就植物育种创新插文提供的投入。

包括历史数据和预测数据及信息完整的展望数据库的完整《展望》，可通过经合组织－粮农组织联合网站获取：www.agri-outlook.org。已出版的《经合组织－粮农组织 2019—2028 年农业展望》载于经合组织数字图书馆。

目 录

内容提要 ·· 13

第一章 概 述 ·· 15
 引言 ·· 16
 价格 ·· 18
 消费 ·· 20
 生产 ·· 31
 贸易 ·· 42
 风险和不确定性 ··· 46

第二章 拉丁美洲农业：前景与挑战 ···································· 57
 引言 ·· 58
 农业发展 ··· 59
 中期展望 ··· 68
 战略挑战和政策选择 ·· 82
 结论 ·· 94
 参考文献 ··· 99

第三章 谷 物 ·· 105
 市场形势 ··· 106
 预测要点 ··· 106
 价格 ·· 107
 生产 ·· 108
 消费 ·· 111
 贸易 ·· 115
 主要问题和不确定性 ·· 118

第四章 油籽和油籽产品 ·· 121
 市场形势 ··· 122
 预测要点 ··· 122
 价格 ·· 123

油籽产量	124
油籽压榨及植物油和蛋白粉生产	125
植物油消费	127
蛋白粉消费量	128
贸易	129
主要问题和不确定性	130

第五章　糖　类　133

市场形势	134
预测要点	134
价格	135
生产	137
消费	139
贸易	141
主要问题和不确定性	143

第六章　肉　类　145

市场形势	146
预测要点	146
价格	148
生产	149
消费	153
贸易	154
主要问题和不确定性	156

第七章　奶和乳制品　157

市场形势	158
预测要点	158
价格	159
生产	160
消费	162
贸易	162
主要问题和不确定性	164

第八章　鱼品和海产品　167

市场形势	168
预测要点	168
价格	170
生产	171

消费	173
贸易	175
主要问题和不确定性	177

第九章	生物燃料	179
	市场形势	180
	预测要点	180
	价格	181
	生产	182
	贸易	189
	主要问题和不确定性	190

第十章	棉 花	193
	市场形势	194
	预测要点	194
	价格	196
	生产	197
	消费	199
	贸易	200
	主要问题和不确定性	201

内容提要

《经合组织-粮农组织2019—2028年农业展望》是经合组织与粮农组织集体智慧的结晶，是在各成员国政府及大宗商品专业组织专家所提供内容的基础上编写的。本《展望》对国家、区域和全球农渔产品市场十年前景做出一致评估。今年《展望》特别聚焦拉丁美洲及加勒比。

持续多年的强劲供给拉低了多数大宗农产品的国际价格，而谷物、牛肉和羊肉价格出现短期反弹。随着生产率增速继续超过需求增速，未来10年，本《展望》所涵盖几乎所有商品的实际价格预计都将维持或低于当前水平。

日益增加的全球人口将继续消耗更多农产品，包括食用、饲用及工业用农产品。未来10年，新增粮食需求中的大部分将来自人口增速高的区域，尤其是撒哈拉以南非洲、印度、中东和北非。

主粮人均消费量预计将停滞不前，因为世界多数人口的需求已达到饱和。美洲肉类需求量预计将相对强劲，而低收入将继续制约撒哈拉以南非洲肉类消费。新鲜奶制品将满足亚洲（主要是印度）多数蛋白质需求量。更广泛而言，受城镇化和人们青睐更深加工和更方便食品的影响，食糖和植物油人均消费量预计将会增加。

热量摄入过剩、饮食不均衡和活动水平下降，使世界许多国家的超重和肥胖负担日益加重。在许多低收入和中等收入国家，这些问题与食物不足和微量营养素缺乏症同时存在，构成营养不良的"三重负担"。

在动物食品强劲需求的刺激下，畜牧部门通过扩大畜群规模提高产量。如假设出栏率提高，则动物饲料需求量将得到刺激，玉米和大豆等饲料作物在全球作物组合中的份额预计将会扩大。因此，未来10年，新增饲用谷物消费量有望超过新增食用谷物消费量。

生物燃料是2000—2015年作物需求量增长的主要来源，但未来10年，生物燃料的作物需求量增速将会减缓，新增需求将主要来自使用植物油生产生物柴油的印度尼西亚以及使用木薯和甘蔗生产乙醇的中国和巴西。

未来10年，预计农业产量将增长15%，而全球农业土地使用量预计将大致持平。预计新增的作物产量将主要得益于单产提升和生产强度提高，两者均受技术创新驱动。预计新增的畜产品产量将主要得益于畜群扩大、饲料用量增加及饲料利用效率提升。鉴于捕捞渔业的限制因素，预计新增的鱼类和海产品供应量将几乎全部来自水产养殖；到 2028 年，水产养殖在总产量中所占份额将达到约 55%。

农业仍是全球温室气体的重要排放源。未来 10 年，农业（主要是畜牧业）以及稻米和合成肥料的直接排放量预计将以每年 0.5% 的速度增加；而过去 10 年，增速每年为 0.7%。这低于农业产量增速，表明碳强度随生产率提升而下降。

国际贸易对于越来越多的粮食进口国保障粮食安全仍将继续发挥关键作用。国际贸易对于拉丁美洲及加勒比等出口区域的收入和生计仍然非常重要，拉丁美洲及加勒比占全球农业出口的份额预计将继续扩大。黑海区域将巩固其作为小麦和玉米主要出口方的地位，大部分出口流向中东和北非。

世界农产品市场面临一系列新的不确定性，使传统上高风险的农业雪上加霜。供给方面的不确定性包括：非洲猪瘟等疫病的传播、抗微生物药物耐药性的增加、对新的植物育种技术的监管响应以及对日益频繁的极端气候事件的响应。需求方面的不确定性包括：随健康和可持续观念改变而不断调整的饮食以及对令人担忧的肥胖趋势做出的政策响应。另一个不确定因素是今后世界农产品市场若干重要参与者之间缔结的贸易协定的相关不确定性增加。持续紧张的贸易局势如若升级，则可能减少贸易量并改变贸易流向，给国际和国内市场造成影响。

拉丁美洲及加勒比

今年的专题章节聚焦拉丁美洲及加勒比，该区域水土资源丰富，占全球产量的 14%，占世界大宗农渔商品出口的 23%。未来 10 年，产量增速预计将会放缓；但 22% 的作物产量增速和 16% 的畜产品产量增速将分别较全球平均增速高 7 个和 2 个百分点。拉丁美洲及加勒比区域出口增加将对生产放缓构成限制，向拉丁美洲及加勒比各国展示全球层面贸易开放的重要性。到 2028 年，该区域将占全球农渔产品出口的 25% 以上。

该区域多数国家给农民提供的支持水平低于经合组织或全球平均水平，因此生产决策主要受市场信号影响。然而，由于该区域农村基础设施和研发举措多种多样，因此扩大公共战略投资支出以打造可持续提升农业生产力的有利环境的潜力也不尽相同。鉴于土壤侵蚀、森林砍伐和农业生产排放等问题，该区域多国政府还需要加强投资，以提高农业部门在保护环境方面的表现。

高价值水果和蔬菜作物拥有强劲的发展机会，为小农创造了契机，但针对小农的政策将需要根据小农的资源禀赋和市场潜力进行差别化设计。鉴于该区域农业生产的持续女性化趋势，特别需要关注女性农民，改进针对女性的教育、信贷和推广服务。

粮食安全仍是该区域备受关切的，许多家庭无力负担必需的食品。极端贫困自 2015 年起呈抬头趋势；主要问题是确保最贫困社区收入增长，而农业发展对于应对这项挑战可发挥重要作用。与此同时，拉丁美洲及加勒比区域还面临着超重和肥胖人数迅速增加的问题，肥胖和超重成为一项日趋严重的公共健康问题。为遏制上述趋势实施了若干举措，包括提供公共信息、出台产业规定和采取财政措施等。亟须对相关政策开展评价，以便加强并向他国推广成功举措。

第一章

概　述

引言

本《展望》为未来 10 年（2019—2028 年）国家、区域和全球大宗农渔商品市场演变确定了一致的基线情景。因此，本《展望》关注中期趋势，从而对短期市场监测和展望以及长期预测形成补充[①]。

本《展望》中的预测由经合组织和粮农组织与成员国和国际商品机构专家合作编写。本《展望》使用经合组织－粮农组织 Aglink–Cosimo 模型，将本《展望》涵盖的各部门联系起来并确保实现全球各市场的均衡。还可通过模型开展后续分析，包括考虑市场不确定性。关于预测所依据的方法以及 Aglink–Cosimo 模型文档的详细阐述可在线获取[②]。按大宗商品分列的预测，详见在线商品章节。

本《展望》所做预测既受当前市场条件（图 1.1），也受宏观经济、人口和政策环境相关假设（参见本章结尾插文 1.4）影响。展望期内，世界人口预计将达到 84 亿，其中大部分新增人口集中在撒哈拉以南非洲（新增 3 亿人）和南亚，尤其是印度（新增 1.89 亿人）。全球经济增长将呈现不均衡态势，印度和中华人民共和国（以下简称中国）的人均收入增长强劲，而撒哈拉以南非洲人均收入增长尤为乏力。尽管新兴市场人均收入增长强劲，但 2028 年收入水平预计仍将远低于经合组织国家。上述及其他假设，详见插文 1.4。

预测还受许多不确定因素的影响，详见本章结尾及在线商品章节。

[①] 短期市场监测和展望，可重点参见农业市场信息系统（www.amis-outlook.org）以及粮农组织全球信息和早期预警系统（www.fao.org/giews/en/）。到 2050 年的长期预测，可参见粮农组织（2018 年）《粮食和农业的未来——到 2050 年的其他路径》；Adenäuer、Brooks 和 Saunders（2019 年），"农产品市场长期挑战分析"，《经合组织粮食、农业和渔业文件》，即将出版；以及 Hertel 等人（2016 年）审查的其他方法 "长期粮食需求、农田使用及价格预测"，《资源经济学年度回顾》8，第 417-441 页。

[②] http://www.agri-outlook.org/about/

图 1.1 主要商品的市场情况

当前市场条件

谷物：2018 年，受小麦和其他粗粮收成减少影响，世界谷物产量连续第二年下降。相比之下，玉米产量增加。2018 年，稻米产量也有所增加，超过上一年的创纪录产量。全球谷物库存量 6 年内首次下降。

油籽：2018 年，美国和巴西大豆实现丰收。蛋白粉需求量逐渐减少，是由于中国对美国大豆征收关税且减少了饲料日粮中蛋白粉份额。价格于 2018 年上半年达到峰值，然后下跌，这部分是因高库存和市场不确定性引起。

食糖：继 2017—2018 年产量盈余达到创纪录水平后，由于印度、泰国和欧洲天气条件不佳，预计 2018—2019 年年盈余将有所减少。许多发展中国家食糖摄入量增长依然强劲。由于生产持续出现盈余，2017—2018 年多数时间，世界食糖价格相对疲软。

肉类：2018 年，牛肉、猪肉和禽肉产量增加，增产主要来自欧盟、俄罗斯和美国。中国产量因非洲猪瘟疫情暴发而下降。猪肉和禽肉价格下跌，而牛肉价格保持稳定。

奶类：2018 年，世界奶类产量增加了 1.6%，因为印度增产 3.0% 且三大主要奶制品出口方（欧盟、新西兰和美国）产量不断增加。黄油价格较去年创纪录水平下滑，而脱脂奶粉价格从一年前低位恢复。

鱼类：2018 年，鱼类产量、贸易量和消费量均达到历史峰值。产量增长是由于捕捞渔业产量（主要是南美洲秘鲁鳀）小幅提升且水产养殖产量以每年 3%~4% 的速度持续增长。鱼类价格在 2018 年上半年上扬，多数物种和产品价格始终高于 2017 年水平。

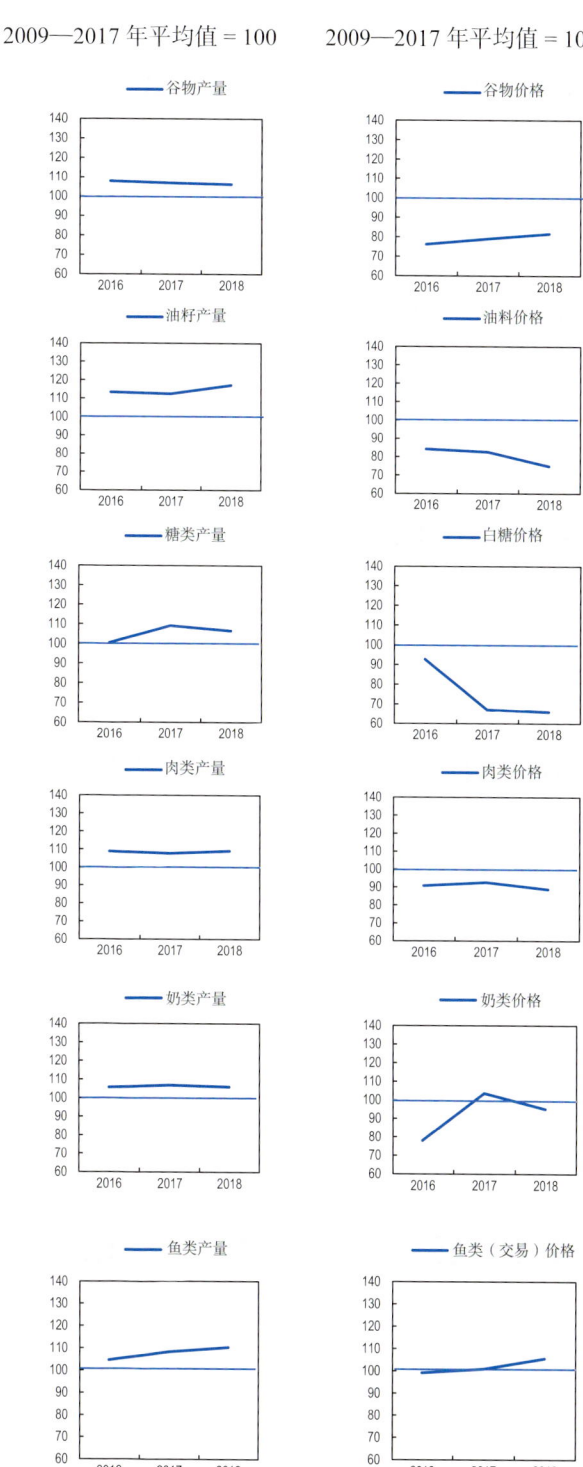

第一章 概述

生物燃料：2018年，多数主产区的产量增加。需求因强制性掺混要求及不断增加的总燃料需求量而得以持续。生物燃料与传统燃料价格比下降增加了非强制性生物燃料需求量，主要是在巴西。

棉花：2018销售年度棉花产量下降3%，因为主要生产国受有害生物和天气问题困扰。孟加拉国、土耳其和越南消费量强劲增长。全球库存量下降到约8个月的世界消费量。价格一直下跌，但仍高于棉花主要替代品聚酯。

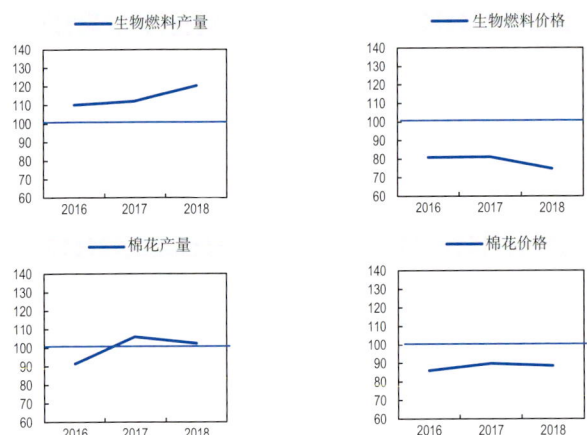

价格

《展望》使用每种商品的主要市场（如美国海湾港口、曼谷）价格作为国际参考价格。近期价格预测仍然受到近期市场事件（如干旱、政策变化）影响，而在预测期以外的年份，价格受基本供需条件驱动。干旱或衰退等冲击都会造成价格围绕上述价格路径波动，本章随后将通过部分随机分析加以探讨。

图1.2　2019—2028年大宗农业商品实际价格年均变化

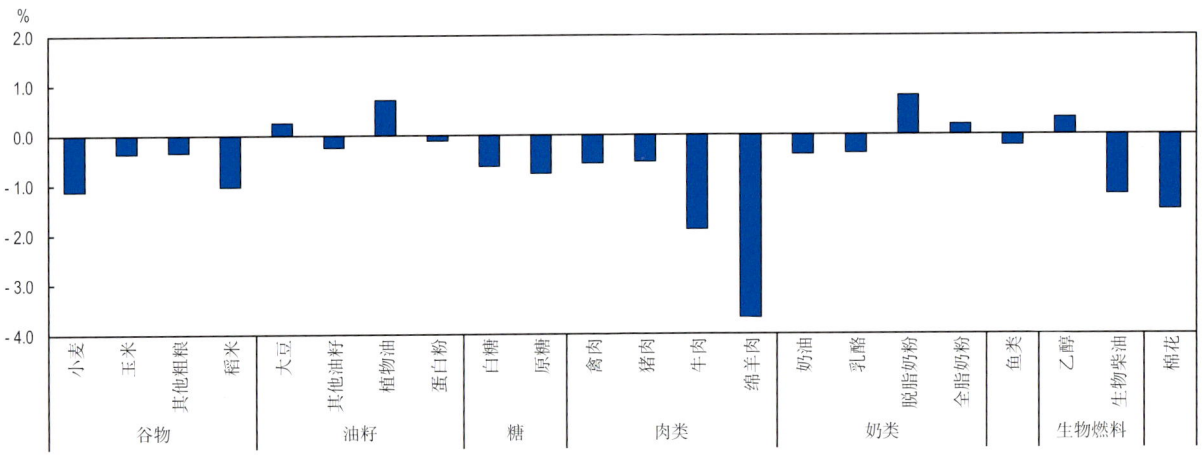

资料来源：经合组织／粮农组织（2019年），《经合组织－粮农组织农业展望》，经合组织农业统计（数据库），http://dx.doi.org/10.1787/agr-outl-data-en。

未来10年，本《展望》所涵盖多数商品的实际价格预计将会以每年1%~2%的速度下降（图1.3），因为生产率提升预计将在未来10年推动实际价格逐步下降。预计牛肉和羊肉价格将显著下跌。近年来攀高的牛肉价格刺激了牛存栏量的扩大。鉴于养牛所需时间更长，这将使接下来几年的供应量增加，价格回落。羊肉价格也较为相似，2017—2018年，羊肉实际价格上涨了20%以上；本《展望》预计，未来两年，羊肉实际价格将下降至2017年水平。对某些商品（植物油、脱脂奶粉和全脂奶粉、乙醇）而言，实际价格预计将保持不变或小幅上涨，因为起点相对较低。

图 1.3　商品实际价格中期演变

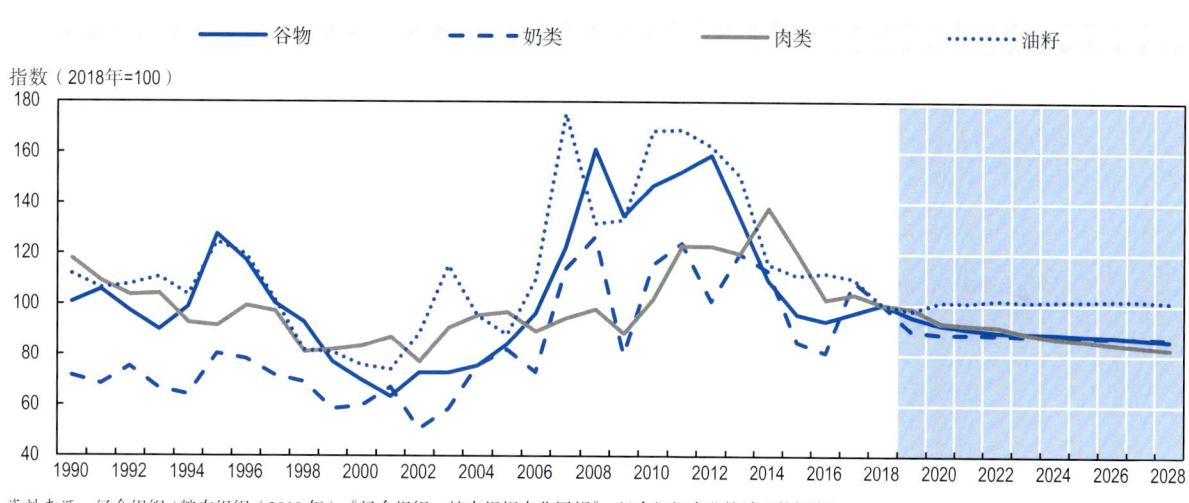

资料来源：经合组织／粮农组织（2019年），《经合组织–粮农组织农业展望》，经合组织农业统计（数据库），http://dx.doi.org/10.1787/agr-outl-data-en。

图1.3将这些实际价格预测纳入近期历史背景中。21世纪初至2007—2014年，谷物、油籽、奶类和肉类（等其他大宗农业商品）价格强劲增长，在某些情况下，实际价格在短期内翻了一番（图1.4）。然而，近年来价格下跌，且预计价格将维持或低于当前水平，因为未来10年边际生产成本将进一步下降。

图 1.4　商品实际价格长期演变

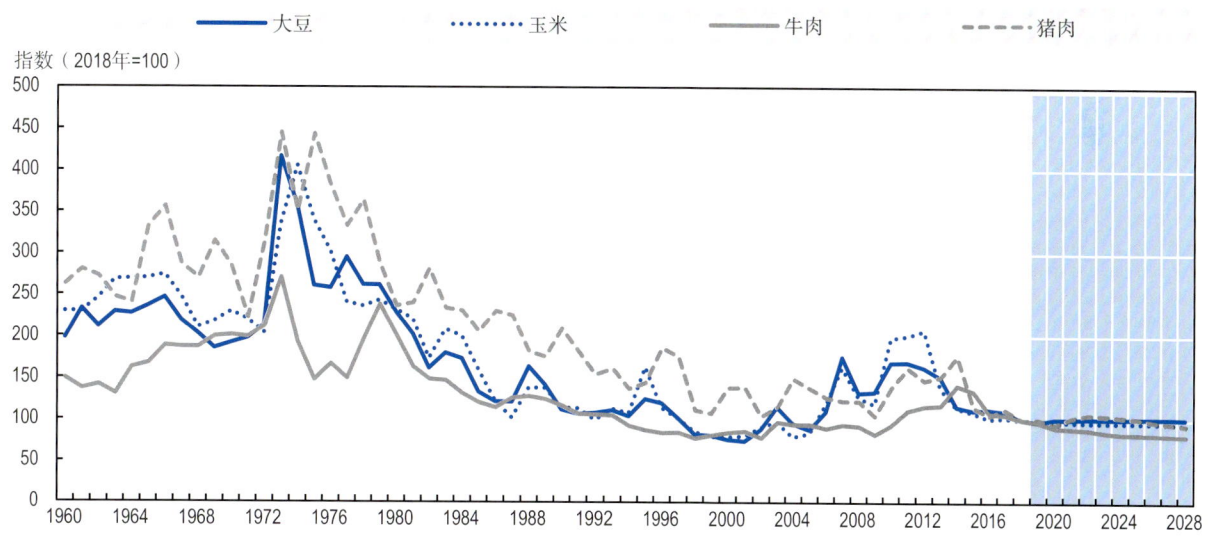

注：来自世界银行的大豆、玉米和牛肉历史数据，"世界商品价格数据"（1960—1989年）。来自美国农业部QuickStats的猪肉历史数据（1960—1989年）。
资料来源：经合组织／粮农组织（2019年），《经合组织–粮农组织农业展望》，经合组织农业统计（数据库），http://dx.doi.org/10.1787/agr-outl-data-en。

实际价格的预期下跌与长期下行趋势相一致（图1.4）。历史数据显示，农业商品价格往往高度相关，且长期趋于下跌。然而，历史数据还显示，在长期趋势之中会夹杂出现波动期和价格攀升期。20世纪70年代及最近即是如此。本《展望》中的价格预测体现了未来10年的结构性趋势，但不可预见的事件（如歉收、需求冲击）可能使价格围绕趋势波动。

价格下降给全球数百万消费者带来福音，但也给未能通过提高生产率使成本下降得足够低的那部分生产者造成收入压力。因此，低价环境可以增加对农民支持的需求，这反过来也会影响预测。

除国际价格演变外，大宗农业商品国内价格还受若干其他因素影响，如运输成本、贸易政策、税收和汇率。其中，汇率变化或许是主要的变化来源，因为汇率可能在短期内大幅变化。尽管国际价格体现全球供需条件信息，而大宗商品通常以美元报价，因此相对于美元的汇率变化是决定价格演变的另一个因素。汇率假设参见插文1.4。

消费

日益增加且日渐富裕的全球人口对粮食和原材料的需求将驱动未来10年的大宗农业商品需求。全球消费预计将尤其受以下因素影响：撒哈拉以南非洲受人口驱动的粮食需求量、受收入驱动新兴经济体对更高价值和更深加工食品的需求量、健康状况逐步改善形成的消费模式变化、先进经济体对环境和可持续性的意识。

大宗农业商品需求驱动力

农业商品用作食品、饲料、燃料和工业原材料。需求受一系列共同因素驱动，如人口动态、可支配收入、价格和消费者偏好。此外，如图1.7所示，存在一系列特定驱动力。

人口、收入水平和偏好直接影响粮食需求，因为其决定了消费者数量、理想"食物篮"和购买力。鉴于各项因素的巨大地理差异，其对粮食消耗量的相对影响也因国家和区域而异。除这些基本驱动力外，针对饲料、燃料和其他工业应用等非食用用途，还存在一系列特定驱动因素。例如，饲料需求源于对动物源性产品及各自畜牧生产系统的食用需求。这反过来有赖于背景政策和生产技术。农产品需求也依赖于影响可支配收入的更广泛政策。生物燃料是政策驱动需求的具体实例。本《展望》评估了若干政治和经济因素，以便预测生物燃料实际使用量以及由此衍生的对各类原料的需求量（详见生物燃料章节）。

食用是多数可食商品的主要用途，然而，饲料和燃料用途在最近数十年发展迅速。尤其是，以食用更大比重动物食品为特征的饮食习惯的演变以及畜牧业的相应发展，提升了饲料的重要性。未来10年，饲用谷物增量预计将超过食用谷物增量，而生物燃料原料使用量将保持强劲地位，但不会进一步增长（图1.5）。

图 1.5 主要大宗农业商品用途及需求驱动因素分解树

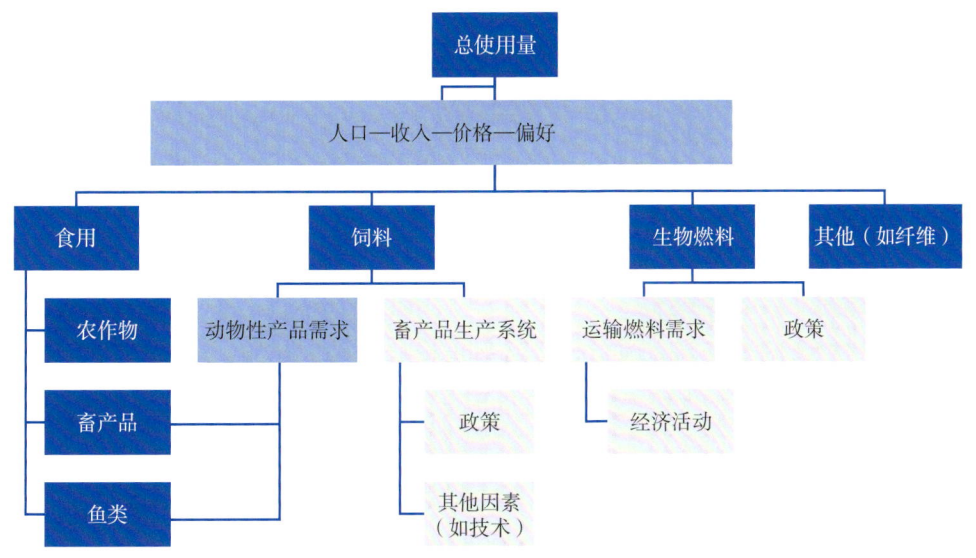

注：深蓝色方框代表大宗农业商品的用途；浅蓝色方框代表需求驱动因素；灰色方框代表生产和政策因素。

图 1.6 主要大宗商品的全球消费量

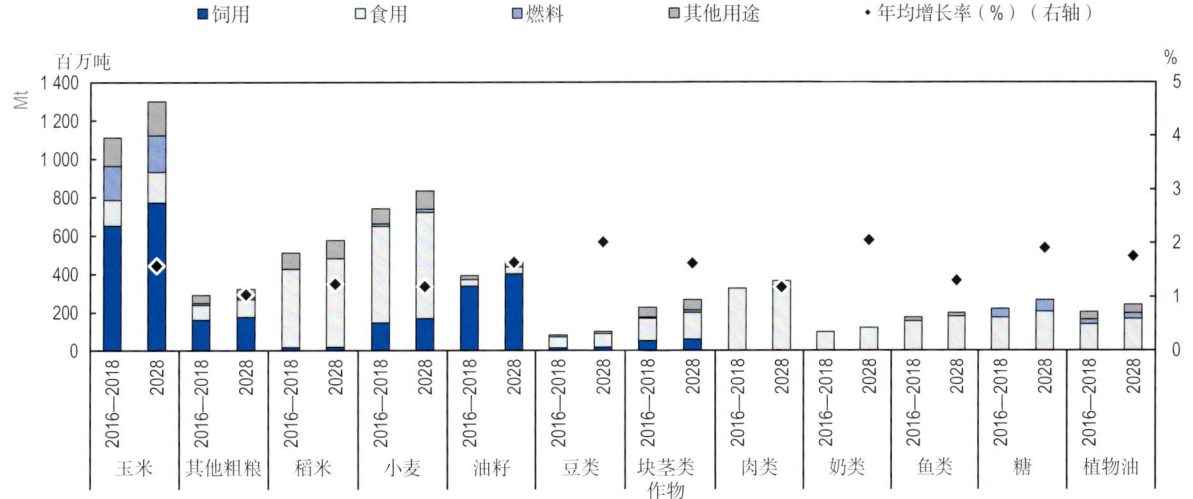

注：饲用油籽是指压榨油籽中蛋白粉成分的油籽当量；从压榨油籽中获得的油视为"植物油"；奶制品是指以乳固体当量单位表示的所有奶制品；用于生产生物燃料的糖料是指甘蔗，以糖当量计。
资料来源：经合组织/粮农组织（2019年），《经合组织－粮农组织农业展望》，经合组织农业统计（数据库），http://dx.doi.org/10.1787/agr-outl-data-en。

食用大宗农业商品全球展望

未来10年，本《展望》所涵盖大宗商品的总食用量预计将稳步增加，年增速分别为：谷物1.2%；动物产品1.7%；食糖和植物油1.8%；豆类、块根和块茎1.9%。总体而言，全球主粮（谷物、块根、块茎、豆类）人均食用消费量趋于平稳并将主要由人口增长驱动，而高价值商品（食糖、植物油、肉类、奶制品）需求的演变将取决于人均使用量和人口增长的共同作用。因此，未来10年，对更高价值产

第一章 概述

品的需求增速预计将快于主粮。

在展望期内，食用谷物消费量预计将增加1.5亿吨，稻米和小麦占增量的大部分，到2028年分别新增5 000万吨。动物产品需求增长将主要受不断扩大的奶制品消费量驱动，中期内，奶制品消费量预计将增加2 000万吨（乳固形物当量）。到2028年，肉类消费量预计将增加4 000万吨，鱼类消费量增加2 500万吨。食糖和植物油消费量估计将分别增加约3 000万吨。各商品消费量及消费量增速的区域差异将继续存在，具体取决于图1.7所示各区域的相对重要性及驱动因素。

图1.7 各区域对部分商品食用消费量的贡献

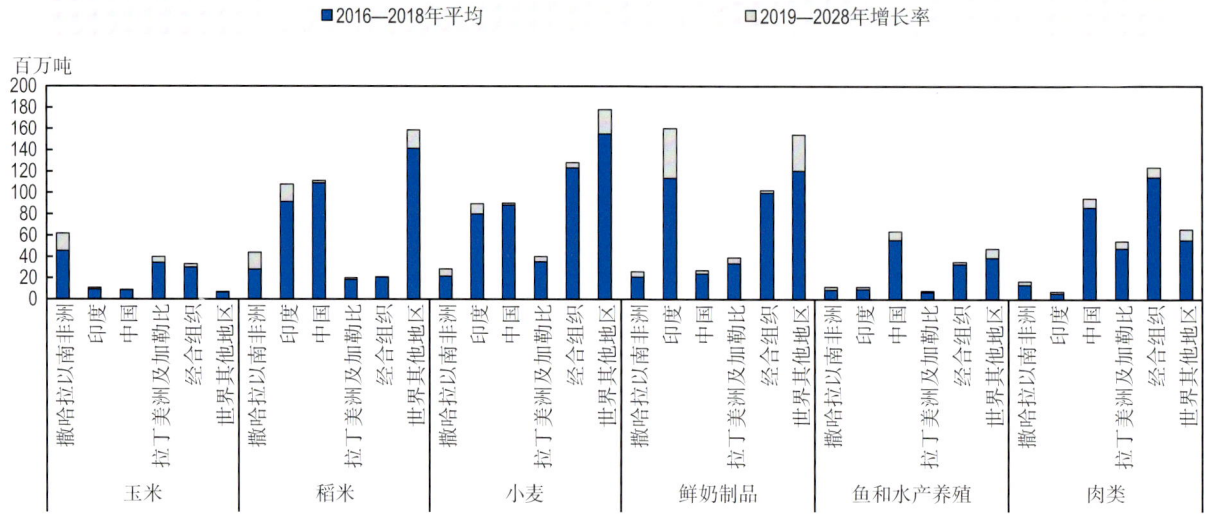

资料来源：经合组织/粮农组织（2019年），《经合组织－粮农组织农业展望》，经合组织农业统计（数据库），http://dx.doi.org/10.1787/agr-outl-data-en。

人口动态将影响基本大宗粮食商品消费

人口是大宗农业商品食用消费量预期增长的最重要驱动力，尤其是那些在人口增长强劲区域人均消费水平较高的商品。在预测期内，全球谷物食用消费量预计将增加1.47亿吨，其中42%（6 200万吨）预计将来自非洲；非洲新增谷物消费量中约90%受人口增长驱动。

农业大宗商品总需求量、人均需求增速及人口动态的两大驱动力的相对重要性因区域和商品而存在显著差异（图1.8）。对谷物而言，人口仍是各区域重要驱动因素，因为人均需求量停滞不前，在若干高收入国家甚至会下降。对肉类和奶制品而言，人口动态的影响更小，因为收入和个人偏好发挥更大作用。在亚洲，约60%新增肉类消费量受人口增长驱动。在一些国家和区域，食品消费总量的预期增长是人口增长被人均需求量下降部分抵消后的净结果。例如，非洲肉类需求量预计将仅增加25%，尽管未来10年人口增长率为30%。预计许多工业化国家的主粮消费也会出现相似现象，但原因差异较大，下文将重点介绍。

图 1.8 人口对食用消费量增长的贡献

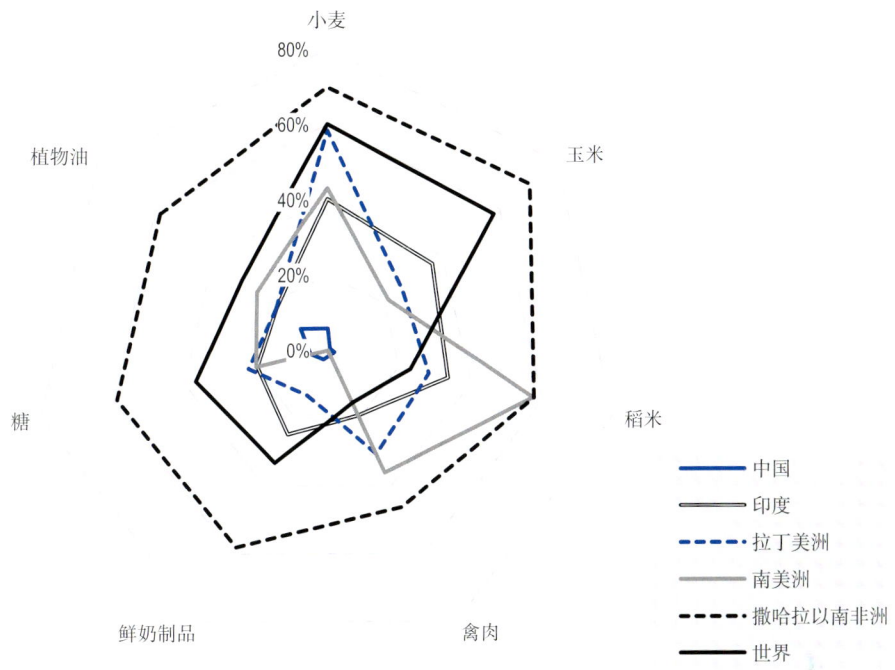

注：该图显示，针对部分区域和商品，受人口增长驱动的食用消费量份额。
资料来源：经合组织／粮农组织（2019 年），《经合组织－粮农组织农业展望》，经合组织农业统计（数据库），http://dx.doi.org/10.1787/agr-outl-data-en。

人均食品消费量：展望和驱动力

人口动态是许多区域需求量增长的重要驱动力，但其效果取决于各区域的人均食品消费模式。这些模式由消费者偏好和可支配收入决定。在展望期内，饮食模式将受收入、生活方式以及健康和对环境的关切等其他因素改变的影响。然而，区域差异预计将持续存在，部分原因是受文化和传统影响的偏好预计只会逐步发生变化。

图 1.9 显示展望期内各区域膳食构成，包括按食物组分列的人均每日热量占有量。不同区域的膳食构成存在重要差异：谷物、豆类、块根和块茎等主粮在印度和撒哈拉以南非洲的热量摄入量中占最大比重，而在中国、拉丁美洲和欧洲，仅占较小比重。

同样，不同来源蛋白质的相对重要性在世界各地存在差异（图 1.10）。肉类和鱼类在拉丁美洲及加勒比、中国和欧洲的蛋白质摄入量中占较大比重；但在印度和撒哈拉以南非洲所占比例较小。

中期内，不同地理区域和收入群体的现有"食物篮"预计仅将略微演变，大体消费模式将保持不变。低收入国家消费者将继续从主粮中获取 70% 左右的总热量和蛋白质，而仅 20% 的蛋白质将来自动物。高收入国家的人们仍将从主粮中获取约 40% 的热量，从动物来源获取超过一半的蛋白质。

在中等收入和高收入国家，小麦、大米、块根和块茎等主粮的人均食用消费量

图1.9 各食物组对每日人均总热量占有量的贡献

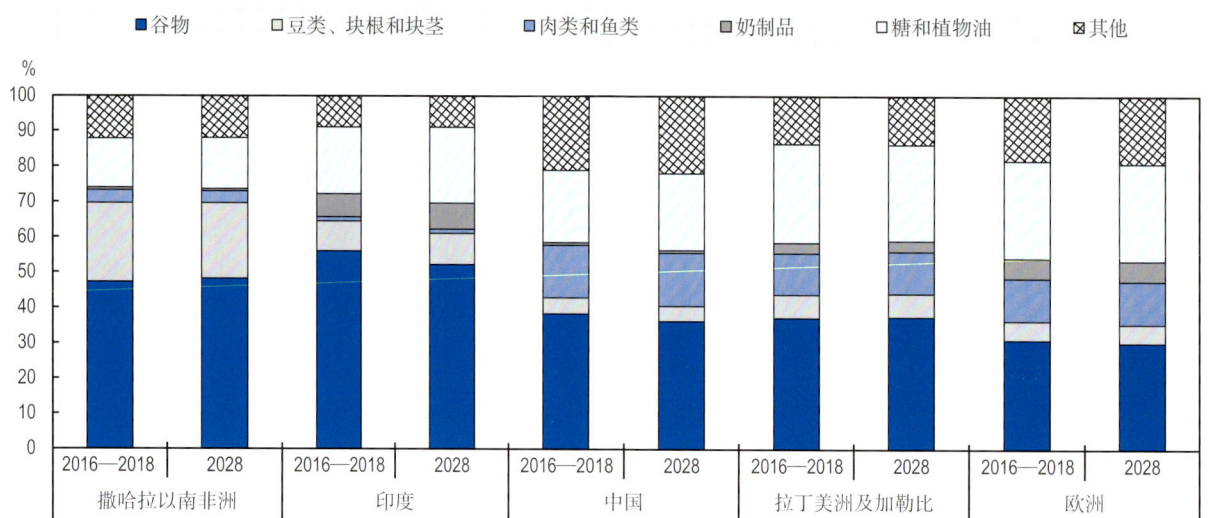

注：条形被细分为每个食物组的人均每日总热量份额。
资料来源：经合组织/粮农组织（2019年），《经合组织-粮农组织农业展望》，经合组织农业统计（数据库），http://dx.doi.org/10.1787/agr-outl-data-en。

保持平稳或下降。谷物在某些亚洲和拉丁美洲饮食中的份额预计会不变或减少，因为其消费增速预计将低于肉类、奶制品、食糖或植物油等高价值产品。然而，作为这些国家当地饮食的支柱，谷物在中期内仍将十分重要。

饮食模式尽管大体稳定，但由于收入增长、城镇化、政策以及日益严峻的对健康和环境的关切，一些重要变化正在发生。

图1.10 各蛋白质来源对每日人均总占有量的贡献

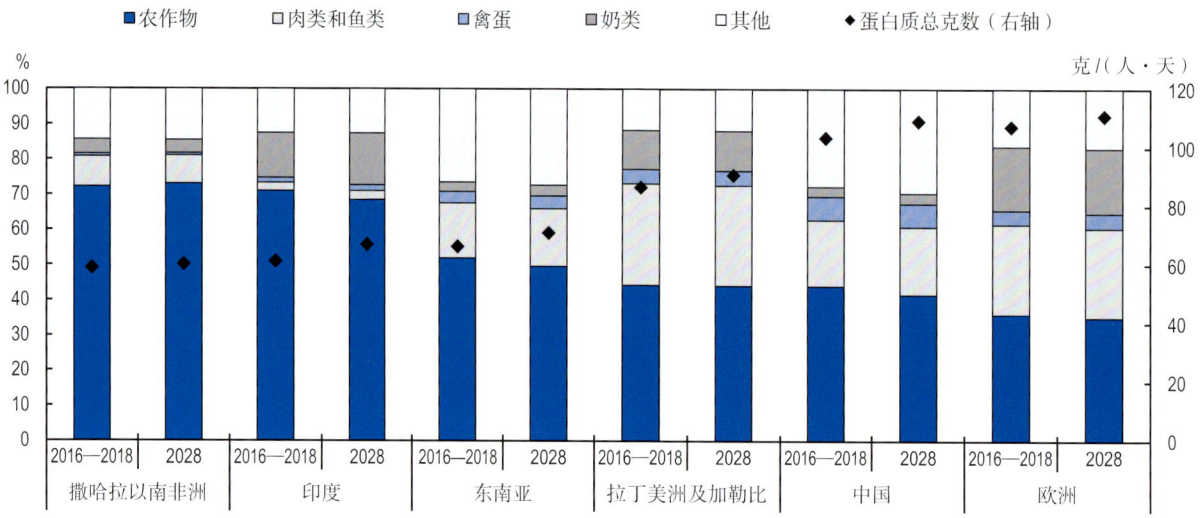

注：条形代表某食物组在每日人均总蛋白质摄入量中的份额（左轴）；点代表每日人均蛋白质摄入量总量（右轴）；作物包括可耕粮食作物（谷物、可食用油籽、豆类、块根和块茎、食糖）。
资料来源：经合组织/粮农组织（2019年），《经合组织-粮农组织农业展望》，经合组织农业统计（数据库），http://dx.doi.org/10.1787/agr-outl-data-en。

不断变化的收入对膳食的影响

尽管世界经济展望总体向好（经济增长假设概述，见插文1.4），各国之间及一国内部的收入增长和分配仍将不均衡，这将对预期需求增长产生影响。

例如，到2028年，东亚和东南亚区域人均收入预计将增长60%~100%。收入增长将推高该区域肉类需求量，中期内，中国人均肉类消费量将增加5千克，东南亚人均肉类消费量将增加4千克。新增肉类消费量将主要集中于禽肉和猪肉，这也是上述区域广泛消费的两大肉类。未来10年，中国人均牛肉消费量预计也将增加0.5千克，平均人均消费量达到4千克，使牛肉在肉类总消费量中的比例小幅增加。

相比之下，南亚的收入增长将不会使肉类消费量出现相似的扩大。在南亚，收入增长预计将使奶制品、食糖和植物油消费量增加。奶制品和豆类仍将是关键蛋白质来源。巴基斯坦预计将在人均鲜奶消费增长方面处于全球领先地位，到2028年，人均鲜奶消费量将增加42千克，从而使年均鲜奶消费量增加到274千克，占每日人均蛋白质总占有量的近30%。预计印度奶制品消费量也将迅速增加，到2028年，将占人均蛋白质摄入总量的15%。豆类是印度另一个主要的蛋白质来源。人均食用消费量估计为17千克，占2028年蛋白质总摄入量的15%。

总体而言，肉类作为蛋白质来源所发挥的作用在收入水平不同的区域之间存在差异。这些差异很可能持续存在，因为肉类在现有主要肉类消费区域的重要性进一步提升，而其他区域的饮食模式预计将发生重大改变，变得偏爱肉食。

高收入国家的人均肉类消费量增速将低于低收入经济体。但由于消费量相对较高，这意味着绝对增量更高。尽管美国人均肉类消费量预计将仅增加2%，人均年度消费量预计将增加超过2千克，使美国2028年人均摄入量超过100千克，仍然是世界最高水平。总之，美国肉类消费量预计将增加400万吨，占全球食用消费量增量的10%。许多中等收入和高收入国家肉类消费量的实质性增长，预计将扩大与许多低收入国家，尤其是撒哈拉以南非洲国家之间在人均肉类消费量方面的差距。

撒哈拉以南非洲人均肉类消费总量预计将下降0.6千克，到2028年该区域平均肉类消费量将下降到12.9千克。该区域的收入增长在中期内将不足以为更广泛人群提供肉制品。消费量下降的主要肉品预计为羊肉、牛肉和小牛肉，而该区域仅少数国家的禽肉消费量预计将适度增加。

在全球层面，收入增加预计将大幅推高食糖和植物油消费量。到2028年，全球人均食用糖类消费量预计将增加近2千克，达到24千克。人均植物油消费量的增长与食糖相当，到展望期末达到近20千克。由于上述变化都将主要影响中等收入和低收入国家，到2028年，食糖和脂肪将在这些区域膳食热量中占更大比重。

城镇化导致的生活方式变化拉动高热量食品需求

预计食糖和植物油消费量的增长可归结为收入水平的提高以及许多中等收入和低收入国家生活方式的持续城镇化。这一现象的特点是经济的结构性变化，人口日益集中在城市中心。向城镇地区迁移往往会带来新的收入机会，但并不一定意味着生活水平的提高。

城镇化使食品价值链更长、更复杂和更商业化。在城镇化背景下的农村向城市迁移使人们不再直接接触当地生产，可能会随之接触更多种食品，但也会面对获取营养食品的挑战，因为在城镇背景中，更高收入群体可能最容易获得营养食品[1]。随着生活方式的改变，人们的时间更有限，更少以家庭为中心，因此更注重便利性，而城镇化往往意味着消费更多在外加工或制备的方便食品，这些食品往往具有更高的脂肪、盐和糖含量。

目前全球人口中的55%居住在城镇，这一比例将在未来10年增加到近60%，制备和加工食品的重要性将相应提升，从而支撑食糖和植物油消费量的增长。

通过制定政策来抑制食糖和脂肪消费

因收入增加、城镇化、节奏更快和更注重便利性的生活方式带来的膳食变化，致使肥胖和糖尿病等非传染性疾病发生率上升。拉丁美洲及加勒比区域食糖和植物油消费量大幅增加，目前约1/4人口患有肥胖症，约60%的人口超重。

鉴于肥胖率升高且出于对高糖高脂消费更广泛健康影响的关切，各地出台政策，以抑制此类产品的消费。智利、法国、墨西哥、挪威、南非和英国等许多国家已经或正在考虑征收食糖税。在一些情况下，如在智利，除征收食糖税外，还出台规定，要求新食品的标签注明产品高盐、高糖和高脂肪，且限制面向年轻人营销此类产品。这些措施的一个效果是出现了产业重配产品，以降低产品中食糖或脂肪含量，这反过来可能间接抑制消费。

社会因素推动产品替代，选择更健康和更可持续的产品

在高收入国家，人们对健康和可持续问题的认识不断提高，这日益影响着消费决策。这使禽肉等瘦肉日益受到欢迎。到2028年，发达国家人均禽产品消费量预计将增加近2千克，达到31千克。相比之下，在展望期内，加拿大和新西兰的牛肉和小牛肉消费量预计将会下降，加拿大将人均减少1.4千克，新西兰人均减少1千克。健康关切将促使家禽消费量相应提高，到2028年，加拿大人均食用禽肉消费量将增加1.2千克，新西兰人均食用禽肉消费量将增加1.6千克。预计欧盟、挪威、瑞士和澳大利亚也将出现类似的不同肉类之间的替代。

在中期内，对于健康和福祉的关切，将推动烹饪脂肪从植物油到黄油的持续替代。上述因素及对棕榈油生产的环境关切，将使加拿大、欧盟和挪威消费者的植物油消费量下降，预计黄油消费量将相应增加。在展望期内，加拿大人均黄油消费量预计将增加近1千克，同时人均食用植物油消费量将减少近4千克，尽管植物油存在价格优势。

因此，在饮食习惯方面仍将存在较大区域差异，但由于收入增长、城镇化、政

---

[1] Reardon 和 Timmer（2012年），"粮食系统演变经济学"，《资源经济学年度回顾》4，第225-264页。

策以及健康和环境关切，人均食用消费量仍将发生变化。其中一些变化参见图1.11。每日人均热量占有量变化将因区域而异，与其他区域相比，印度、中国和东南亚的增速更快；这在很大程度上体现出收入增长态势。一般而言，主粮的每日人均热量摄入量将缓慢增长，但动物产品以及脂肪和食糖的增速将普遍更高，这体现出城镇化的影响以及方便食品的日益提升的重要性。最后，在一些区域（如欧洲、拉丁美洲及加勒比），部分由于日益加剧的健康关切，食糖消费量增速很低或呈负增长。

图1.11 2016—2018年至2028年各食品组每日人均热量占有量的百分比变化

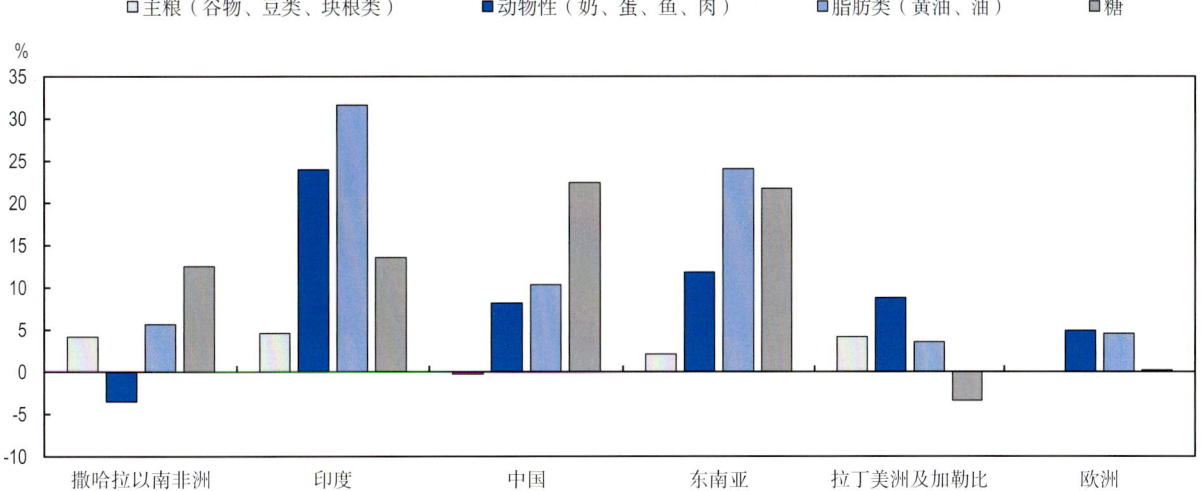

资料来源：经合组织/粮农组织（2019年），《经合组织－粮农组织农业展望》，经合组织农业统计（数据库），http://dx.doi.org/10.1787/agr-outl-data-en。

饲料需求量全球展望

2016—2018年，约17亿吨大宗农业商品被用作畜牧饲料（主要是玉米和其他谷物，以及来自油籽的蛋白粉；本《展望》仅考虑商业饲料，因此不包括牧草、甘草和厨余垃圾，参见插文1.1）。在中期内，饲料总消费量预计将每年增加1.5%，增速超过每年1.2%的肉类预计产量增速，说明畜牧业集约化水平进一步提高。谷物将占新增饲料消费量的最大份额，新增饲用谷物消费量预计将达到1.56亿吨，而全球食用谷物消费量将增加1.47亿吨。

饲料需求量主要由两大因素驱动。首先，动物源性产品（蛋、肉、奶和鱼）需求量，这决定了畜牧业和水产养殖业的生产水平。其次，生产系统的结构和效率，这决定了生产所需产量需要消耗的饲料数量。

插文1.1 动物饲料与食物之间是否存在取舍关系？

在肉蛋奶等动物产品的生产需要使用动物饲料。奶牛、绵羊或山羊等反刍动物可以食用草地和牧场上的草及其他植物。相比之下，猪和家禽等非反刍动物不能依赖牧场生活，而需要饲喂其他类型的饲料。在小型"后院"生产系统中，其他饲料可能包括厨余垃圾；在更大规模的系统中，其他饲料可能包括粮食和蛋白粉（来自大豆等油籽）。后者也可饲喂反刍动物，用以补充草类膳食，或作为主要膳食原料（如在围栏育肥场中）。

生产动物饲料可能会以人类食物生产为代价。当农田被用来种植动物饲料时，这一点最为明显。但即使是牧场也可能在某种程度上占用本可用于种植粮食作物的土地。

为量化粮食和饲料之间的这种潜在取舍关系，粮农组织研究了全球饲料使用情况[1]。在全球范围内，据粮农组织估计，2010年牲畜消耗了约60亿吨饲料（以干物质表示）。其中，86%是人类不可食用的材料，如草和树叶（占总数的46%）或作物残茬（19%）。饲料总摄入量的约13%是谷物，几乎相当于全球谷物产量的1/3。

不出所料，数据显示出反刍动物和非反刍动物之间的重要差异。粗饲料（草和树叶、作物残茬和青贮饲料）几乎占饲料总摄入量的3/4，但这些饲料几乎完全用于饲喂反刍动物。相比之下，家禽和猪合计消耗了所有其他类型饲料的2/3。此外，还存在地理差异。尽管经合组织国家仅占全球粗饲料消费量的16%，但在其他饲料摄入量中所占份额为32%。

该研究还估计，在全球30多亿公顷牧场中，约6.85亿公顷原则上可用作耕地，面积相当于目前全球可耕地面积的一半左右。此外，全球约5.6公顷可耕地用于种植牲畜饲料，主要是谷物和油籽。

注：[1] Mottet, A.、C. de Haan、A. Falcucci、G. Tempio、C. Opio 和 P. Gerber（2017年）"牲畜：待在我们的盘子里还是在我们的餐桌上吃饭？饲料/食品辩论新分析"，《全球粮食安全》第14期，第1-8页。

饲料需求增速将超过肉类生产增速

到2028年，中国高能量精饲料的使用量预计将增加6100万吨（每年增加1.5%），这是在展望期内单个国家的最大增幅。然而，其他国家饲料使用量增速预计将超过中国，如巴拉圭（每年4.0%）、秘鲁（每年3.3%）、越南（每年3.0%）、印度尼西亚（每年2.9%）和菲律宾（每年2.7%）。这些国家饲料需求增长（相对于畜产品产量增长）表明生产进一步集约化。蛋、猪肉和禽肉产量的预计年增速为：巴拉圭1.3%、秘鲁2.1%、越南1.9%、印度尼西亚2.2%、菲律宾2.0%。

畜牧生产系统的结构变化影响饲料需求

随着畜牧业从传统或后院生产系统发展到商业化生产系统，饲养强度增加，单位产量所需的精饲料总量逐步增长。随着生产系统的变化，饲养效率提高，单位饲料需求量再次减少。考虑到畜牧业和水产养殖业的发展，这些阶段将决定本《展望》中一个区域的饲料预测。

图1.12显示非反刍动物产量及其各自饲料消费量展望，说明各区域生产结构的差异。非洲最不发达国家等区域用于非反刍动物生产的饲料用量增速将超过蛋、禽肉和猪肉的产量增速，表明该区域生产系统持续现代化的基本假设。相比之下，在美国和欧盟14国等拥有较大规模工业化生产系统的区域，饲料用量增速可能与非反刍动物产量增速大致相同，甚至更低。

图 1.12 展望期内非反刍动物饲料消费量和肉类产量

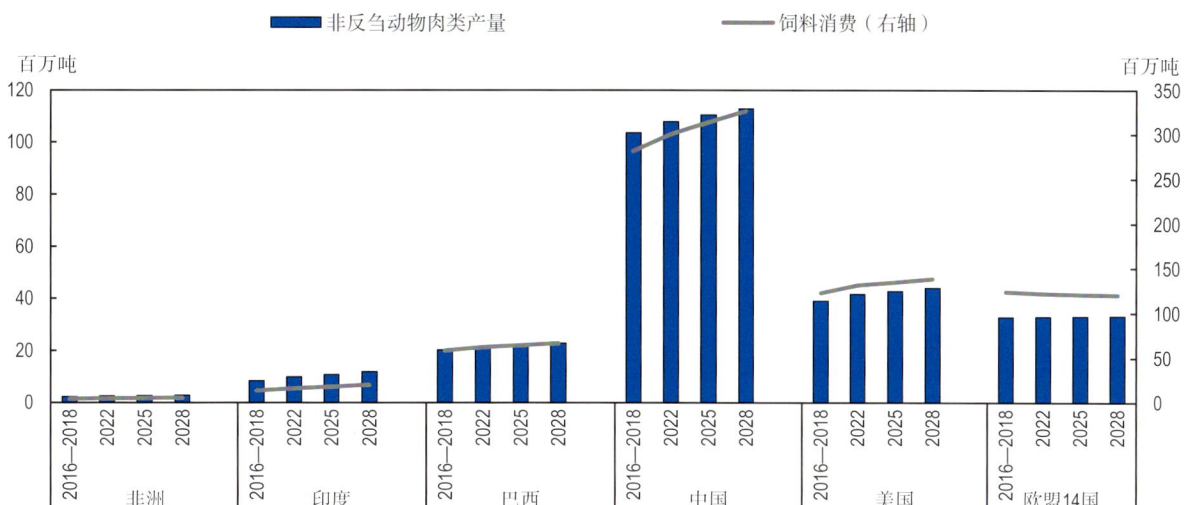

注：非反刍动物产量包括蛋、猪肉和禽肉。欧盟 14 国（EU-14）代表 2004 年以前欧洲联盟的成员，不包括英国。
资料来源：经合组织 / 粮农组织（2019 年），《经合组织 – 粮农组织农业展望》，经合组织农业统计（数据库），http://dx.doi.org/10.1787/agr-outl-data-en。

生物燃料需求的驱动因素：政策变化和不断演化的燃料用途

自 21 世纪初巴西、欧盟和美国的国家政策开始规定使用生物燃料以来，大宗农业商品已成为运输业燃料行业的重要原料；上述国家和区域目前将很大比重的玉米、甘蔗和植物油用于生产可再生燃料。在欧盟和美国，生物燃料的进一步扩张将较为有限；然而，由于新兴国家和发展中国家出台新指令或延长现有指令，生物燃料生产将继续扩大（图 1.13）。

图 1.13 主要区域生物燃料需求走势

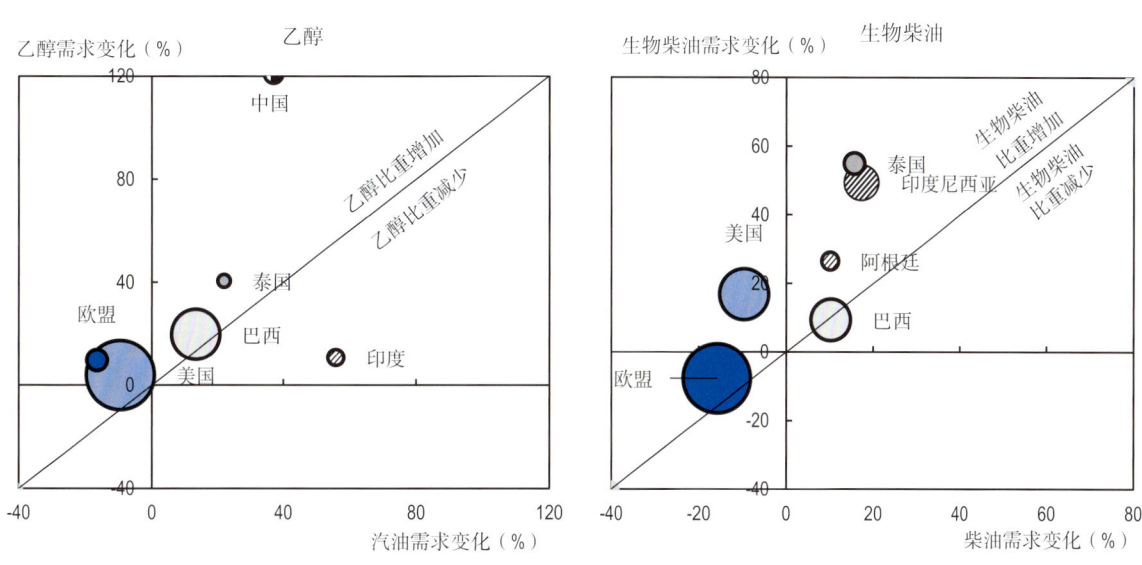

注：每个气泡的大小对应 2018 年每种生物燃料的消费量。
资料来源：经合组织 / 粮农组织（2019 年），《经合组织 – 粮农组织农业展望》，经合组织农业统计（数据库），http://dx.doi.org/10.1787/agr-outl-data-en。

未来10年，印度尼西亚的生物柴油使用量预计将增加18%（即660万升），这在很大程度上得益于其出台的一项旨在将生物柴油掺混率提高到30%的新指令。受国内植物油高库存和具有竞争力的国际价格推动，该国在出台该指令的同时，将向棕榈油出口商征税，用以支持国内生物柴油产业。这些措施还试图对冲其最重要出口目的地欧盟的棕榈油进口量潜在下降的影响。随着欧盟更侧重支持第二代而不是第一代生物燃料，预计用于生产生物柴油的植物油使用量将会下降。与此同时，中期内，欧盟的柴油总使用量预计将会下降，据此预计生物柴油使用量将下降4%。

到2028年，全球乙醇使用量预计将增加18%左右（即210亿升），预计中国的新增使用量最多（增加54亿升）。2017年，中国政府宣布到2020年实现10%的乙醇掺混目标，这一目标预计将通过在国内生产国产玉米和进口木薯实现。虽然不太可能完成全部指令任务，但仍有望实现强劲增长。

世界第二大乙醇消费国巴西的乙醇消费量预计将增加76亿升，因为巴西《国家生物燃料政策法》规定到2028年交通运输燃料排放量需减少10%。这项政策将在中期内刺激用作生物燃料的甘蔗的生产扩张，部分是为了应对10年来的全球糖价暴跌。

其他几个国家将继续实施政策，推动以糖料作物为原料的乙醇生产，旨在支持国内甘蔗生产者，兑现气候变化承诺，减少对进口化石燃料的依赖。

尽管与玉米或甘蔗相比，使用木薯生产乙醇的比例不大，但预计新增木薯使用量的17%将用于生产生物燃料，新增木薯主要是中国从泰国和越南进口的木薯。

图1.14 按主要原料作物分列的生物燃料占总使用量的百分比

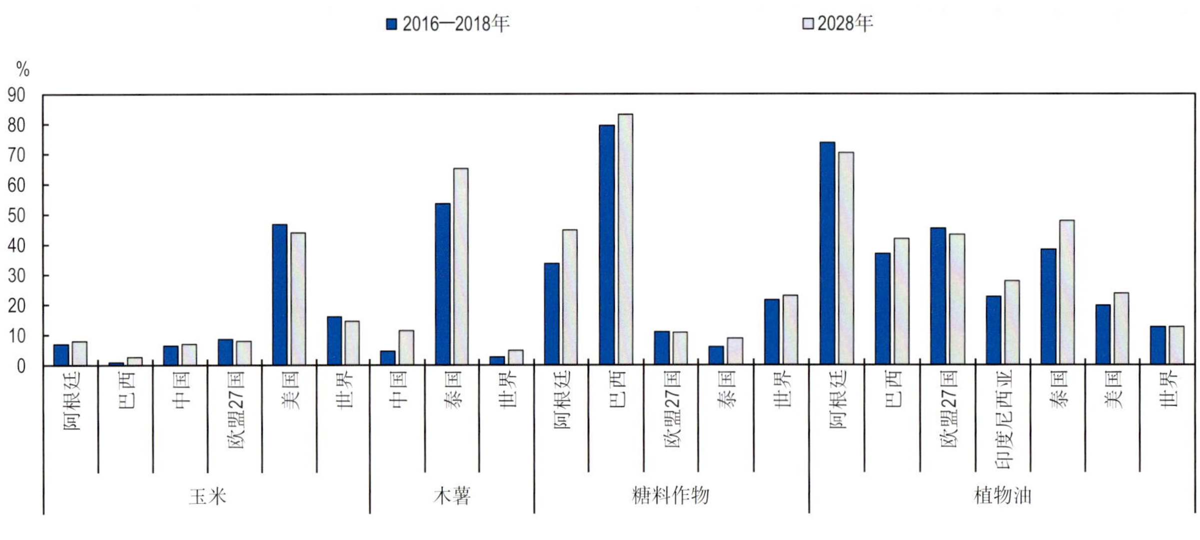

注：糖料植物包括甘蔗（阿根廷；巴西；泰国；世界总量）和甜菜（欧盟27个成员国）。
资料来源：经合组织/粮农组织（2019年），《经合组织–粮农组织农业展望》，经合组织农业统计（数据库），http://dx.doi.org/10.1787/agr-outl-data-en。

生产

农产品需求的日益增长提出了一个问题,即农业部门将如何扩大生产以满足这一需求,且重要的是,能否可持续地满足这一需求。农业是土地和水的主要使用者,并产生相当大的环境足迹。例如,将自然景观转为农业生产会导致生物多样性损失和温室气体排放增加,而大量使用化肥和杀虫剂等投入品会影响生态系统。

在20世纪中叶"绿色革命"之前,作物产量增加主要得益于农地面积扩大(图1.15)。历史表明,直到20世纪中叶,农业用地与全球人口呈正比例增长。自20世纪60年代以来,日益增加的化肥和农药施用量、灌溉的使用和作物品种的改良,大幅提高了世界许多地区的单产。此后,新增产量大部分来自生产率提升(单产和种植密度提升),小部分来自农地扩张[①]。持续的育种进展、更密集地使用高能量和高蛋白饲料,以及持续改进疾病控制和一般生产管理,提高了畜牧业生产率。

尽管自1960年以来,全球人口增加了一倍多,全球粮食产量增加了两倍多,但农业用地总量(用于作物生产和放牧)仅增加了约10%。本《展望》预测,未来10年,全球农业产量将增长约14%,而全球农业土地面积预计将大致持平。因此,本《展望》预计生产将继续日益集约化,以便为人们提供更多食物(图1.16)。

图1.15 人口、农业生产和农业用地长期趋势

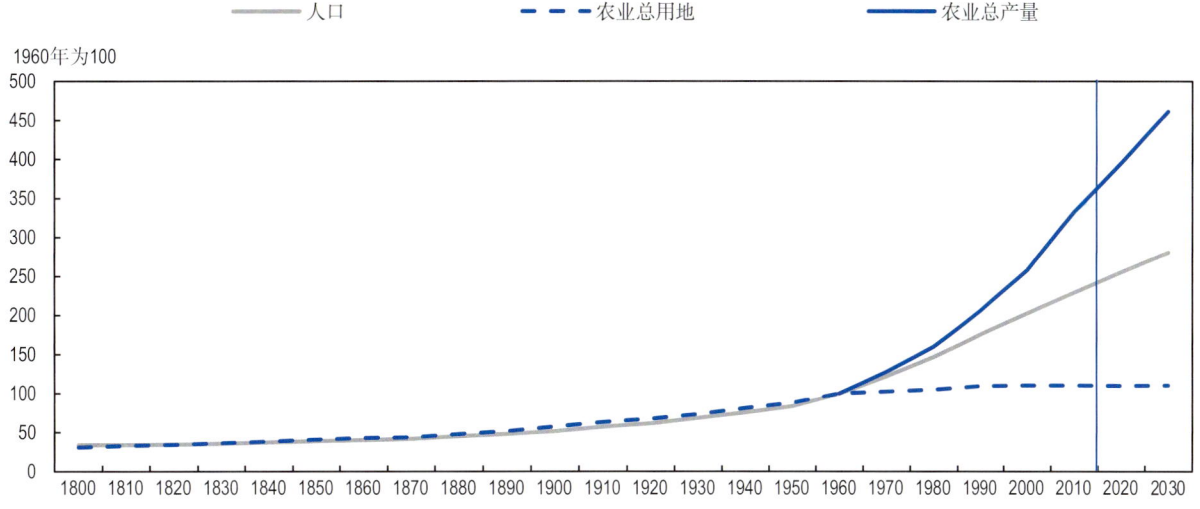

注:来自 Maddison 的 1820—1940 年历史统计数据的人口数据;1950—2030 年联合国人口司;1800 年和 1810 年外推自 Maddison。1800—2010 年农业(作物和牧场)土地数据来自全球环境历史数据库(HYDE3.2),Klein Goldewijk 等人(2017 年);使用《农业展望》预测延长至 2030 年。来自粮农组织统计数据库的 1960—2010 年全球农业生产数据(农业净生产指数);使用《农业展望》预测延长至 2030 年。

资料来源:经合组织/粮农组织(2019 年),《经合组织-粮农组织农业展望》,经合组织农业统计(数据库),http://dx.doi.org/10.1787/agr-outl-data-en。

[①] 关于将发展中国家产量增长细分为面积扩张和单产提高以及单产提高的不同推动因素分析,参见 Evenson, R. 和 D. Gollin(2003 年),"1960—2000 年绿色革命影响评估",《科学》300(5620),第 758-762 页。

图 1.16 区域农渔业生产趋势

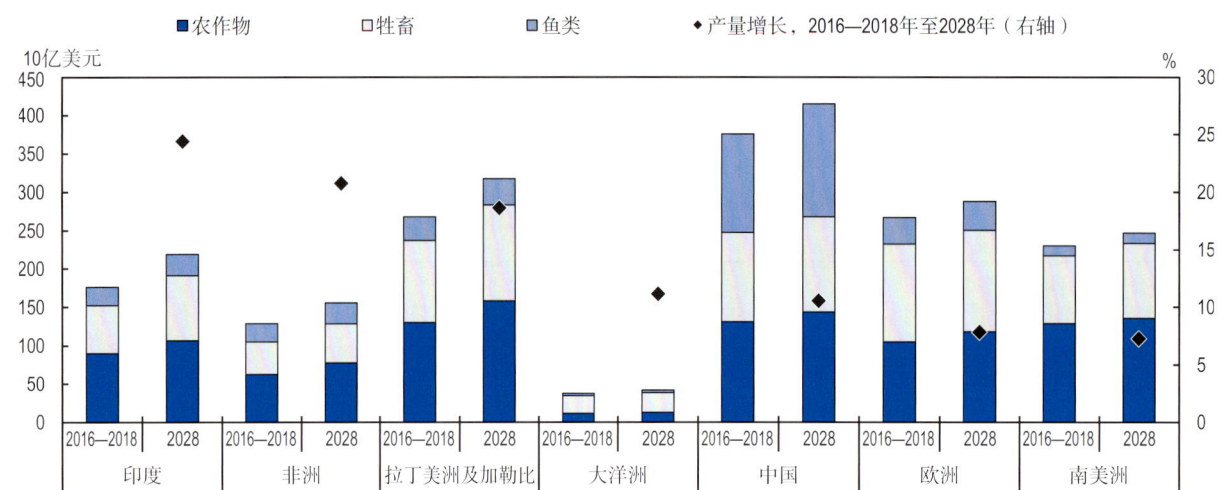

注：图中显示《展望》所涉农渔产品生产净值估计值（以 10 亿美元计），按 2004—2006 年不变价格计算。欧洲包括俄罗斯。
资料来源：经合组织/粮农组织（2019年），《经合组织－粮农组织农业展望》，经合组织农业统计数据（数据库），http://dx.doi.org/10.1787/agr-outl-data-en。

未来10年，产量增长将主要集中在新兴国家和发展中国家，这反映出投资增加、技术赶超、资源占有量（拉丁美洲）以及（一定程度上）更强劲需求增长（印度和非洲）。预计北美和欧洲的产量增长将更为温和，当地单产和生产力往往已经处于较高水平，且环境政策限制了产量增长的空间。

农业产量增长将仅促使全球土地使用小幅调整

农业目前使用了世界土地的近40%（图1.17），其中约70%用作牧场。作为牧场和农田的农业土地的适宜性因区域而异。大洋洲或非洲等一些区域的大部分土地用作牧场，而其他区域（如欧洲）用于作物生产的土地相对更加丰富。这些差异主要取决于农业生态特征（如降水、土壤、坡度），从而限制了牧场和农田之间的替代。但应谨慎解释牧场面积，因为牧场很难精确界定或测量[①]。

与过去10年观察到的趋势一致，未来10年，全球农业土地使用量预计将保持当前水平，因为农田的增加抵消了牧场的减少。然而，世界各地的土地使用趋势及其潜在决定因素各不相同（图1.18）。

预计拉丁美洲及加勒比的牧场和农田面积都将扩大。尽管未来10年预计市场价格将保持低迷，但该区域的多数大规模低成本商业农场预计仍将保持盈利，并会对清理和种植新土地进行投资。

尽管撒哈拉以南非洲土地供应充足，但预计非洲农业用地总量不会大幅增加。农田扩张将主要受到以下因素制约：普遍存在的小农结构，土地资源丰富的国家爆

---

① 见 Phelps 和 Kaplan（2017年），"全球变化研究中的动物生产用地：框架界定和鉴定"，《全球变化生物学》，23（11），第 4457-4471 页。本《展望》使用粮农组织统计数据库的牧场定义。

发冲突，农业土地因退化、采矿和城市蔓延等原因遭受损失。本区域有些牧场预计将转变为农田，如坦桑尼亚，说明商业化农场的农业土地面积扩大。

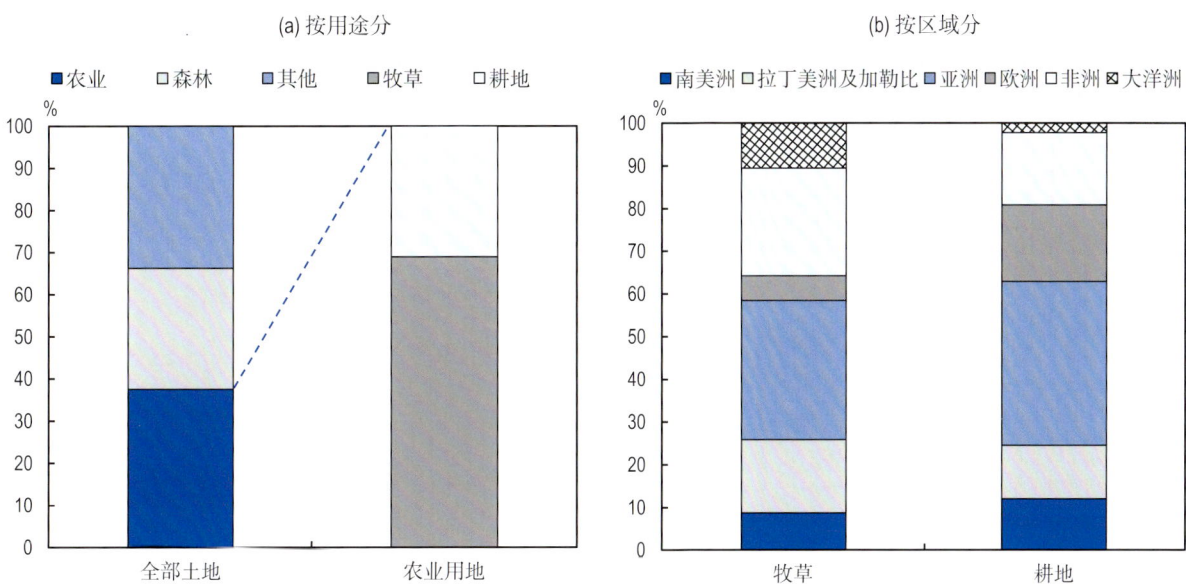

图 1.17　全球农业土地分布

注：欧洲包括俄罗斯。
资料来源：经合组织 / 粮农组织（2019 年），《经合组织 – 粮农组织农业展望》，经合组织农业统计（数据库），http://dx.doi.org/10.1787/agr-outl-data-en。

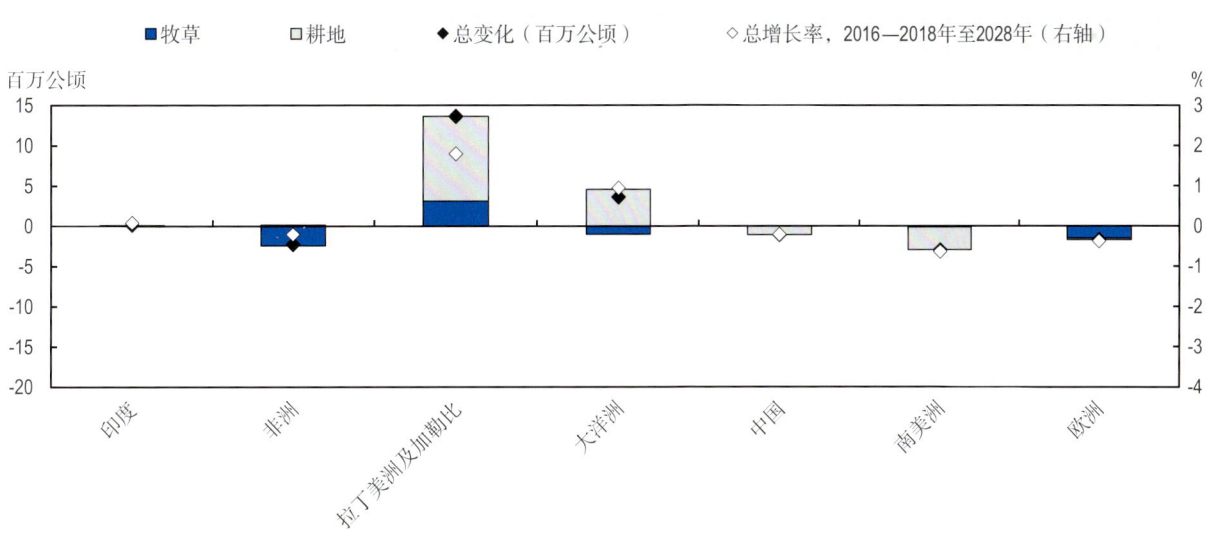

图 1.18　2016—2018 年至 2028 年农业用地变化

注：欧洲包括俄罗斯。
资料来源：经合组织 / 粮农组织（2019 年），《经合组织 – 粮农组织农业展望》，经合组织农业统计（数据库），http://dx.doi.org/10.1787/agr-outl-data-en。

预计主要通过提高单产增加作物产量

未来10年，全球作物增产情况如下：谷物增加3.84亿吨、油籽增加8 400万吨、块根和块茎增加4 100万吨、豆类增加1 900万吨、棉花增加300万吨。谷物和棕榈油产量增加将主要得益于为提高单产投资，而油籽、棉花和甘蔗产量增加得益于面积扩大及单产增加[①]。

对小麦而言，产量将会扩大，尤其在黑海区域。在俄罗斯，近年来政府支持的基础设施和农业技术投资（如种子改良）提高了生产力，该趋势预计将会继续。重视加强国内农业似乎部分与自2014年以来实施的制裁有关，制裁限制了从美国和欧盟的基本商品进口。加之货币贬值以及国内投入品供应能力增强，俄罗斯小麦出口在全球市场上具有竞争力（详见贸易章节）。

玉米和大豆生产由美洲主导，产量增长将得益于土地用途的改变及对单产提升的投资。在阿根廷和巴西，预计玉米和大豆一年两季的持续做法将导致现有耕地的更集约化利用，从而提高产量。相比之下，在北美洲，玉米和大豆收获面积的扩大几乎完全通过替代其他作物实现。北美单产增速预计将主要受育种进步推动，因为

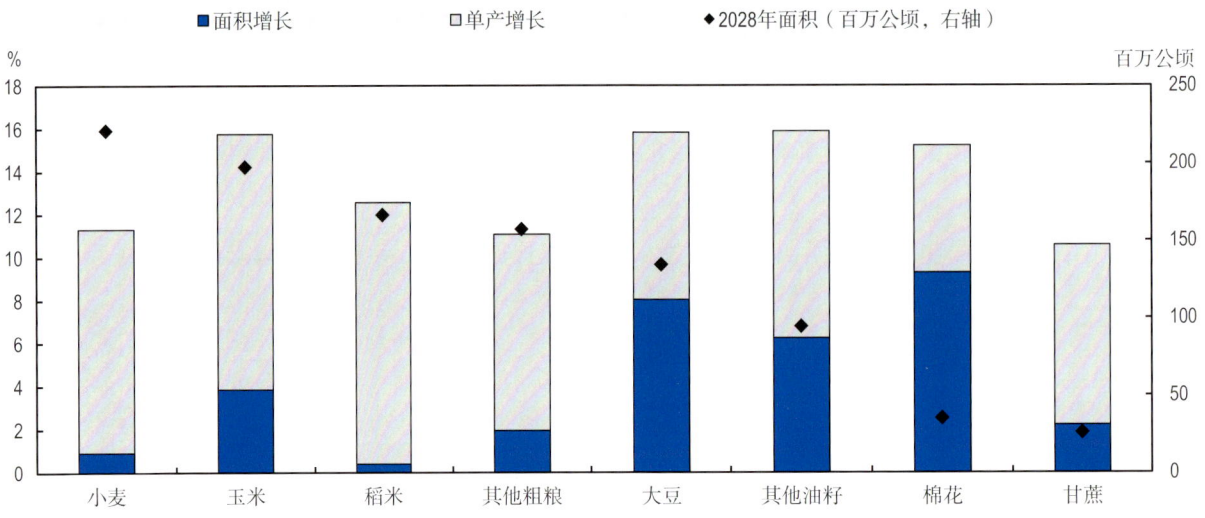

图 1.19 作物产量增长

注：该图显示产量总体增长（2016—2018年至2028年）在全球收获面积扩大和全球平均单产增长方面的细分。
资料来源：经合组织／粮农组织（2019年），《经合组织－粮农组织农业展望》，经合组织农业统计（数据库），http://dx.doi.org/10.1787/agr-outl-data-en。

---

① 单产增加和面积扩大的相对贡献，对于了解农业用地的可能扩张以及由此给自然环境造成的压力非常重要。然而，单产提高并不总是经济最优方案，例如可能额外投入的经济成本高于额外产出的价值。此外，增加单产本身可能损害环境，例如肥料使用量增加可能导致水道氮污染。尽管单产是重要指标，但关注单产只能部分反映作物生产中的生产率提升及环境影响。如参见Beddow等人（2015年），《反思单产差距》，明尼苏达大学食品农业和自然资源学院《职工文件》第15页。

农场经营往往处于生产前沿。图1.20显示不同区域面积扩张及单产提升预测。尽管低单产区域的单产增速更快,但到2028年仍将存在较大单产差距。

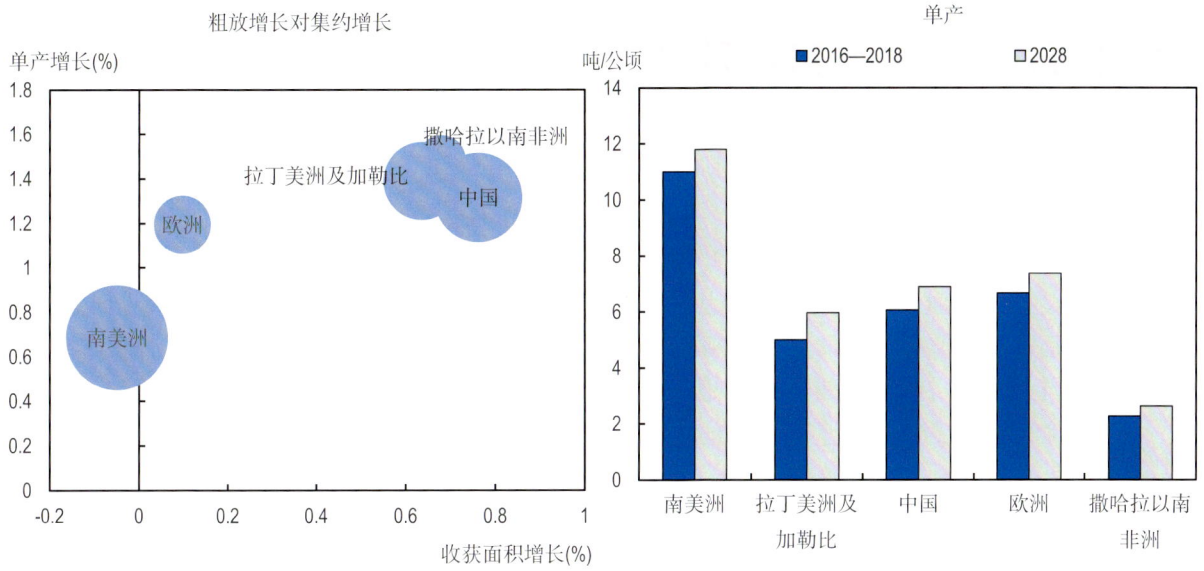

图1.20 玉米生产

注：左图中，气泡的大小与2028年玉米产量成正比。
资料来源：经合组织/粮农组织（2019年），《经合组织–粮农组织农业展望》，经合组织农业统计（数据库），http://dx.doi.org/10.1787/agr-outl-data-en。

全球其他作物的单产也将继续存在较大差异。这部分是由于农业生态条件不同，但也反映了因缺乏优良作物品种、肥料和其他投入品而产生的单产差距[1]。自20世纪50年代的"绿色革命"开始以来，在亚洲和拉丁美洲大部分地区，此类投入品的使用增长强劲，而历史上撒哈拉以南非洲的技术变革要慢得多。东亚、南亚和拉丁美洲每公顷耕地的肥料使用量分别是撒哈拉以南非洲的20倍、10倍和9倍[2]。然而，近年来，该区域若干国家的肥料和其他投入品（特别是除草剂）使用量不断增加[3]。继续努力开发适应当地条件的改良作物品种并实施优化管理做法，应能进一步提高撒哈拉以南非洲地区的单产。在广泛施用肥料和植保产品的区域，持续单产增长预计将主要通过品种改良实现[4]。

---

[1] 参见《全球单产差距地图册》（www.yieldgap.org）中的数据以及Fischer、Byerlee和Edmeades（2014年）的分析"作物单产和全球粮食安全：单产提升是否会继续养活世界？"澳大利亚国际农业研究中心、粮食研究与发展公司。

[2] 2016年数据来自世界银行世界发展指数（AG.CON.FERT.ZS），http://wdi.worldbank.org。

[3] 参见Christiaensen（2017年），"非洲农业——区分谎言与事实：综述",《粮食政策》第67期，第1-11页；Haggblade等人（2017年），"发展中国家的除草剂革命：模式、起因和影响",《欧洲发展研究期刊》29（3），第533-559页；国际肥料协会（2018年）《2018—2022年肥料展望》。

[4] 绿色革命前二十年（1961—1980年）和后二十年（1981—2000年）经验比较显示：良种的贡献从相对和绝对数量上看均有所增加。随着其他投入品的广泛使用，单产进一步提升很可能日益依赖于品种改良。见Evenson和Gollin（2003年），"1960—2000年绿色革命影响评估,"《科学》300（5620），第758-762页。

插文 1.2 植物育种创新

自绿色革命以来,半矮化小麦和稻米品种等植物育种创新以及抗病虫害的新遗传基因,极大地提高了农作物的单产、质量和抗病能力。近年来出现了新的植物育种创新,可以帮助满足这些持续的需求。

第一项创新是将杂交扩展到更多物种。两个自交系杂交产生的种子具有更强的长势、更高的单产和更好的单产稳定性,该现象被称为杂种优势。过去,杂交仅适用于少数作物,主要是玉米。现在,可以利用新技术开发小麦和稻米等杂交品种。例如,正在研究不易受气候条件变化影响的小麦杂交种。最近关于粳稻杂交种的研究旨在获得能够生产克隆种子的杂交植物,这种植物可以降低种子生产成本并鼓励农民采用新品种[1]。

传统育种需要花费多年时间从大量植物中选取改良品种。最近的"基因组选育"技术使用计算模型和分子标记,预测和鉴定某种基因何时表达,从而提高选育效率。基因组学也可用于探索未充分开发的基因库中存在的有益基因[2]。

CRISPR 等新技术可以快速、轻松地产生靶向突变,因此可用于加速有用农艺性状的开发[3]。研究人员最近使用此类技术创造抗白粉病(一种真菌害虫)的小麦品种。CRISPR 也被用于加速植物中病毒抗性的引入。

在大豆、稻米和小麦等若干重要作物中,光合作用效率较低,限制了植物生长。研究人员最近使用基因工程方法,改变烟草的光合作用(选作模型物种,因为易于进行基因编辑)。这使生物量增加了 41%,说明重要粮食作物也可以实现单产提升[4]。

但对于农场中的实际种植而言,实验室的上述进展只是漫长旅程中的第一步。高性能品种应具备新特点,高性能品种普遍对其所处的农业生态区域的适应力更强。这需要针对成品品种的育种、繁殖和基础设施分配。这反过来需要可信赖的渠道提供真实、可追溯、高品质的种子,而这往往需要通过品种登记、种子认证和使用费收取制度加以保证。"经合组织种子计划"是确保为农民提供优质种子的国际监管框架的关键部分[5]。使农民能够广泛获取育种创新也仍是一项挑战。据估计,全球 13 家最大的种子公司合计仅服务于世界 5 亿小农场中的不到 10%[6]。因此,此处列举的创新或许不能立即出现在农民的田地里;尽管如此,这些创新具有长期发展前景。

注:[1]Khanday 等人(2019 年),"一种雄性表达的水稻胚胎发生触发器通过种子重新定向进行无性繁殖",《自然》565,第 91-95 页。
[2]Yu 等人(2016 年),"基因组预测助力全球基因库发展战略",《自然植物》2,第 1-7 页。
[3]Schaart, J. 等人(2015 年),"新植物育种技术的机遇",瓦赫宁根大学与研究中心,http://edepot.wur.nl/357723。
[4]South 等人(2019 年),"合成乙醇酸代谢途径刺激田间作物生长和生产力",《科学》363,6422。
[5] 见 http://www.oecd.org/agriculture/seeds/。
[6] 访问种子索引,https://www.accesstoseeds.org/。

棕榈油、棉花和甘蔗展望在很大程度上受土地供给、投资和可持续性相关关切的影响。

到 2028 年,全球棉花产量预计将增加 10%。自 2004 年起,全球棉花单产持平,因为一些国家受有害生物和水问题困扰。由于在提高单产方面面对持续阻力,棉花产量的扩大将主要通过扩大土地使用面积实现。

实际价格下跌的预期和某些市场正在出现的可持续性关切将限制对主产国棕榈

油产业的进一步投资。重新栽种树木和开垦新的种植园的速度预计将非常缓慢，导致2028年产量仅增加900万吨，而过去10年产量增加了2 700万吨。

尽管糖价持续走低，但预计全球甘蔗产量将在展望期内增加13%左右，以应对全球食糖和（尤其是）乙醇需求量的持续增长。尽管主产国巴西的甘蔗再种植速度将会很缓慢，但印度甘蔗产量将强劲增长（部分得益于该产业获得的公共支持）。

各区域畜牧生产集约化程度不同

展望期内，根据一系列增长因素判断，畜牧产量预计将增加近15%。在多数国家，肉类、奶类和其他畜产品产量增长将通过增加动物数量和改进单位动物年均产出实现。更集约的肉类生产将通过提高单位动物屠宰体重和缩短动物屠宰前育肥时间实现。这两个方面都受动物育种、使用更优质饲料和改进管理做法的影响。

全球禽肉和羊肉产量将几乎与动物数量同步增长，猪肉、牛肉和小牛肉及牛奶的产量增速预计将超过动物数量增速（图1.21）。在全球层面，畜牧业产量增长的同时，牧场将会缩小，但动物饲料消费量将会强劲增长。动物存栏量增加和生产强度（单位动物产出）提高的相对作用将因畜产品和区域而异；总的来说，新兴和发展中区域的动物存栏量增速将快于欧洲或北美（图1.22）。

图 1.21　全球畜牧产量增长

资料来源：经合组织 / 粮农组织（2019年），《经合组织 – 粮农组织农业展望》，经合组织农业统计（数据库），http://dx.doi.org/10.1787/agr-outl-data-en。

预计家禽产量将增加200万吨，约占未来10年肉类新增总产量的一半。得益于有利的饲料价格，家禽产量预计将会增加，生产基础同时也会扩大。中国和拉丁美洲新增禽肉产量预计将占全球新增禽肉产量的近40%，且将主要得益于家禽数量增加。近年来欧洲单位家禽产肉量增速放缓，预计未来数年产量将保持平稳。

在全球层面，羊肉产量远低于其他肉类，但预计将以14%的速度强劲增长（增加 200 万吨）。中国的收入增长和非洲的人口增长将支撑需求量的增加，但大部分新增需求将需要在当地采购。由于绵羊生产通常以牧场为基础，增产主要来自育种进展和畜群规模的扩张。在非洲（未在图 1.22 中显示），绵羊畜群规模预计将每年扩大近 2%，而单位动物产量预计将保持不变，因为该区域育种进展有限。

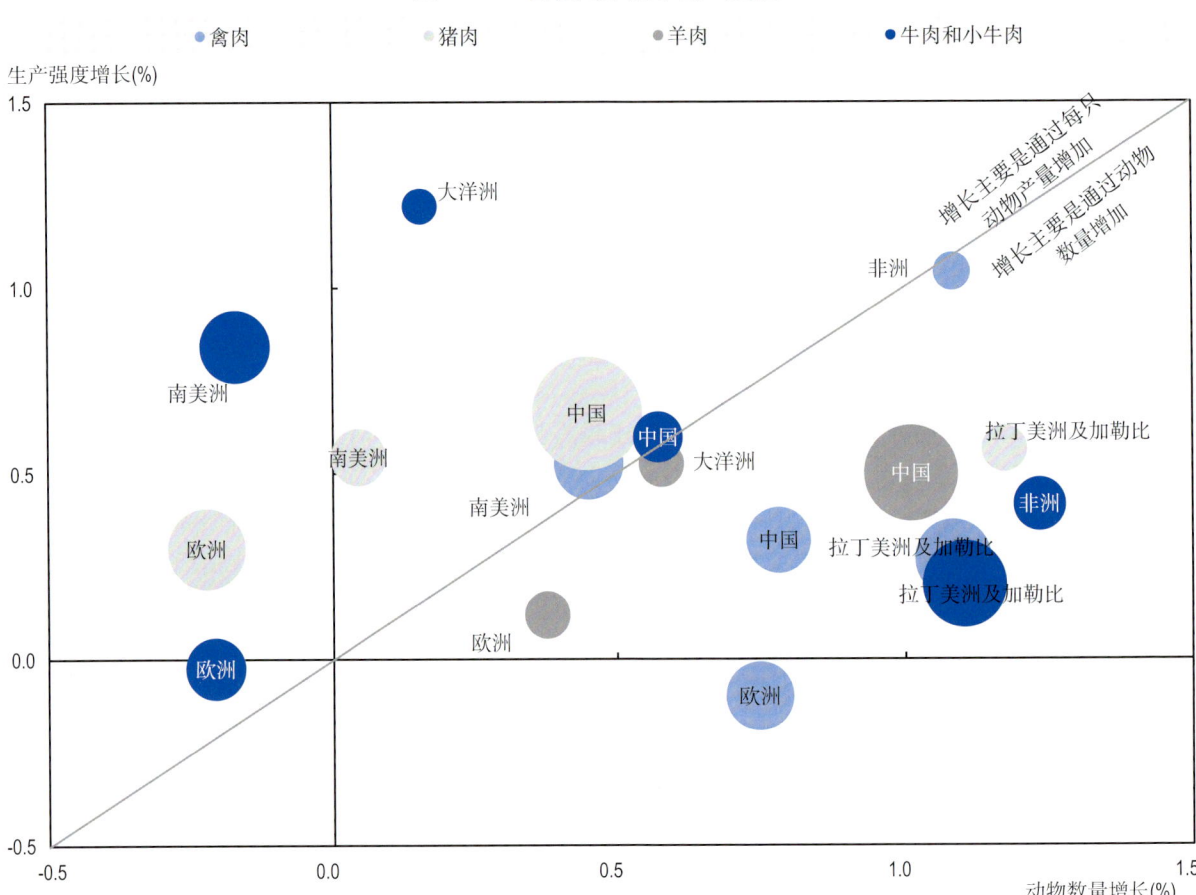

图 1.22　各区域肉类增产途径

注：生产强度是指年度总产量除以日历年末的动物数量。每个气泡的大小与 2028 年该区域每种肉类的全球产量份额成正比。占总量不足 5% 的区域未予显示。一个异常值（非洲羊肉）未予显示。

资料来源：经合组织/粮农组织（2019 年），《经合组织－粮农组织农业展望》，经合组织农业统计（数据库），http://dx.doi.org/10.1787/agr-outl-data-en。

到 2028 年，牛肉和小牛肉产量预计将增加约 900 万吨。世界上最大的产区——拉丁美洲和美国将占全球新增产量的一半以上。饲料价格相对较低以及牛肉和小牛肉需求日益增加，预计将刺激北美和大洋洲生产集约化。

到 2028 年，猪肉产量预计将增加 1 100 万吨，新增产量将主要集中在中国，中国新增产量将占全球新增产量的 42%。在中国，预计 2/3 的新增产量将得益于生产强度的增加。在过去的几十年里，中国已经从后院生产发展到商业运营。近期暴发的非洲猪瘟预计将使生产进一步转型，朝经营规模更大、生产效率更高的方向发展（详见肉类章节），这应提高单位动物的平均产量。因此，生产强度提高将成为全球猪肉产业的主导趋势。然而，在拉丁美洲（历史上其猪肉产业不及禽肉或牛肉产业发达），随着该区域努力满足亚洲迅速增长的需求，日益增加的动物数量预计将发挥更重要作用。

非洲畜牧业预计仍将主要依赖小规模生产者。集约化受诸多结构性问题制约，如缺少投资资本、饲料供给有限以及北非荒漠化等环境问题。这些因素对于反刍动物（牛肉和羊肉）生产的影响尤为突出，预计未来数年单位动物的产量将停滞不前。然而，家禽是一个值得注意的例外。在一些国家，如南非和坦桑尼亚，家禽供应链现代化助推产量增加，预计未来10年产量将进一步增长。

奶制品预计将成为未来10年增长最快的畜牧部门。该部门正在对强劲的需求做出响应，尤其是亚洲国家对新鲜奶制品的需求，但也受到黄油、奶酪和奶粉等加工奶制品价格持续坚挺驱动。在多数奶制品产区，规模稳步扩大、集约化饲养的奶牛所生产的牛奶数量增加，利用这些牛奶生产的黄油和奶酪数量也将会增加。

尽管预计全球单产将有所提高，但奶制品生产率往往在全球范围内存在显著差异（图1.23）。例如，世界最大生产国印度的牛奶产量目前仅为北美（另一个牛奶和奶制品主要供应国）的1/8。印度奶制品产量的强劲增长部分来自牛奶单产的提升（通过更好的饲养方式和遗传），但预计印度和北美之间在单产方面的显著差距将继续存在。

图1.23 奶制品产量、单产和动物存栏量

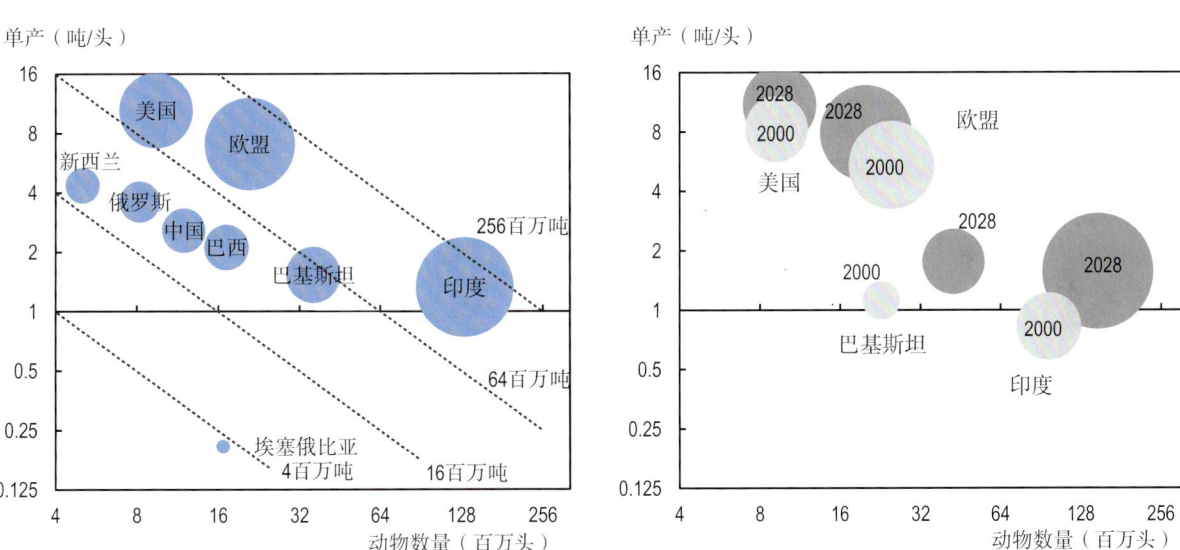

注：单产是指单位动物的产奶量，包括牛奶以外的其他产品。动物数量包括牛群以外的其他畜群。两个轴都以对数刻度显示，以便比较生产者（生产者规模差异悬殊）。气泡大小表示总产奶量（包括牛奶以外的其他产品）。向下的斜线将产量（以百万吨计）相同的所有单产和存栏量组合连接起来。"欧盟"是指所有年份的欧盟27国。
资料来源：经合组织/粮农组织（2019年），《经合组织–粮农组织农业展望》，经合组织农业统计（数据库），http://dx.doi.org/10.1787/agr-outl-data-en。

未来数年水产养殖预计将超过捕捞渔业

当前鱼类和海产品生产有两个同等重要的来源——捕捞和水产养殖。直到20世纪90年代，几乎所有鱼类和海产品都是通过捕捞渔业获得，此后，水产养殖的重要

性稳步提升，尤其是在中国。目前，水产养殖占总产量的47%，预计将继续保持上升趋势，而过去20年捕捞渔业产量保持相对平稳，且预计不会进一步扩大。因此，在展望期内，水产养殖有望超过捕捞渔业，成为全球最重要的鱼类和海产品来源。

图 1.24 水产养殖和捕捞渔业

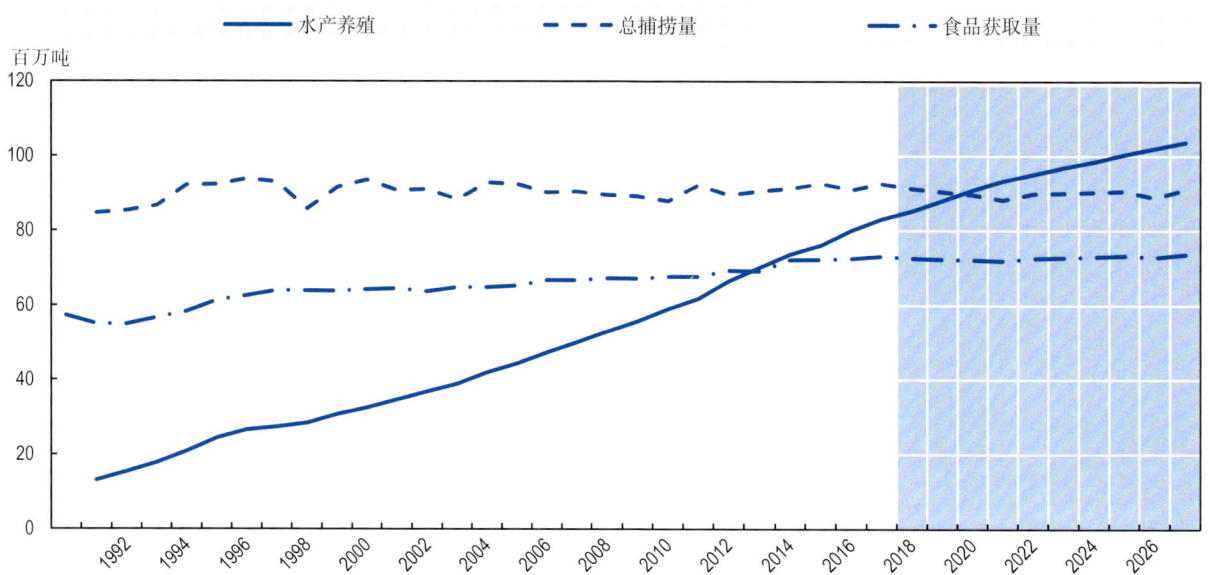

资料来源：经合组织/粮农组织（2019年），《经合组织－粮农组织农业展望》，经合组织农业统计（数据库），http://dx.doi.org/10.1787/agr-outl-data-en。

在展望期内，水产养殖生产效率预计将会提高，尤其是通过减少生产既定数量养殖鱼类所需鱼粉或鱼油数量实现，包括在鱼饲料日粮中使用蛋白粉、昆虫或藻类等替代品。未来10年，来源于野生鱼类物种（如凤尾鱼）的饲料的相对份额预计将会继续下降。

政策对展望的影响

公共政策对农业市场有很大影响。补贴、最低价格保障或进口关税等农业支持政策可以刺激生产，尽管效率不高，且视情况而定，有可能损害贸易伙伴的利益。因此，此类支持措施的使用需要遵守1995年生效的世界贸易组织《农业协定》。该《农业协定》为最扭曲的政策设定了上限，但仍为此类政策留出相当大的空间。历史上，对农民的支持主要是由高收入国家提供，但近年来，一些新兴国家也在广泛使用此类支持，在某些情况下，是为了支持某些产品实现国内自给自足的目标[①]。例如，俄罗斯即是如此，政府为若干农产品（包括谷物、肉类、食糖、植物油和奶制品）设定了生产目标并为农民提供各种形式的资金支持。同样，几乎所有东南亚国家联

---

① 关于金砖四国经济体的农业政策，可参见 Brink 等人（2017年），"从世贸组织视角看金砖四国的农业政策"，载于：A. Bouët 和 D. Laborde，《2000—2015年农业、发展和全球贸易系统》，国际粮食政策研究所；经合组织（2018年），《2018年农业政策监测和评价》。

盟（东盟）经济体都设定了一定形式的自给自足目标，最常见的是针对稻米①。

鉴于农业大量使用自然资源并排放温室气体，未来10年，可能会出台更多提升环境可持续性的政策，这可能会制约产量增长。例如，中国第十三个五年计划（2016—2020年）旨在提高渔业和水产养殖效率及可持续性，可能会导致中国捕捞渔业规模缩小、水产养殖业增速放缓。由于中国目前占全球鱼类产量的近40%，这些更严格的政策也意味着全球产量增长将会放缓（详见鱼类和海产品章节）。

农业支持措施和可持续性政策可对产量产生明显和直接影响。然而，其他政策可能产生更大影响，但可能会有更长的延迟。尤其是刺激农业研发公共和私人投资的相关措施，从长远来看，这也是种植业和畜牧业生产力提升的最重要的决定因素。风险和不确定性章节将更详细地讨论该主题。

对温室气体排放的影响

农业、林业及其他土地利用的温室气体排放量估计占全球总排放量的24%。农业直接排放占全球排放量的11%，但农业也间接导致了因土地用途变化产生的大部分温室气体排放，例如，扩大农业用地面积造成森林砍伐或泥炭沼泽干涸②。牲畜（尤其是牛、绵羊和山羊等反刍动物）占农业直接排放量的2/3（如通过肠道发酵和粪便排放），并对土地利用产生其他重要间接影响。合成肥料和稻米生产是另外两个重要的排放来源③。

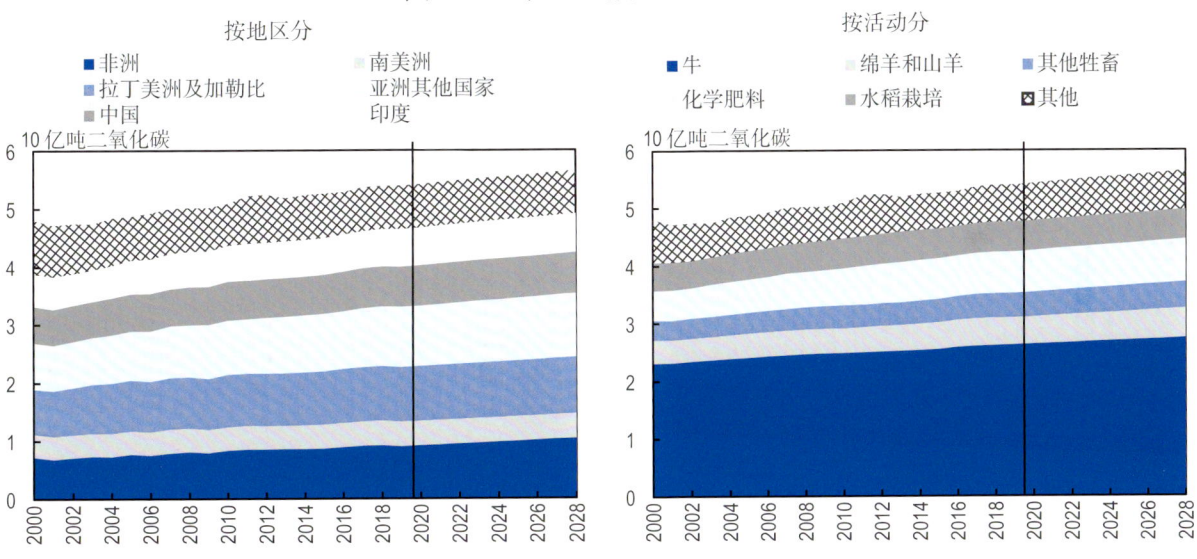

图1.25 农业直接温室气体排放

资料来源：经合组织／粮农组织（2018年），《经合组织－粮农组织农业展望》，经合组织农业统计（数据库），http://dx.doi.org/10.1787/agr-outl-data-en。

---

① 关于俄罗斯，参见美国农业部－海外农业局（2018年）"俄罗斯－农业经济和政策报告"，全球农业信息网络报告 RS1819，https://gain.fas.usda.gov；关于东南亚，参见经合组织（2017年），《加强东南亚粮食安全并管理风险》，经合组织出版社，巴黎，第107-108页。

② 见 Smith 等人（2015年），《农业、林业及其他土地利用》，政府间气候变化专门委员会第五次评估报告，https://www.ipcc.ch/report/ar5/wg3/。

③ 2016年数字来自粮农组织统计数据库，http://www.fao.org/faostat/en/。

在展望期内，假设当前政策和技术保持不变，预测显示直接温室气体排放量每年增加0.5%。这符合直接排放的历史轨迹，1990—2016年，历史直接排放量每年增加0.5%，低于同期农业产量增速（每年2.7%）。两者之差说明碳强度随时间推移而下降，尽管不足以实现排放量与产量的绝对脱钩。

预计新增直接排放量的近一半将来自牛，另外15%来自小反刍动物（绵羊和山羊）。从地理上看，多数新增农业直接温室气体排放量预计将来自发展中世界，仅非洲就占增量的40%以上，亚洲（包括中国和印度）占增量的45%。发展中世界的巨大贡献一方面是由于其农业生产增速更快，另一方面是由于其采用的粗放放牧系统，粗放系统单位产出比排放的温室气体量更大[1]。

2000—2010年，图1.25所示直接排放量占农业温室气体总排放量的比例为略高于一半，其余来自土地使用的影响，主要是生物质燃烧和森林砍伐。长期以来，上述间接排放量呈下降趋势，尤其得益于森林砍伐率下降。本《展望》未对上述间接排放今后的演变情况进行建模。

若干方案可减少农业排放。其中包括碳定价、减少或防止毁林的政策、降低农业生产实践排放强度的技术方案、减少饮食中高排放足迹的产品以及减少粮食损失和浪费的举措[2]。鉴于环境、农村生计以及粮食安全和营养之间的复杂相互作用，需要认真评估上述政策方案[3]。

贸易

农业生产力最高的区域并不总是人口（以及需求）集中的地方。因此，农业贸易对一些区域的粮食安全至关重要，同时又是另一些区域的重要收入来源。长期以来，农业贸易使净出口区域和净进口区域日益分化，农业出口通常来自相对较少的国家，而农业进口通常更加分散。

自21世纪初以来，农业贸易的增长得益于农产品关税和扭曲贸易的生产者支持下降以及中国经济的强劲增长[4]。未来10年，随着全球需求增长，尤其是中国进口增速放缓，农业贸易将继续增长，但增速将会放缓。然而，未来10年，净出口和净进口区域之间持续分化的趋势将会继续（图1.26）。

在整个21世纪，美洲尤其加强了其作为玉米、大豆和肉类等农产品全球供应商

---

[1] 参见Herrero等人（2013年），"全球畜牧系统生物质使用、生产、饲料效率和温室气体排放"，《美国国家科学院院刊》，2013年12月，110(52)，第20888-20893页。
[2] 参见Blandford和Hassapoyannes（2018年），"农业在全球温室气体减排方面的作用"，经合组织粮食、农业和渔业文件112，巴黎：经合组织；世界资源研究所（2018年），《创造可持续的食品未来》，https://www.wri.org/publication/creating-sustainable-food-future；Smith等人（2015年），《农业、林业及其他土地利用》，政府间气候变化专门委员会第五次评估报告，https://www.ipcc.ch/report/ar5/wg3/。
[3] 经合组织（2019年），《农业部门气候变化减缓方案：部分均衡分析》，即将出版。
[4] 经合组织（2019年），"农业市场和贸易形势演变"，经合组织粮食、农业和渔业文件118。

的地位。未来 10 年，拉丁美洲及加勒比区域的出口预计将会增加，而北美出口增长将会疲软，这与农业产量的预计趋势一致。大洋洲传统上一直是农产品净出口区，但过去 20 年（剔除价格变化因素后）总出口大体持平，这一趋势预计不会有太大变化。

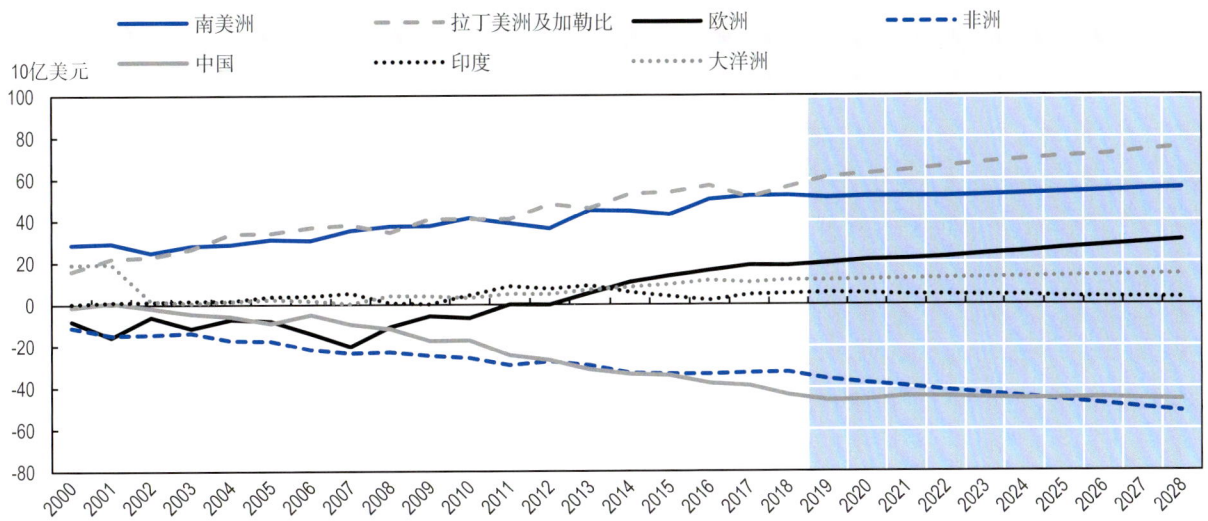

图 1.26　各区域农业贸易差额（以不变价格计）

注：以 2004—2006 年美元不变价格计算的本《展望》中所涉商品的贸易净值（出口减进口）。欧洲包括俄罗斯。
资料来源：经合组织／粮农组织（2019 年），《经合组织 – 粮农组织农业展望》，经合组织农业统计（数据库），http://dx.doi.org/10.1787/agr-outl-data-en。

长期以来，欧洲（也包括俄罗斯和乌克兰）已经从大宗农业商品净进口方转变为净出口方，部分原因是人口停滞和人均消费持平抑制了国内需求。产量增长也有助于提振出口表现，尤其是乌克兰和俄罗斯，得益于显著提高的生产率和有利的汇率变动，这两个国家在几年时间里分别发展成为有竞争力的玉米和小麦出口国（图 1.27）。

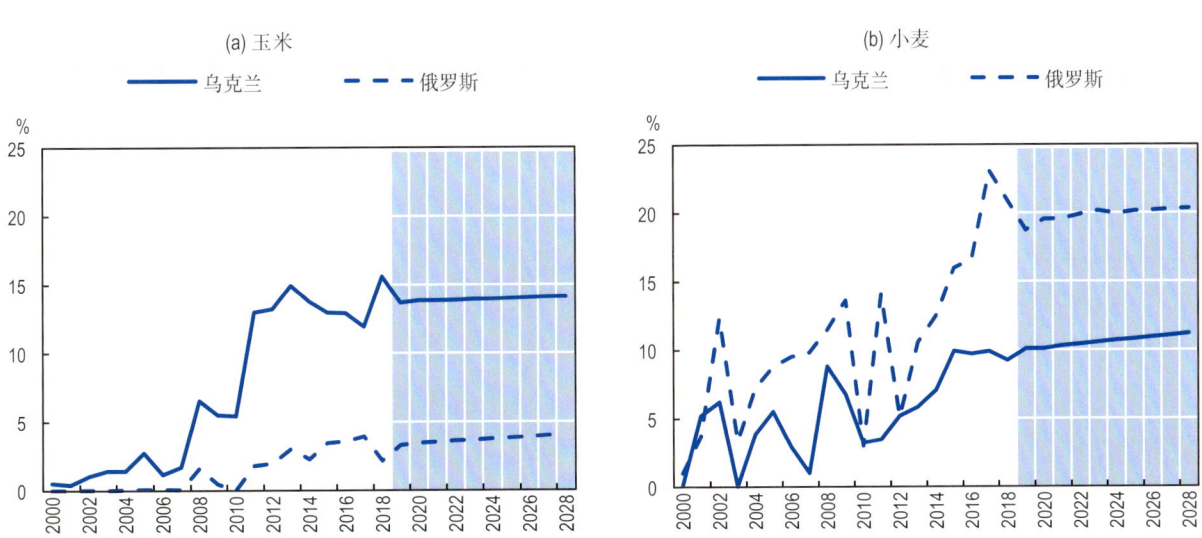

图 1.27　乌克兰和俄罗斯：全球出口份额

资料来源：经合组织／粮农组织（2019 年），《经合组织 – 粮农组织农业展望》，经合组织农业统计（数据库），http://dx.doi.org/10.1787/agr-outl-data-en。

在农业贸易呈逆差的区域中，中国和非洲的净进口有所增长，尽管原因不同。在中国，强劲的经济增长刺激了粮食需求，21世纪中国粮食进口激增。未来10年，中国这些产品的进口增长将更加缓慢。自21世纪初以来，中国在世界大豆进口中的份额从不到30%增加到今天的60%以上；而其在全球全脂奶粉进口中的份额从21世纪初的不到10%增加到现在的20%左右。未来10年，上述两项进口份额预计将保持不变。

非洲进口增长源于强劲的人口增长，未来10年，预计非洲进口将继续增长（尽管本《展望》不包括热带产品，而非洲是热带产品净出口方）。如图1.28所示，北非和撒哈拉以南非洲都是谷物净进口国，谷物直接作为粮食或间接作为动物饲料支持粮食安全。在北非，玉米和其他粗粮主要用作饲料，而小麦和大米则用作食物。该区域是这4个类别的净进口方，预计未来10年该趋势仍将继续。北非谷物进口增长反过来又支撑了俄罗斯和乌克兰谷物出口的增长，因为这两个国家靠近北非。在撒哈拉以南非洲，玉米（尤其是白玉米）和其他粗粮（包括苔麸等本地粮食）大多用作食物，且该区域在这些传统谷物上实现了自给自足。随着收入增长，对大米和小麦的需求也在增加，导致进口增加。对大米的影响尤其明显，展望期内，非洲在世界进口中的份额预计将从35%增加到50%。

图 1.28 净进口量与国内消费量之比

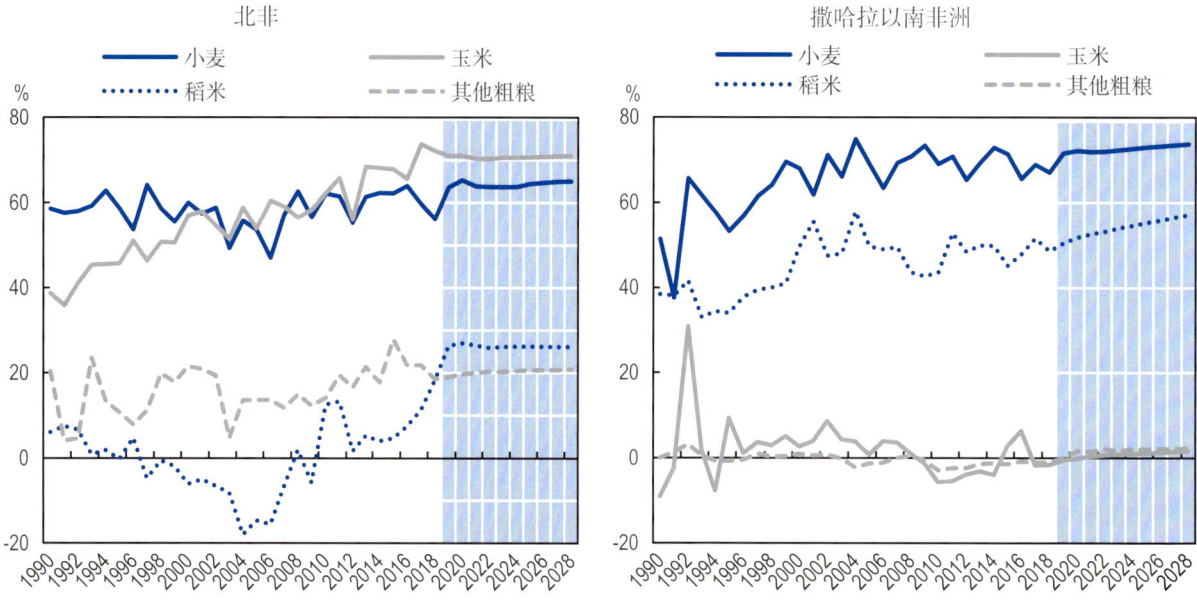

资料来源：经合组织／粮农组织（2019年），《经合组织－粮农组织农业展望》，经合组织农业统计（数据库），http://dx.doi.org/10.1787/agr-outl-data-en。

印度的农业贸易差额引人注目，因为印度尽管幅员辽阔，但目前既不是主要进口国，也不是主要出口国。但鉴于印度的规模，其贸易差额的变化可能会对市场产生巨大影响。未来10年，印度国内生产预计将跟上人口增长和收入增加的步伐，总体贸易地位不会有太大变化。例如，印度奶制品消费和生产的强劲增长预计将对全球市场影响不大。值得注意的例外是植物油（印度是其主要进口国）以及大米和牛肉（水牛肉），印度是水牛肉主要出口国。未来10年，印度在上述产品方面的地位将进一步巩固。

自由贸易协定影响农业贸易预测

平均而言，农业比制造业面对更多的贸易壁垒。尽管连续几轮的多边贸易谈判成功降低了制造业的进口关税，但减少农业保护主义的进展却非常有限。1995年世贸组织《农业协定》是一项重要突破，该协定增加了市场准入以及对扭曲贸易的生产者支持的限制。尽管取得了这一进展，但近年来农产品仍面临约16%的平均进口关税，而工业品的平均进口关税为4%[1]。此外，一些农产品在视农产品为敏感产品的国家往往面临更高的关税。多边谈判停滞不前，因此预计多数贸易壁垒将在未来10年继续影响贸易流。然而，各国越来越多地转向双边和区域贸易协定，这可能影响农业贸易预测。总体而言，贸易量占农业总产量的份额预计将在未来10年保持不变。

自上一版《展望》以来，两大自由贸易协定获得核准：《全面与进步跨太平洋伙伴关系协定》和《欧盟－日本经济伙伴关系协定》。除其他条款外，这两项协议都包括增加农产品市场准入的承诺。（加拿大、美国和墨西哥之间的贸易协定，用以取代《北美自由贸易协定》；因此，本《展望》假设《北美自由贸易协定》仍然有效）。

《全面与进步跨太平洋伙伴关系协定》是在11个国家之间签订的贸易协定：澳大利亚、文莱达鲁萨兰国、加拿大、智利、日本、马来西亚、墨西哥、新西兰、秘鲁、新加坡和越南。根据协议，多数关税细目将免税[2]。2016年，这些国家约占全球农业进出口的20%。对于黄油、奶酪和其他油籽等若干商品，《全面与进步跨太平洋伙伴关系协定》内部贸易占这些国家贸易总量的重要份额（图1.29）。

虽然本《展望》无法对《全面与进步跨太平洋伙伴关系协定》促进贸易的效果进行详细预测，但预计对肉类和奶制品贸易的影响最大，对谷物的影响较小。这些产品的进口关税可能相对较高。例如，进口到日本的牛肉面临38.5%的关税，根据《全面与进步跨太平洋伙伴关系协定》，该关税将降至9%。加拿大奶制品和墨西哥禽肉的进口关税分别高达250%和234%。根据《全面与进步跨太平洋伙伴关系协定》，这些关税将会下调。总体而言，日本进口很可能会受到较大影响，因为日本是多数产品的最大净进口国（以金额计）。

《欧盟－日本经济伙伴关系协定》（《经济伙伴关系协定》）于2019年2月1日生效，放开了欧盟和日本之间的多数关税细目。对欧盟而言，《经济伙伴关系协定》预

---

[1] Bouët和Laborde（2017年），《多哈回合失败的潜在代价评估》，载于：A. Bouët和D. Laborde，《2000—2015年农业、发展和全球贸易体系》，国际金融政策研究所，华盛顿特区。

[2] 2018年12月30日，《全面与进步跨太平洋伙伴关系协定》针对澳大利亚、加拿大、日本、墨西哥、新西兰和新加坡生效。2019年1月14日，该协议对越南生效。《全面与进步跨太平洋伙伴关系协定》将在其余4个国家（文莱达鲁萨兰国、智利、马来西亚和秘鲁）完成各自的批准程序后60天生效。当《全面与进步跨太平洋伙伴关系协定》针对各国生效时，多数关税细目（约86%）将免税。一些关税将在"逐步淘汰"期间逐步取消，具体情况因国家和关税细目而异，少数关税细目将不会免税。总体而言，约99%的关税细目将在15年内免税。

计将给农业部门带来可观收益[1]。欧盟已经是对日农产品的最重要供应国,包括黄油、白糖、猪肉和奶酪(其他方向的贸易流更为有限)。《经济伙伴关系协定》似乎有可能增加从欧盟到日本的农业贸易流量,尤其是猪肉、牛肉、禽肉和奶制品。虽然本《展望》对双边贸易流动进行建模,但在编制欧盟出口和日本进口预测时,已经考虑到这些可能的影响。

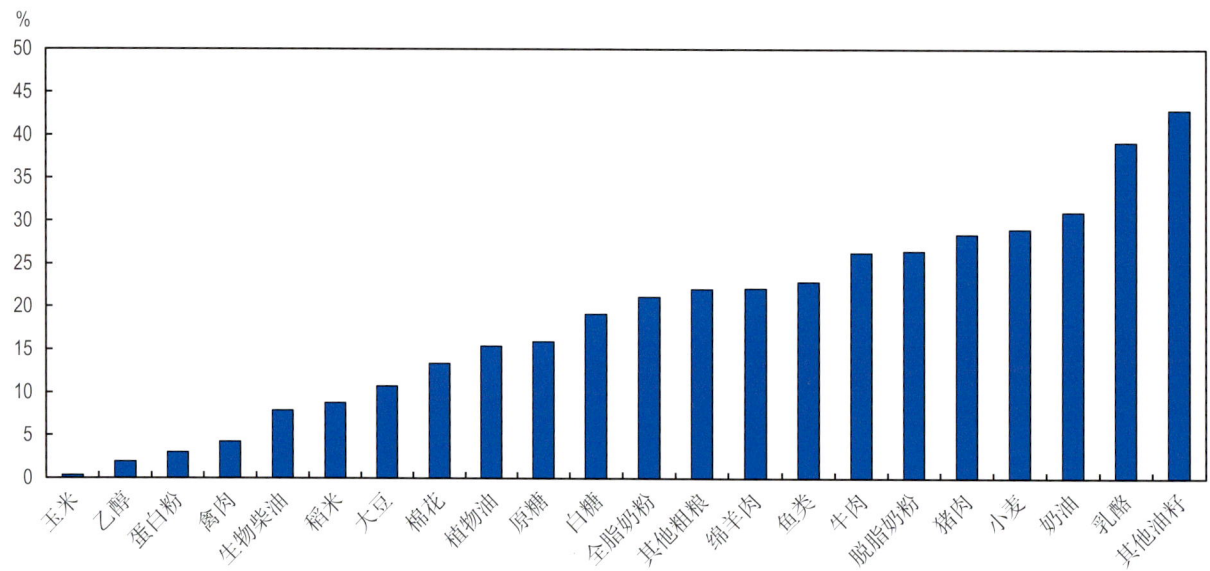

图 1.29　2016 年《全面与进步跨太平洋伙伴关系协定》区域内贸易份额

注:数据显示《协议》内贸易占该《协议》缔约国贸易总额的份额。
资料来源:全球贸易追踪数据库(2019 年)。

农产品国际贸易目前正面临中美持续贸易冲突带来的风险和不确定性以及英国脱欧相关的不确定性等。详见以下章节。

风险和不确定性

敏感度分析

本《展望》中的预测是基于一套关于人口和宏观经济变量可能发展(详见插文 1.4)以及平均天气条件的假设。本《展望》所依赖的 Aglink-Cosimo 模型可用于情景分析,以探讨不同假设如何影响预测。例如,使用 Aglink-Cosimo 模型的一项近期研究放宽了平均天气条件假设,并模拟了极端气候事件对农业市场的影响,如插文 1.3 所述。

---

[1] 根据《经济伙伴关系协定》,欧盟同意放开 99% 的关税细目和 100% 的进口,而日本放开 97% 的关税细目和 99% 的进口。贸易协定全面实施后,日本将放开所有农业关税细目中的约 84%,而欧盟将放开几乎所有农产品,不包括大米(相互不包括)和一些加工农产品。

插文 1.3 极端气候事件的潜在影响

在许多地区，热浪、干旱和暴雨等极端气候事件的发生频率和时长可能增加[1]。此类事件通常会对作物生产产生强烈影响。本《展望》中的预测通常假设种植季的农业气候条件为一般水平。作物单产通常遵循其历史趋势，因此没有体现罕见和高生物物理压力的潜在影响。

在最近一项研究中，欧盟委员会联合研究中心的研究人员对支撑本《展望》的 Aglink-Cosimo 模型进行延伸，以考虑到由温度和水异常引起的产量变化[2]。通过实验模拟 1980—2010 年至 2019/20 销售年影响小麦、玉米和大豆的 58 个区域极端事件的重现，研究了对主要国内和国际商品市场的潜在经济影响。

根据所分析的极端事件的属性（如持续时间和强度），对国内产量的估计影响如下：澳大利亚小麦减产 28%；哈萨克斯坦增产 41%；南非玉米介于减产 49% 至增产 68%；美国大豆介于减产 12% 至增产 13%。与一般情况相比，这些偏差导致国内和国际作物价格出现显著差异。总体而言，国内价格区间介于：小麦从 -10%（哈萨克斯坦）到 +125%（巴基斯坦），玉米从 -21% 到 +310%（南非），大豆从 -24% 到 +58%（印度）。主要出口方和进口方遭受巨大冲击时，向全球市场的价格传导十分显著。例如，仅由于俄罗斯的极端情况，小麦国际参考价格可能在 -6% 到 +10% 变动，而玉米价格（-13% 至 +35%）和大豆价格（-14% 至 +15%）将受到美国极端事件的显著影响。同样，重大贸易影响是双向的。例如，破坏性事件将最终导致出口竞争力下降、进口依赖增加、自给自足水平降低，有时还会导致暂时性价格波动。

总体而言，相较于有益事件，作物价格对有害事件更敏感。这意味着，贸易和库存可能并不总是足以"缓冲"同时和反复出现的歉收造成的损害，这可能使未来价格更加敏感。然而，针对极端农业气候事件制定政策响应，如多国应急储备，将需要深入了解两个因素：全球同时和反复发生事件的可能性和规模，以及不同区域可通过抗性作物品种、早期预警系统和高效水资源利用进行适应的程度。如没有此类信息，则处于粮食不安全区域的各国政府不仅难以具体说明和商定最佳库存数量，也难以在实践中执行用以稳定供应或价格的缓冲库存计划。

注：[1] 政府间气候变化专门委员会（2012 年），"管理极端事件和灾害风险以推进气候变化适应"，政府间气候变化专门委员会第一和第二工作组特别报告。

[2]Chatzopoulos T.、Pérez Domínguez I.、Zampieri M.、Toreti A.（2019 年），"气候极端事件与大宗农业商品市场：区域模拟事件全球经济分析"，见极端天气和气候，https://doi.org/10.1016/j.wace.2019.100193。

使用部分随机分析，评估宏观经济变量的"典型"变化如何影响预测。这项分析进行了 1 000 种不同模拟，使用随机组合的油价、汇率、经济增长和单产冲击等变量。根据变量与其长期趋势的历史偏差，选择变量。

该分析不全面，因为不能体现影响农业市场的所有变化来源。例如，非洲猪瘟等动物疾病可能对市场产生重要影响，但未纳入分析。尽管如此，这些情景的结果表明预测对农业市场中某些最重要变动的敏感性。

随机分析的首个发现是，就对冲击的敏感性而言，消费预测不如产量预测敏感，而产量预测又不如贸易、库存水平或价格敏感。图 1.30 显示了玉米方面的这一发现，将 2028 年基线预测与随机分析中观察到的全部数值范围以及 90% 的区间（即包括90%模拟情景的范围)进行比较。农业供求往往对价格变化相对不敏感,这意味着冲击会导致价格大幅变动。随机分析表明,这些冲击可能导致价格比基线预测高或低40%。

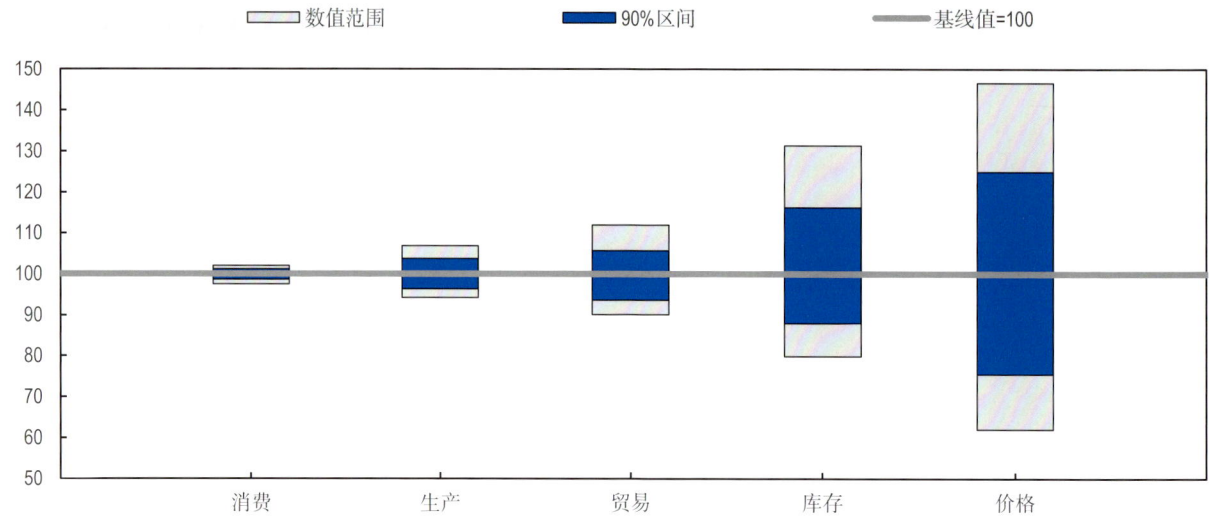

图1.30 2028年玉米结果范围

注：图显示部分随机分析得到的数值范围,其中基线值校准为100。
资料来源：经合组织/粮农组织(2019年),《经合组织－粮农组织农业展望》,经合组织农业统计(数据库),http://dx.doi.org/10.1787/agr-outl-data-en。

随机分析还显示了不同类型冲击的相对重要性。图1.31使用随机分析中的所有冲击或各种冲击子集,比较2028年玉米价格结果。价格似乎对单产波动最为敏感；在仅包含单产冲击的模拟中,2028年玉米价格最终可能比基线预测高或低20%。汇率和油价也是重要的变化来源。有趣的是,在这两种情况下,模拟揭示了价格的不对称反应。在模拟中,汇率冲击导致价格上涨高达10%,但价格下跌高达20%。在许多国家,汇率的历史冲击(从中提取随机变量)是不对称的,美元的大幅贬值比同等幅度的升值发生频率更高。由于商品价格以美元表示,这种大幅贬值往往会刺激出口并抑制进口。由于农业出口往往只集中在少数几个国家,主要出口国货币的贬值会导致全球出口大幅增加,从而导致世界价格相对大幅下跌。此外,石油价格的冲击导致价格上涨10%以上,但价格下跌高达6%,因为历史上石油价格的冲击是不对称的,大幅上涨的频率高于同等幅度的下跌。最后,收入冲击导致价格比基线预测高或低10%,尽管多数模拟结果是在基线预测周围几个百分点的更窄范围内。

因此,随机分析揭示了预测对一系列冲击的敏感性。然而,其他各种不确定性更难量化。下文将讨论其中几个不确定性的潜在影响。

图 1.31　按冲击类型分列的 2028 年世界玉米价格结果区间

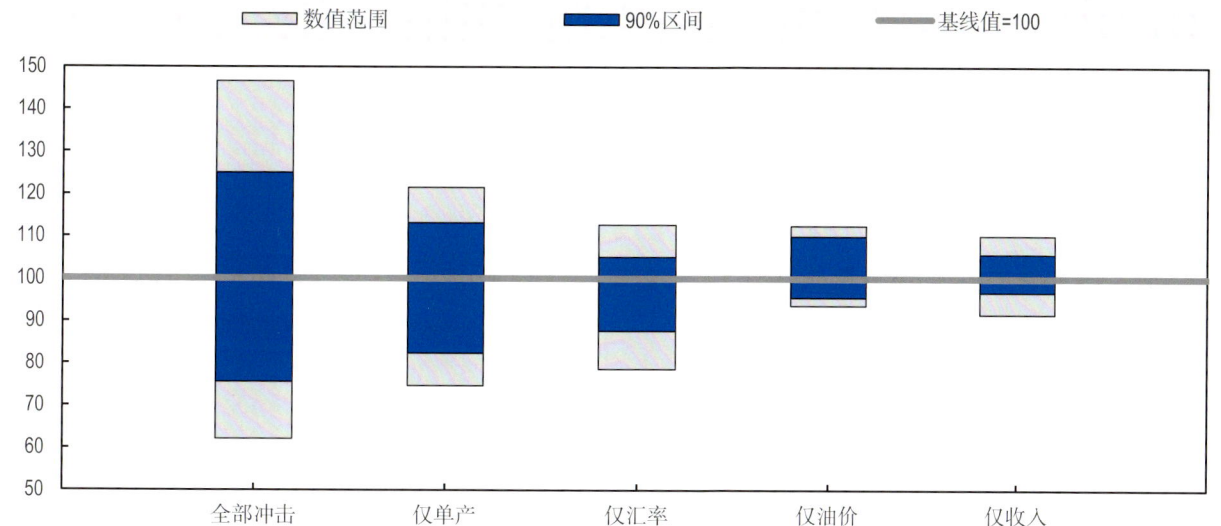

注：图显示在不同类型冲击下从部分随机分析中得到的世界玉米价格的数值范围，基线数值校准为 100。
资料来源：经合组织／粮农组织（2019 年），《经合组织－粮农组织农业展望》，经合组织农业统计（数据库），http://dx.doi.org/10.1787/agr-outl-data-en。

预测的不确定性

需求

本《展望》纳入了消费偏好的可能演变。关于消费偏好发展的其他假设，如素食主义者、纯素食主义者或"灵活"生活方式的广泛传播，将改变中期预测趋势。短期冲击，如预测中未考虑的食品卫生恐慌，将导致围绕《展望》中食品消费预测上下波动。

本《展望》认为中期内政策将保持稳定，并对未来的政策效力进行评估。这些惯例也是不确定性的来源。例如，为减少总热量消耗或促使消费者选择更健康饮食而采取的政策措施可能会以今天无法预见的方式影响总体食物需求以及不同食品的相对需求。同样，刺激更可持续饮食的政策对消费模式产生的影响，可能不同于支撑本《展望》的专家共识。

生物燃料政策有效性的评估也仍不确定。例如，中国政府宣布到 2020 年在全国范围内实施 10% 的乙醇掺混指令。本《展望》认为，到 2028 年，掺混率只能达到 4% 左右。中国若要达到 10% 的掺混目标，则需要大量额外的玉米、木薯和／或甘蔗作为原料，这将改变作物和畜产品展望。

供给

本《展望》中的预测对动植物疾病的暴发十分敏感，疫病不可预测，但可能产生重大和长期影响。有害生物暴发的一个例子是草地贪夜蛾，草地贪夜蛾是一种原产于美洲并于 2016 年蔓延到撒哈拉以南非洲的昆虫。这种有害生物主要攻击玉米，但也会损害许多其他作物，包括水稻、棉花和甘蔗。据粮农组织估计，非洲草地贪夜蛾的为害目前介于 10 亿~30 亿美元。本《展望》假设虫害基本上可以得到控制，中期内不会发生大范围破坏。2018 年 7 月，在印度和也门发现了这种昆虫；到 2019 年 1 月，该昆虫已蔓延到斯里兰卡、孟加拉国、缅甸、泰国和中国云南省。虽然还没有亚洲的数据，但预测认为亚洲的影响应不及非洲严重，因为亚洲更容易获得植保产品[①]。本《展望》中未纳入其他疫情，但此类事件可能导致围绕预测趋势出现短期冲击，或者在严重情况下永久改变预测趋势。

动物疫病曾经扰乱了禽肉、牛肉和其他畜产品市场，且有可能在未来 10 年再次干扰市场。目前影响畜牧业生产的流行病是非洲猪瘟，虽然它不影响人类，但对猪和野猪会产生致命影响。2018 年 8 月，中国报告暴发非洲猪瘟疫情，这是中国首例非洲猪瘟疫情。与此同时，该疾病也出现在亚洲其他国家，并重新出现在欧洲（欧洲曾于 2007 年和 2014 年发现病例）。非洲猪瘟对全球猪肉生产的中期影响尚不确定。假设遏制疫情暴发的措施将在短期内一定程度上抑制全球猪肉生产。其实际影响尚不确定，该流行病的中期影响可能比目前预期的更为严重。

本《展望》中产量趋势和动物生产力趋势预测假设作物和农场动物的遗传潜力持续改良且生产技术不断创新，这反过来取决于公共和私营部门在研发方面的持续投资。大量文献表明，农业研发公共投资带来巨大社会效益，并指出当前投资率过低[②]。然而，自 2008—2009 年金融危机以来，高收入国家的公共投资似乎有所下降[③]。由于这些国家 2008 年的农业公共支出占全球农业公共支出的一半，这一趋势可能导致未来几十年生产率增长放缓。此外，新兴经济体（尤其是中国和印度）的公共支出不断增加[④]。此外，近年来，全球私营部门研发投资增长速度一直快于公共研发支出[⑤]。这些趋势支撑本《展望》中做出的生产率持续增长的假设，但任何与假设进展速度相关的其他情景都将改变预测。

未来 10 年，农业生产将受到旨在指导生产实践的一系列政策措施的影响。这些政策措施追求的目标各异，如应对气候变化、保护动物福利和人类健康、提高国内自给自足水平或实现出口目标。本《展望》纳入了对所有已知措施影响的预期，然而，这些措施的实际结果并不确定，而且可能会发生变化。

[①] 粮农组织正在与这两个区域的政府合作，就如何防治虫害向农民提供信息和培训，见 http://www.fao.org/asiapacific/news/detail-events/en/c/1186008/

[②] Alston 等人（2000 年），"农业研究回报率元分析：由点及面？"，国际粮食政策研究所研究报告；Hurley 等人（2014 年），"重新审查报告的粮食和农业研发回报率"，《美国农业经济学杂志》96（5），第 1492-1504 页；Nin-Pratt 和 Magalhaes（2018 年），"重新审视农业投资回报率"，国际粮食政策研究所《讨论文件》01718。

[③] Heisey 和 Fuglie（2018 年），《高收入国家的农业研究投资和政策改革》，美国农业部经济研究局，2018 年 5 月。

[④] 农业创新研究所（2012 年），《农业创新研究所农业研发支出全球评估》，农业科技指标，https://www.asti.cgiar.org/globaloverview。

[⑤] Fuglie 等（2012 年），《私营产业对农业创新的贡献》，《科学》338（6110），第 1031-1032 页。

国际贸易

美国和中国之间持续紧张的贸易关系继续给《展望》预测带来不确定性。2018年夏天，中国对美国大豆征收关税，导致美国出口下降。美国农业部估计，美国对中国的大豆出口同比减少2 200万吨[①]。对其他目的地的出口增加了约700万吨，净减约1 350万吨。2018年夏季，中国关税造成了美国和巴西大豆出口价格的差距，随着中国承诺增加美国大豆和其他作物采购量，这一差距在接近年底时消失。在撰写本报告时，美国和中国正在进行谈判。由于没有为中国关税设定具体的结束日期，因此《展望》假设这些关税在整个预测期内保持不变，这与《展望》保持政策设定不变的总体方法一致。鉴于中国和美国在全球大豆市场的重要性，通过谈判解决这一争端很可能会影响中国大豆进口、美国大豆出口、全球大豆价格和其他国家的市场份额。

2017年3月29日，英国政府正式宣布打算退出欧盟，该进程通常被称为"英国退欧"。在《展望》编写期间，退欧条款尚不明确。因此，本《展望》假设英国与欧盟之间的贸易关系不会中断。英国退出欧盟的影响可能是巨大的，因为英国与欧盟有着牢固的贸易关系。2018年，英国70%以上的农业进口来自欧盟，62%的农业出口流向欧盟。总体而言，英国是农产品净进口国，2018年英国与欧盟其他国家的农产品贸易逆差为270亿美元。尽管欧盟成员国之间的贸易是免关税的，但"退欧"可能导致更高的贸易壁垒，这将影响英国和欧盟的农产品价格及产量。此外，英国农业部门平均60%的农业收入来自欧盟《共同农业政策》提供的补贴。尽管政府承诺将这些补贴维持到2020年，但随后支持的取消可能会影响国内生产和价格。"退欧"可能对全球奶酪、黄油、猪肉和羊肉市场造成影响，而英国是这些商品的净进口国。例如，英国是世界上最大的奶酪净进口国。对其他市场而言，主要影响可能是贸易流重新分配给其他贸易伙伴，对总体数量的影响较小。

《美国–墨西哥–加拿大协议》（《美墨加协议》）是美国、墨西哥和加拿大之间签订的优惠贸易协定，旨在取代《北美自由贸易协定》。《美墨加协议》于2018年11月30日签署，但尚未得到核准。因此，并未将其纳入基线预测。《美墨加协议》与《北美自由贸易协定》相比只是略微增加了农业市场准入。根据《北美自由贸易协定》可以零关税进口的农产品根据《美墨加协议》将继续保持零关税。与《北美自由贸易协定》相比，《美墨加协议》保持了美国、墨西哥和加拿大之间现有的农业承诺，在三国之间享有相对自由的市场准入。主要改进将是增加美国对加拿大的奶制品、禽肉和蛋类出口的市场准入。加拿大政府为某些奶制品争取到美国的新的市场准入，并为精制糖和含糖产品争取到关税配额。对墨西哥而言，《美墨加协议》不会带来农业市场准入方面的任何重大变化。

数据

本《展望》以全球农业生产、消费、贸易和价格的综合数据集为基础，纳入了来自国家统计来源、国际组织（特别是粮农组织）、国际商品机构（如国际谷物理事

[①] R. Johannson（2019年），《美国农业展望》，在美国农业部农业展望论坛上的致辞（2019年2月21-22日）。

会）和私营数据提供者的数据。虽然全球和区域总量及发达国家数据总体可靠，但在某些情况下，历史数据为估计值且存在潜在测量误差。历史数据会根据最新修订数据定期更新，这通常对全球形势影响不大。

然而，中国近期的数据修订尤其带来了不确定性。2017年人口普查后，中国国家统计局发布了追溯到2007年的农业生产修订估计。这些修订数据显示，中国过去10年的谷物产量明显高于此前预期。玉米的累计修正量为2.66亿吨，增加了10%左右。此外还发布了其他谷物的上调数据。相比之下，奶制品的新估计值显示，产量较先前假设低了15%。

调高的玉米产量估计提出一个问题：多出来的产量去了哪里？不清楚多出来的玉米是否最终成为饲料（这意味着畜牧产量增加或更密集地使用了饲料）。另外，假设多出来的产量最终留在仓库里，这会产生其他问题，因为不清楚谁持有这些库存以及库存位于何处[①]。

中国统计数据的修订不仅影响了历史数据，也引发了对全球农业市场透明度的质疑。拥有可靠的库存数据对于评估全球农业市场抵御冲击的能力至关重要。因此，中国产量数据的修订指出了围绕库存估计的更广泛的不确定性问题。这些库存数据（中国和其他国家）通常并不能直接获悉，但会根据产量和消费量之差对年度变化进行估计，因此库存估计尤其容易受到测量误差的影响。鉴于可靠的全球粮食供应数据的重要性，需要进一步开展工作以改进全球库存估计，例如，可组织直接调查[②]。

插文1.4　宏观经济和政策假设

基线预测的主要假设

本《展望》基于对宏观经济、政策和人口环境的假设，提出合理情景，用以支撑农渔产品供需变化预测。详细数据见统计附件；主要假设详见插文。

人口增长

本《展望》使用联合国人口展望2017年修订版数据库中的联合国中位变差估计数据。

预测期内，世界人口预计将从2016—2018年的75亿增加到2028年的84亿。这意味着年增长率为1%，与过去10年的1.2%相比有所放缓。人口增长集中在发展中区域，特别是撒哈拉以南非洲，预计该区域人口增长率最高，为每年2.4%；印度人口增长率预计为每年0.9%，到2028年，印度将新增1.36亿人，届时印度将超过中国成为人口最多的国家。

---

① 农业市场信息系统秘书处正在利用牲畜生物需求估计值评估增加的谷物产量中有多少可能最终成为动物饲料。见《农产品市场信息系统市场监测报告》第65期（2019年2月），载于www.amis-outlook.org。

② 更多信息，参见《农产品市场信息系统市场监测报告》第64期（2018年12月），载于www.amis-outlook.org。

图 1.32 世界人口增长

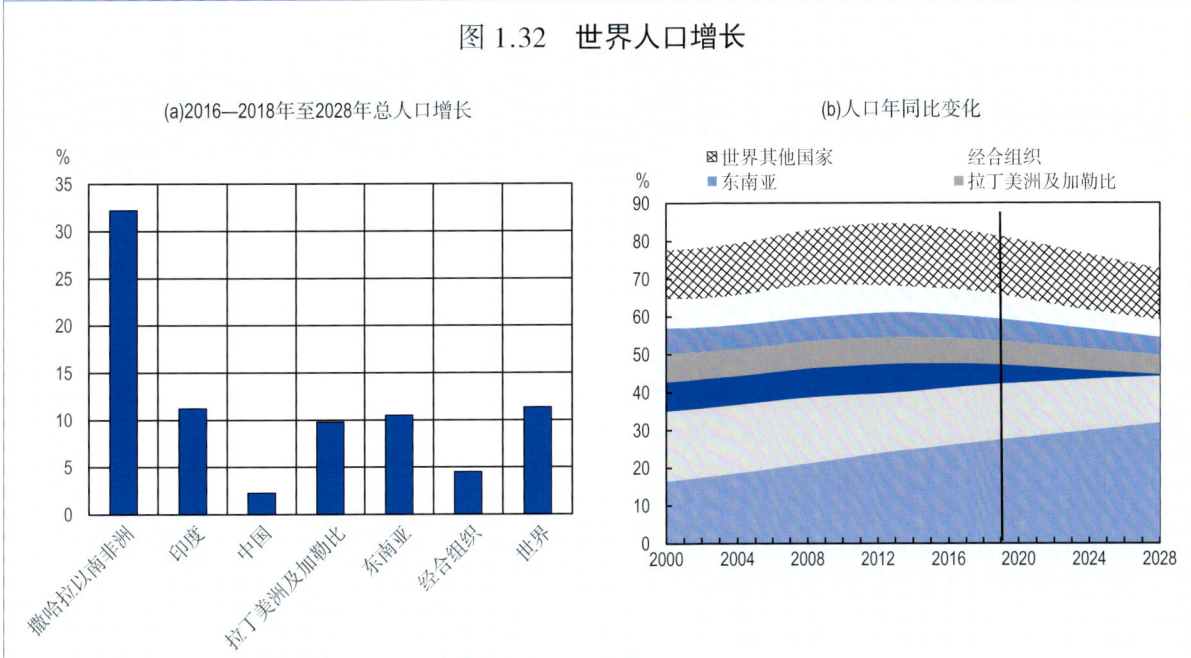

资料来源：经合组织/粮农组织（2019年），《经合组织－粮农组织农业展望》，经合组织农业统计（数据库）。

人均收入增长

人均收入增长估计来自经合组织《经济展望》第 104 期（2018 年 11 月）和国际货币基金组织《世界经济展望》（2018 年 10 月）。估计值以购买力平价表示，以 2011 年不变美元计。

图 1.33 人均收入增长

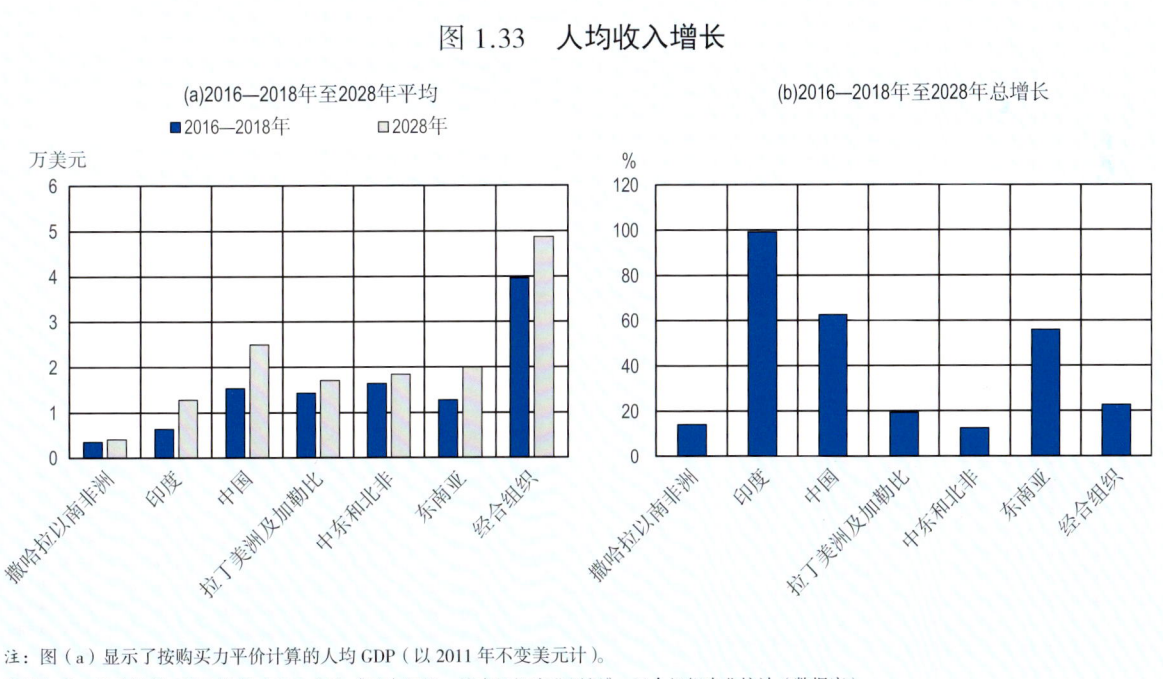

注：图（a）显示了按购买力平价计算的人均 GDP（以 2011 年不变美元计）。
资料来源：经合组织/粮农组织（2019年），《经合组织－粮农组织农业展望》，经合组织农业统计（数据库）。

食物需求取决于家庭可支配收入，在本《展望》中使用人均 GDP 增长进行近似计算。然而，经济增长的影响可能分布不均，这将对平均消费产生影响。特别是，如世界银行《2018 年贫困和共同繁荣报告》所示，占人口总量 40% 的最贫困人口的收入落后于撒哈拉以南非洲若干国家的平均收入增长。为此，本《展望》中的需求预测有时会偏离基于平均增长的预期。

在预测期内，全球人均收入预计将每年实际增长 2.5%。预测期内，印度强劲的经济增长预计将使人均收入翻番（每年 6.6%）。中国的经济增长预计将在未来 10 年放缓，尽管人均收入预计在预测期内仍将增长 63%（每年 4.1%）。亚洲其他发展中国家预计将在中期内继续保持强劲增长。越南、印度尼西亚和菲律宾的人均收入增长率预计在每年 4%~6%，泰国人均收入增长率约为每年 3.3%。巴基斯坦人均收入增长率将放缓至每年 1.2%。预测期内，撒哈拉以南非洲人均收入预计将增长 14.2%，特别是埃塞俄比亚未来 10 年预计将实现每年 7.6% 的高速经济增长。在拉丁美洲及加勒比区域各国，人均增长因国家而异。尽管未来 10 年巴西和墨西哥的收入增长将相对缓慢（约为每年 2%），但秘鲁、巴拉圭和哥伦比亚等国的人均收入将每年增长 2.8%

未来 10 年，经合组织国家人均收入预计将每年增加 1.9% 左右。土耳其的增长率预计将较高，为每年 3.1%，而加拿大的人均收入增长率将最慢，为每年 1.3%。

全球增长

GDP 增长假设是基于经合组织《经济展望》第 104 期（2018 年 11 月）和国际货币基金组织《世界经济展望》（2018 年 10 月）。

未来 10 年，全球经济预计将平均增长 3.4%。图 1.34 显示主要区域及今年重点章节拉丁美洲若干国家的 GDP 增长率。在全球范围内，印度的增长率最高（每年 7.7%）。在拉丁美洲，巴拉圭的 GDP 总量增长最快，为每年 4.0%。

图 1.34 还将 GDP 增长假设分解为 GDP 增长和人口增长。从全球来看，经济增长将主要与人均收入增长相对应；经合组织国家和中国尤其如此。相比之下，撒哈拉以南非洲的高人口增速意味着，该区域相对较高的经济增速（接近每年 4%）对应人均收入的小幅增长（约每年 1.3%）。

图 1.34　2019—2028 年 GDP 增速

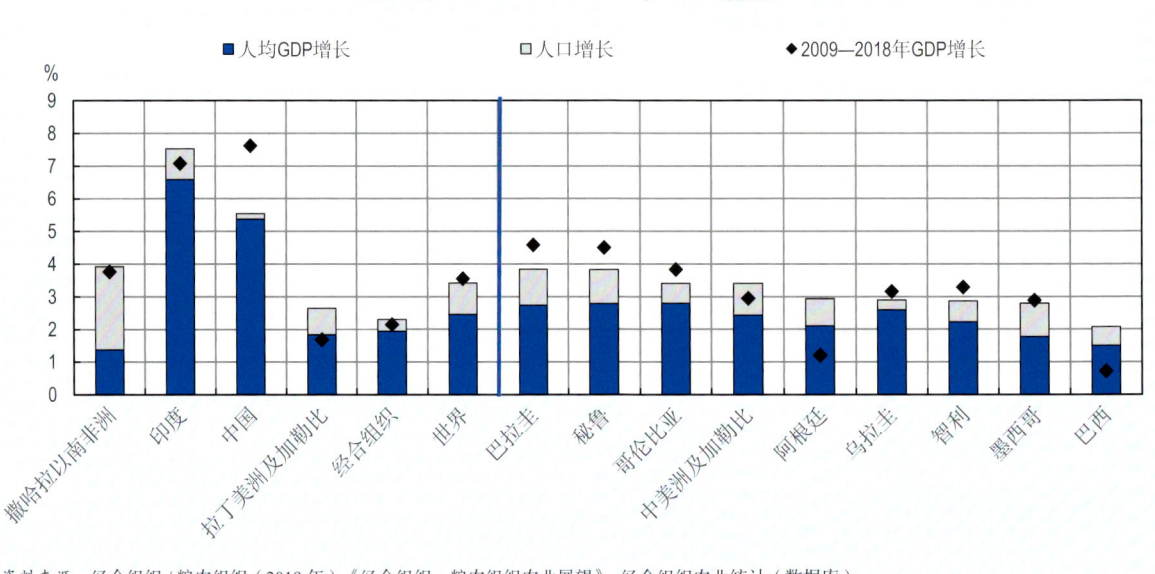

资料来源：经合组织/粮农组织（2019 年），《经合组织–粮农组织农业展望》，经合组织农业统计（数据库）。

汇率和通货膨胀

汇率假设是基于经合组织《经济展望》第104期（2018年11月）和国际货币基金组织《世界经济展望》（2018年10月）。假设2018—2027年间实际汇率大致稳定，因此相对于美元的名义汇率主要受相对于美国的通胀变化驱动。一些货币（实际价值）预计将相对于美元升值；墨西哥、巴拉圭和乌拉圭即是如此。相比之下，阿根廷、巴西和澳大利亚预计会出现实际价值贬值。

通货膨胀预测是基于经合组织《经济展望》第104期（2018年11月）和国际货币基金组织《世界经济展望》（2018年10月）的个人消费支出平减指数。未来几年，预计发达和发展中经济体的通货膨胀都将上升，这反映了需求的反弹和实际商品价格的上涨。预计美国未来10年的通胀率为每年2.1%，欧元区为每年1.7%。在其他经合组织国家，通胀率预计平均为每年3.5%。在主要新兴经济体中，中国的消费价格通胀率预计将稳定在每年2.9%左右，巴西的消费价格通胀率将逐渐放缓至每年4.6%。同样，未来10年，印度的消费价格通胀率将从每年6.8%降至4.1%。

尽管美国的通胀率略高于欧元区，但欧元名义和实际价格预计将相对于美元贬值。中国、加拿大、韩国、新西兰、澳大利亚、俄罗斯和日本的货币（名义价格）预计将会贬值。阿根廷、巴西、土耳其、乌拉圭和印度预计将出现相对强劲的贬值。

投入品成本

本《展望》中的预测是基于对农业生产成本的假设，包括种子、能源、化肥以及各种可交易和不可交易投入品的成本。预测以基于这些投入成本的综合成本指数的演变为指导，并使用每个国家和商品的历史成本份额来构建（在展望期内保持不变）。能源成本以国内货币表示的国际原油价格代表。机械和化学品等可交易投入品成本的演变是通过实际汇率的演变进行近似计算，而不可交易投入品成本（主要是劳动力成本）的演变是通过GDP平减指数的演变进行近似计算。种子和肥料价格的演变以迭代的方式近似，因为这些投入品成本部分取决于作物价格（肥料价格还取决于原油价格）。

截至2017年的世界石油价格历史数据是基于从经合组织《经济展望》第104期（2018年11月）短期更新中获得的布伦特原油价格。针对2018年，使用了2018年均月现货价格，而2019年估计值是基于2018年12月的日均现货价格。在预测期剩余时间里，假定石油实际价格保持不变，这意味着名义价格从2018年底的58美元/桶上升到2028年的70美元/桶。

政策考虑

政策在农业、生物燃料和渔业市场中发挥重要作用，政策改革往往会改变市场结构。本《展望》假设政策将在整个预测期内保持不变。英国退欧的决定没有反映在预测中，因为本《展望》编写时退欧条件尚未确定。尽管如此，本报告将英国与欧盟其他国家分开介绍。

关于双边贸易协定，只考虑了已核准或执行的协定。本报告涵盖了2018年3月签署并在2018年底经成员国核准后执行的《全面与进步跨太平洋伙伴关系协定》（其效果相关讨论参见概述部分的贸易章节）。《欧盟－日本经济伙伴关系协定》于2019年2月生效。此外，本报告还纳入了加拿大和欧盟之间部分执行但尚未核准的《全面经济贸易协定》。此外，《北美自由贸易协定》在本《展望》整个预测期内保持不变，因为取而代之的《美墨加协议》尚未核准。

俄罗斯宣布一项临时措施，禁止来自特定国家的进口，本《展望》假设该禁令将于2019年年底取消。美国和中国暂时提高的关税在整个展望期内保持不变，因为没有正式宣布的结束日期。关于生物燃料政策的具体假设在生物燃料一章中详细阐述。

第二章

拉丁美洲农业：前景与挑战

引言

拉丁美洲及加勒比地区占地面积20亿公顷，包括34个国家，2018年估算人口总数为6.57亿——平均人口密度较低，约为0.34人/公顷。在可用面积中，38%为农业用地（9.5%种植农作物，28.5%为牧场），其余46%被森林覆盖。拉丁美洲及加勒比地区土地面积占地球总面积的15%，降水量占全球总量的30%，水资源占全球总量的33%，是世界上可耕地和森林资源的重要储备地。拉丁美洲及加勒比地区幅员辽阔，地形多样，生物物种丰富，是世界上农业系统最多样化、最复杂的地区之一。

农业是拉丁美洲及加勒比地区大部分国家经济的重要组成部分，2015—2017年平均占GDP的4.7%。这一比例较1996—1998年下降了1.4%，符合传统经济发展趋势，并反映出，除阿根廷以外，所有拉丁美洲及加勒比国家的GDP农业占比都有所下降，有些甚至是大幅下降，例如厄瓜多尔同比下降10%，危地马拉下降13.6%，圭亚那下降20.2%。尽管如此，这些国家以及伯利兹、玻利维亚、多米尼加、海地、巴拉圭的农业GDP占比依然在10%以上。

在过去20年里，拉丁美洲及加勒比地区的农业和渔业平均年增长率为2.7%（以2010年不变美元计算，包括林业在内），略低于总体经济增长率，与该部门在GDP中占比的下降相称。这一速度远远高于经合组织国家（年增长率1.2%），低于更具活力的南亚、东亚及太平洋地区（年增长率分别为3.1%和3.7%），也低于撒哈拉沙漠以南的非洲地区（年增长率为4.6%，居世界之首）（世界银行，2019[1]）。

拉丁美洲及加勒比地区农业和渔业生产水平分布不均，总体而言，南美洲国家比中美洲国家农渔业生产水平较高，某些加勒比地区经济体的农渔业部门已经缩小，但多米尼加共和国的增长速度位居第二（4.3%）。

拉丁美洲及加勒比地区已被定位为主要的农产品出口地区，拉美国家是大豆、猪肉、玉米、家禽、动物饲料、食糖、咖啡、水果和蔬菜的主要出口国。巴西是拉美地区最大的农业和食物出口国（2017年出口额为793亿美元），其次是阿根廷（350亿美元）、墨西哥（325亿美元）、智利（170亿美元）、厄瓜多尔（104亿美元）和秘鲁（88亿美元）。有些拉美国家还是主要的农产品进口国，例如墨西哥是世界上主要的玉米、大豆、乳制品、猪肉和家禽进口国之一，巴西是世界上最大的小麦进口国之一。但总体而言，拉丁美洲及加勒比地区农业贸易顺差在过去20年内稳步增长，2017年达到1 043亿美元。

农业是拉美人民的重要谋生渠道。2018年，拉丁美洲及加勒比地区14.1%的劳动力集中在农业部门。玻利维亚、厄瓜多尔、危地马拉、洪都拉斯、海地、尼加拉瓜和秘鲁等国1/4以上的劳动人口都从事农业（世界银行，2019）。因此，即使在经济危机和经济增长缓慢时期，拉丁美洲及加勒比国家也能设法降低农村贫困率。1990—2014年，该地区农村贫困人口下降了近20个百分点，取得这一成就的关键在于公共政策的转变，即从过去提供普遍的消费补贴，转为制定更有针对性的有条件现金转移计划，拉美国家是这一举措的先行者。此外，在该地区发生经济危机期间，农业对衰退的经济起到了很好的"缓冲"作用（Arias 等人，2017[2]）。

然而，近年来农业部门的扶贫优势发生了逆转，农村地区的贫困和极端贫困发生率仍然较高（分别为 48.6% 和 22.5%）。2015 年以来，缩小城乡贫困人口差距的趋势也发生了逆转。如果将贫困的其他表现方面（例如，无法获得基本公共服务）纳入考虑，则发现城乡贫困人口差距已经进一步扩大（CEPAL，2018[3]；联合国粮农组织，2018[4]）。此外，2017 年，营养不良人口连续第三年增加，达到 3 930 万人（联合国粮农组织等，2018[5]），鉴于该地区农业产量和食物充足，这一问题与贫困消费者能否买得起食物有关，与食物的实际供应情况无关。

凭借丰富的自然资源，拉丁美洲及加勒比地区将继续在世界农业生产贸易中发挥重要作用。未来的挑战在于，在全球需求增长放缓、国际价格下降的背景下，拉丁美洲及加勒比地区应如何保持农业增长，并确保未来的增长模式比过去更具可持续性和包容性。

农业发展

农业状况

拉丁美洲及加勒比地区在过去 20 年内的农业产量大幅增长，巴西是该地区乃至全球农业增长速度最快的国家之一——1991—2015 年的平均年增长率为 4.1%，而南锥体①和安第斯国家的农业增长率为 2.8%，中美洲国家为 2.5%，加勒比国家仅增长了 1.0%。

农业产量增长主要得益于生产率的提高，而不是因为投入了更多土地。1991—2015 年，拉丁美洲及加勒比地区的农业全要素生产率（TFP）年均增长率为 2.1%，高于世界平均水平 0.5 个百分点，但低于同期全球增长最快地区东北亚 1.3 个百分点。拉丁美洲及加勒比地区内农业全要素生产率增长不均衡：加勒比是全球农业 TFP 增长速度最低的地区之一，巴西 TFP 增长速度（3.0%）仅次于东北亚（3.4%），而在 20 世纪 70—80 年代，东北亚的农业 TFP 增长速度只有巴西的一半。

本地区各国之间的生产率增长速度不均衡。来自巴西的数据显示，农场规模、地理位置和专业化程度也会影响农业生产率增长速度。1985—2006 年，巴西大型农场（500 公顷以上）和小型农场（0~5 公顷）的农业全要素生产率增长速度最快，中型农场（100~500 公顷）增长速度最慢，此外还发现农场专业化程度对农业全要

---

① 在本章中，安第斯地区包括玻利维亚、哥伦比亚、厄瓜多尔和秘鲁；中美洲地区包括哥斯达黎加、萨尔瓦多、危地马拉、洪都拉斯、尼加拉瓜和巴拿马；南方共同市场国家包括阿根廷、巴西、巴拉圭和乌拉圭；加勒比地区包括伯利兹、安提瓜和巴布达、巴哈马、巴巴多斯、古巴、多米尼加、多米尼加共和国、牙买加、格林纳达、海地、圣基茨和尼维斯联邦、圣卢西亚、圣文森特和格林纳丁斯、特立尼达和多巴哥。南锥体地区包括阿根廷、智利、巴拉圭和乌拉圭。南美洲包括巴西、委内瑞拉、南锥体和安第斯地区国家。

素生产率增长速度有一定影响（Rada、Helfand 和 Magalhães，2018[6]）。农场规模与全要素生产率增长速度的关系因地区而异，例如，在巴西东北部，农业全要素生产率增长率最高的是规模在 5~20 公顷的农场，而在东南部，规模在 500 公顷以上的农场农业全要素生产率增长率最高（Arias 等人，2017[2]）。

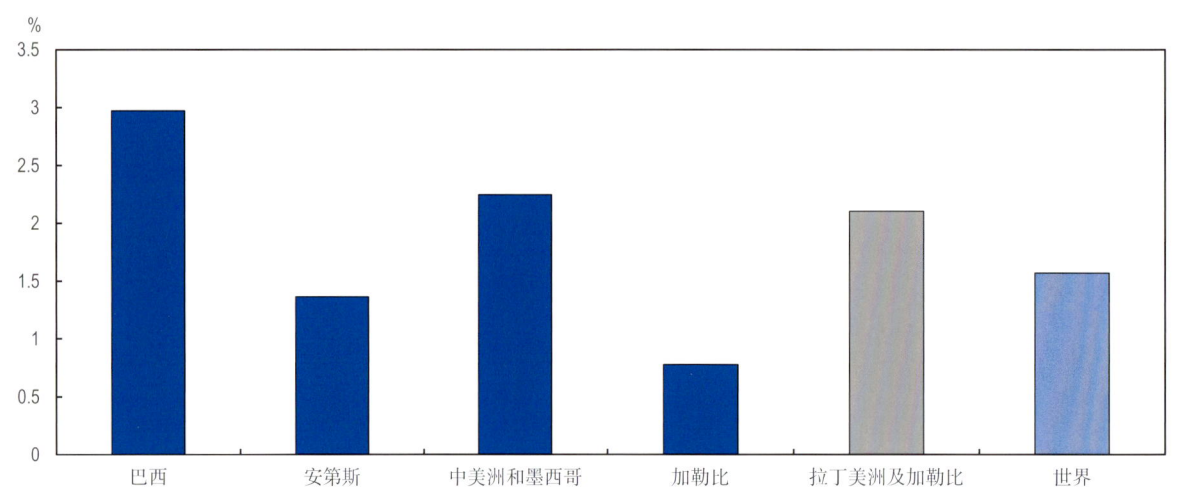

图 2.1　1991—2015 年农业全要素生产率年均增速，平均加权数

注：巴西包括法属圭亚那、圭亚那和苏里南。
资料来源：美国农业部（2018）。

整个地区的生产率增长一直受研发、农业有利环境投资配套以及对农民的具体支持影响。加大对农业研发的公共投资是提高拉美农业生产率的关键。虽然在 20 世纪 80—90 年代政府的农业研发支出发生波动，但从长期来看呈现积极态势；截至 2013 年，该地区农业研发支出达 51 亿美元（2011 年购买力平价），其中巴西占比高达 50% 以上（Stads 等，2016[7]）。

政府农业研究机构（有时与私营部门合作），在利用政府研发支出提高农业生产率方面发挥了关键作用。例如，巴西农业研究公司（EMBRAPA）是拉美地区最大的农业研究机构，该公司通过引进国外技术（例如固氮、免耕技术）和牲畜品种并根据本地情况改良这些技术和品种，种植棉花、大豆、玉米以及饲养牛群，从而彻底改变了巴西中西部塞拉多地区（草原地区）的农业状况（经合组织/联合国粮农组织，2015[8]）。阿根廷国家农业科技研究中心（INTA）通过研究育种、直播、除草技术并与私营部门开展合作，在提高彭巴草原和非草原地区的大豆生产率（包括推广大豆-小麦两熟制）方面发挥了重要作用（Bisang，Anlló 和 Campi，2015[9]）。智利农业科学研究院（INIA）的科研成果有力推动了智利的农业出口额；通过引入坚果新品种，据当地农民估计 2001—2011 年的坚果出口额增长了 1 000%。智利农业科学研究院还在智利各地引进蓝莓。20 年前，当地农民几乎对蓝莓这种水果一无所知，而如今，智利却一跃成为南半球主要的蓝莓生产国和出口国（智利农业科学研究院，2014[10]）。墨西哥国家农林畜牧业研究所（INIFAP）对2000—2010年10年间开发的30项新技术（例如豆子、燕麦、鹰嘴豆和大蒜新品种、饲料管理、对水资源的更高效利用等）的评估结果显示，这些技术惠及农民536 369人，覆盖土地面积180万公顷，实现内部收益率10.6%~73%（González-Estrada，2016[11]）。

对农业有利环境的平行投资能够利用研发效益。补充性要素包括生产者经济激励改善政策、加强农村教育和农业推广服务，以及改善市场准入的农村基础设施（Fuglie和Wang，2012[12]）。

各国已向农民提供具体支持。例如，墨西哥的实地联盟组织（Alianza para el Campo）已通过一系列广泛措施向农民提供支持，包括农场投资补贴（设备和基础设施投资支持计划）、收入补助（例如农业柴油、咖啡生产）、自然资源保护计划、风险管理和销售支持。墨西哥政府还实施了特别战略计划，例如支持玉米和大豆价值链计划（PROMAF），这两种产品一直是墨西哥传统主食。

巴西也针对特定农民群体实施了综合农业政策，例如《加强家庭农业的国家方案》（PRONAF）。中型农场主可以根据《支持中型农业生产者国家方案》（PRONAMP）获得特别信贷额度，较大型农业生产者则可从价格支持、补贴信贷和保险方案中获益。

智利的农业政策既注重开发高效国内市场（例如改善市场信息和存储设施、促进订单农业等），又注重通过本国农产品出口促进基金会（Fondo de Promoción de Exportaciones Agropecuarias）推动农产品出口。智利政府通过竞争性投标程序资助小型灌溉项目。农民可以凭借FONDOSAG获得政府支持，并投资植物检疫、动物健康和资源保护项目。传统上，小农一直依靠智利农业发展研究所（INDAP）（一家隶属于农业部的研究机构）提供广泛支持，包括信贷、培训、农场投资补贴和销售支持等。

其他拉丁美洲及加勒比国家也通过帮助农民获取信贷和新技术或提供其他投资的方式支持本国农业。然而，很难评估这些支持措施对当地农业生产率的影响，目前几乎没有正式的影响评估文件。

人力和社会资本建设也有利于提高农业生产率。信息技术的快速发展提高了农民的管理技能，进而提高了技术和分配效率。更好的组织技能使农民能够更好地应对不断变化的市场条件（Chang和Zepeda，2001[13]）。目前，在拉丁美洲及加勒比地区有3.3万个农业合作社。此外，一些国家、地区和分区级别的农民组织也发挥着不同程度的作用。

例如，哥伦比亚的全国咖啡种植者联合会（Federación Nacional de Cafeteros）在多个国家开展咖啡直销活动，并为其农民会员提供研究和技术转移服务。如果没有藜麦生产商协会组织（例如，玻利维亚的ANAPQUI和APQUISA）或秘鲁多个藜麦合作社的存在，藜麦出口繁荣可能就不会实现。拉丁美洲家禽生产商协会成立地区级科技委员会，用于制订家禽疾病预防、控制和根除计划，并为县级家禽协会制订培训方案。

农业生产结构的变化

自 2000 年以来,拉丁美洲及加勒比地区的牧场面积基本保持在 5.7 亿公顷,但农作物用地增长了 1.2%,到 2018 年达到 1.88 亿公顷。在过去 30 年里,仅巴西的农业收获面积就增加了 5.57 亿公顷。自 2000 年以来,阿根廷和巴西的谷物、油籽和豆类作物收获面积有所增加,其中近 1/3 得益于两熟制。南方共同市场国家的油籽(尤其是大豆)收获面积显著增加,安第斯国家(玻利维亚除外)的油籽收获面积基本不变,中美洲、墨西哥和智利的油籽收获面积持续下降。相比之下,中美洲、墨西哥和智利的水果及蔬菜比重大幅增加。

拉丁美洲各国养牛业动态不尽相同:加勒比地区牛群数量稳定(虽然古巴和一些小型岛国的牛群数量减少,但多米尼加共和国的牛群数量增加),中美洲、墨西哥、安第斯国家和乌拉圭的牛群数量小幅增加,巴西和巴拉圭的牛群数量增长迅速。牛群数量从 1980—1982 年的 2.93 亿头增加到 2015—2017 年的 4.14 亿头,其中有 80% 的增长源自于巴西。2015—2017 年,巴西牛群总量占拉丁美洲及加勒比地区牛群总量的 53%(比 1980—1982 年高出 11 个百分点)。

该地区的养禽业一直特别活跃,原因是家禽相对肉类价格更低,且国内和国外需求旺盛。过去 30 年内,南方共同市场和中美洲国家的家禽库存增加了两倍,安第斯共同体及加勒比国家的家禽库存增加了两倍以上。养禽业的增长区域分布并不像养牛业那样集中。事实上,虽然巴西的家禽库存在 1980—1982 年至 2015—2017 年增长了两倍,但其在拉丁美洲及加勒比地区家禽库存总量中占比却下降了 4 个百分点(但仍高达 40%)。在此期间,安第斯国家在拉丁美洲及加勒比地区家禽库存总量中占比增加了 6 个百分点,这主要是因为玻利维亚扩大了大豆种植面积,可以为玻利维亚家禽生产商提供更为廉价的饲料。

图 2.2 拉丁美洲及加勒比地区的谷物和大豆收获面积

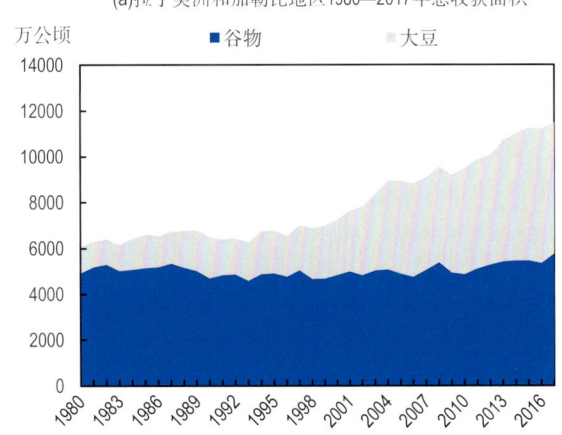
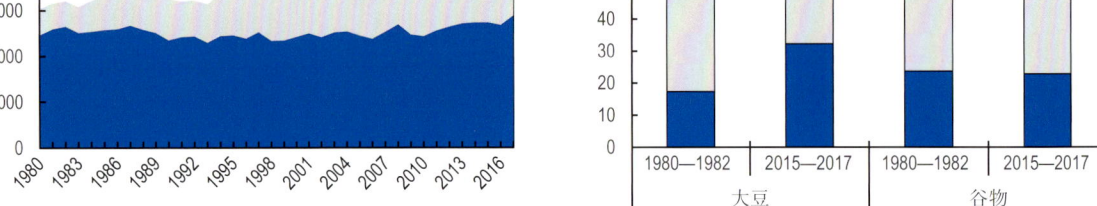

注:包括两熟制的收获面积。
资料来源:联合国粮农组织统计数据库。

拉丁美洲的农业结构具有多样性，各国的发展情况也各有不同。以出口为导向的大型资本密集型农场和以生存为目标的小型劳动密集型农场共存。据估计，在该地区2 040万个农场中，81.3%是小型家庭农场，但这些小型家庭农场仅占总农业用地面积的23.4%，其余18.7%的农场则占据总农业用地面积的76.6%（Leporati等，2014[14]）。

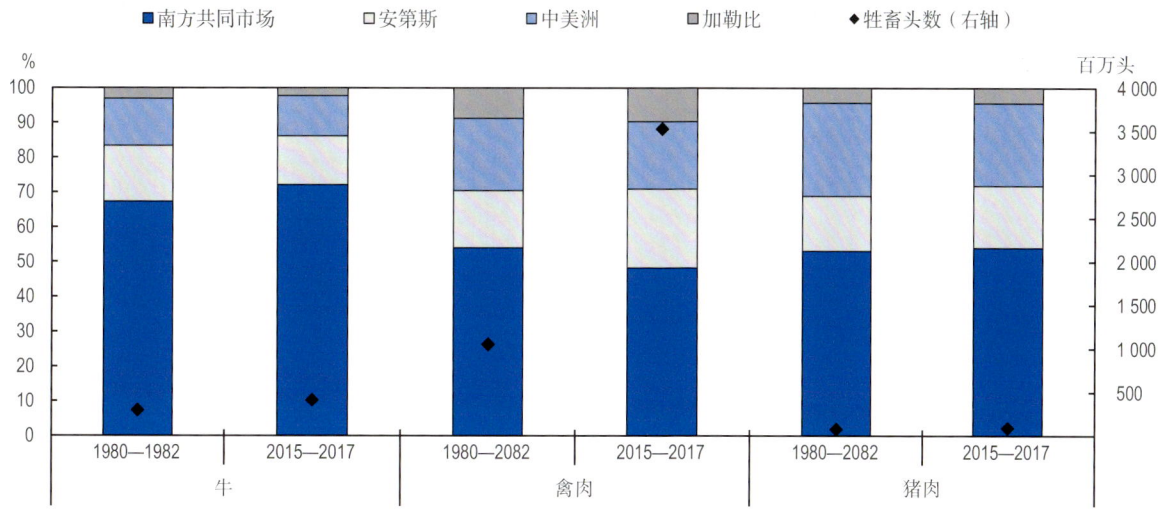

图 2.3　根据拉丁美洲及加勒比分区划分的牲畜存量

资料来源：联合国粮农组织，2018[15]。

在过去几十年里，拉美地区的农业土地结构发生了两个对比鲜明的现象：巴拉圭、阿根廷、乌拉圭、智利和委内瑞拉等国出现土地集中化现象，而巴西、秘鲁、墨西哥、哥斯达黎加、尼加拉瓜和萨尔瓦多却出现了土地细碎化现象。导致这两种现象的原因包括规模经济的发展、传承、城市化和土地市场开发，所有这些都可能在全国范围内同时发生。在不到20年的时间内，阿根廷和乌拉圭的平均农场规模增长了20%以上，巴拉圭几乎增长了40%，而尼加拉瓜（2001—2011年）和萨尔瓦多（1971年至2007—2008年）等国的平均农场规模下降了30%左右（Sotomayor和Namdar-Irani，2016[16]）。住户调查数据也揭示了该地区土地集中化过程。2002—2014年，拉丁美洲及加勒比地区有12个国家的农业家庭（工资制和自主经营）数量下降了1/5，农业就业率下降了11个百分点（联合国拉丁美洲及加勒比地区经济委员会（UNECLAC）；联合国粮农组织；泛美农业合作研究所，2017[17]）。

以上农场规模平均数据并未考虑土地租赁，某些国家却经常采取土地租赁的做法：例如，阿根廷的育苗池管理着数千公顷的农场；墨西哥历史悠久的跨国农业综合企业通过农业承包制，暗中控制着数千公顷土地的整个生产过程。此外，以上数据还掩盖了特定农业部门的集中过程。例如，虽然报道称秘鲁在过去几十年里出现了土地细碎化现象，但单独一家经济组织就可以管理面积从1 240~8 858公顷不等的数个果蔬出口农场；据报道在同样出现土地细碎化的巴西，一位农场主就可以种植 22.3 万公顷的大豆（Salcedo 等人，2011[18]）。

表 2.1　最新普查结果显示的若干拉丁美洲及加勒比国家平均农场规模变化

国家	平均农场规模（公顷）				
	此前普查结果 (A)		最近普查结果 (B)		平均农场规模变化 (B/A)（%）
	观察年度	数值	观察年度	数值	
巴拉圭	1991	77.5	2008	107.3	38.40
阿根廷	1988	423.6	2002	524.1	23.70
乌拉圭	2000	296.9	2011	361.5	21.70
智利	1997	111.2	2007	121	8.80
委内瑞拉	1997—1998	60.01	2007—2008	63.8	6.30
巴西	1995—1996	72.8	2006	63.8	-12.40
秘鲁	1994	20.1	2012	17.1	-14.50
墨西哥	1991	24.6	2007	20.2	-17.60
哥斯达黎加	1984	31.7	2014	25.9	-18.50
尼加拉瓜	2001	31.8	2011	22	-30.90
萨尔瓦多	1971	3.5	2007—2008	2.3	-35.40
国家平均水平		60.1		51.4	-14.50
土地集中化国家平均水平		176.4		205	16.20
土地细碎化国家平均水平		44		35.9	-18.50

注：根据 2017 年开展的最新农业普查结果，巴西的平均农场规模为 69.1 公顷（初步数据）。巴西地理统计局，2017。
资料来源：Sotomayor 和 Namdar-Irani，2016[16]。

除土地集中化以外，另一个最新现象是农业土地外来投资的增加。这些外来投资商不仅指拉丁美洲及加勒比地区外的投资者，还包括该地区内部的外国投资商。例如，巴西人和阿根廷人在玻利维亚投资生产大豆、牲畜和林产品。巴西投资商不仅在玻利维亚购买土地，还在巴拉圭、哥伦比亚和乌拉圭购买土地。危地马拉投资商在尼加拉瓜从事森林、牛群、水稻、柑橘和油棕榈果生产（Salcedo 等人，2011[18]）。土地租赁和外来投资商土地所有权的增加使得拉丁美洲及加勒比地区农场经营规模达到数千公顷，改变了当地农业土地结构和发展趋势，同时也引发了更高的土地集中率，而普查数据并没有体现这一点。但无论如何，这两种现象都给政策制定者带来了截然不同的挑战。

农村人口、农村贫困现象和食品安全的发展趋势

拉丁美洲农业的繁荣并没有阻止人口从农村流向城市或流向该地区以外的其他国家。20 世纪 80 年代末，拉丁美洲及加勒比地区农村人口停止增长，几年后逐渐下降。2017 年，农村居住人口（1.26 亿）与 20 世纪 70 年代中期持平。也就是说，拉丁美洲城市化程度越来越高，6.44 亿居民中有 80.4% 居住在城市地区。从农村迁往城市的男性多于女性，因此，2002—2014 年，以女性为户主的农业家庭增加了 40%。（联合国拉丁美洲及加勒比地区经济委员会；联合国粮农组织；泛美农业合作研究所，2017[17]）。

25年来，拉美农村减贫水平不断提高（1990—2014年贫困率下降20个百分点）。巴西（1990—2014年下降42个百分点）、厄瓜多尔（2000—2014年下降39个百分点）、智利（1990—2013年下降32个百分点）、秘鲁（1997—2014年下降27个百分点）等国家农村贫困人口显著减少。取得这些成就的主要原因包括经济增长、对基础设施和公共服务设施的投资，以及实施社会保护方案（主要指有条件现金转移方案，截至2015年，该方案覆盖了约1/5的拉美人口）等（联合国粮农组织，2018[4]）。

这一积极的减贫态势（包括缩小城乡贫困差距），在2014—2016年间出现停滞，在某些国家甚至发生倒退。此外，该地区普遍存在严重的性别歧视，土著和非洲裔人民遭到排挤，社会保障、住房质量和教育水平不均等现象严重（联合国粮农组织，2018[4]）。矛盾的是，作为一个农产品产量和食物富足的地区，拉美缺粮人口已连续第三年增加（联合国粮农组织等，2018[5]）。而导致该地区粮食安全问题的原因，并非食物供给量不足，而是因为贫穷的消费者无力购买食物。与此同时，超重和肥胖正日益成为拉丁美洲及加勒比地区的一项公共健康问题。该地区1/5的人口已达到肥胖标准，而且这一趋势还在上升，低收入人口、妇女、本土和非洲裔人民受到的影响尤为严重，某些情况下还包括儿童（插文2.1）。

插文2.1 拉丁美洲及加勒比地区的肥胖流行症

拉丁美洲及加勒比地区的饮食结构及旨在遏制肥胖趋势的政策

拉丁美洲及加勒比地区曾长期面临营养不良挑战，在过去几十年里，该地区在减少营养不良方面取得了重要进展，部分原因在于各国政府曾郑重承诺要解决此项问题。世界粮食计划署（WFP）和拉丁美洲及加勒比地区经济委员会（ECLAC）（WFP-ECLAC，2017[19]）的一份报告显示，预计未来营养过剩将成为拉丁美洲及加勒比地区主要的社会经济问题。事实上，营养过剩和缺乏运动是导致人们超重甚至肥胖的主要原因（Graf 和 Cecchini）。这与个人摄入和消耗的卡路里总量失衡有关（世界卫生组织，2019[21]）。营养过剩会引发非传染性疾病，可能引发公共卫生支出增加、过早死亡率上升和生产力低下等后果（Devaux 和 Sassi，2015[22]）。

在过去40年中，拉丁美洲及加勒比地区的个人超重和肥胖率一直远超世界平均水平，甚至与高收入国家不相上下（图2.4）。事实上，现如今拉丁美洲及加勒比地区是世界上肥胖率第二高的地区，仅次于北美。

根据世界卫生组织（2019[23]）数据，拉丁美洲及加勒比地区超重人群比例从1975年的35%左右上升到了2016年的60%，肥胖人群比例从1975年的8%上升到了2016年的25%。该地区所有国家都呈现这一上升趋势。目前，超重率最低的国家是特立尼达和多巴格哥（46%），最高的是墨西哥（65%）。

上述插文根据《展望》中收集的一些历史数据，提供了一些有关拉丁美洲及加勒比地区饮食结构变化的见解。根据《展望》评估，拉丁美洲及加勒比地区当前人均卡路里供应量大约为3 000卡，较1998年增加了约11%（图2.6d）。即使考虑到在加工、零售和家庭使用环节出现的浪费，这样的人均卡路里供应量也高于世界卫生组织推荐的参考标准——2 000卡/人（世界卫生组织，2019[26]）。

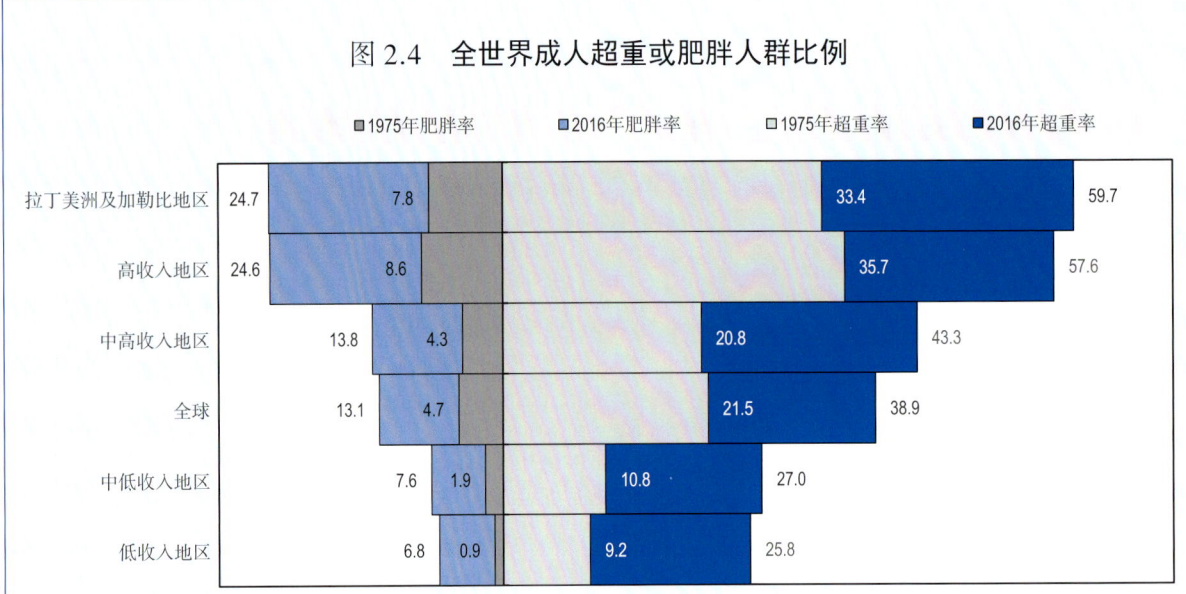

图 2.4 全世界成人超重或肥胖人群比例

注：以上数据以超重和肥胖成年人（标准年龄）在总人口中的比重表示，BMI 指数超过 25 即视为超重，超过 30 即视为肥胖。通过使用联合国人口数据，将世界卫生组织美洲总数据减去加拿大和美国数据，得出拉丁美洲及加勒比地区超重和肥胖数据。
资料来源：世界卫生组织，2019[24]；联合国，2017[25]。

世界卫生组织建议，游离糖和脂肪的摄入量分别不超过总热量摄入的 10% 和 30%，由此看出，拉丁美洲及加勒比地区的饮食结果并不符合这些建议。在拉丁美洲及加勒比地区，虽然人们总热量摄入中的游离糖供应量已从 1998 年的 16% 下降到 2018 年的 13%（图 2.5a），但仍高于世卫组织推荐水平。巴西的游离糖供应量降幅最大，占总摄入热量比例从 1998 年的 17% 下降到 2018 年的 12% 左右。但并非所有拉丁美洲及加勒比国家都呈现下降趋势，有些国家人均游离糖供应量比例甚至轻微上升。例如在阿根廷，游离糖供应量在 20 年时间中从 13.5% 上升到 14%，有些国家（例如墨西哥）的游离糖的供应量没有发生变化。

在整个拉丁美洲及加勒比地区，脂肪在供应热量中所占比例呈上升趋势，在过去 20 年中从 26% 上升到了 29.5%，几乎达到世界卫生组织推荐的上限——30%，该地区有些国家，如阿根廷、巴西和智利已经超过了这一上限。

关于蛋白质，25 年前，拉丁美洲及加勒比地区蛋白质在供应热量中占比近世界平均水平——11%，但其中大约 45% 属于动物蛋白，而世界水平为 1/3。该地区蛋白质摄入已从传统的谷物、根茎和豆类植物蛋白转向更多的动物蛋白（图 2.5c）。

鉴于本地普遍存在的人口超重和肥胖现象、前景堪忧的发展趋势，以及特殊的饮食结构，某些拉丁美洲及加勒比国家在过去 5 年里已经采取了一些政策，旨在改变消费者的食物选择行为。表 2.2 概括了拉丁美洲及加勒比地区 4 个主要国家（巴西、阿根廷、墨西哥、智利）目前采用的此类政策。对这些政策的分类反映了经合组织报告（TAD/CA/APM/WP(2018)25/Final）推荐的鼓励消费者选购健康食品的政策方法。此外，表中还列举了对需求端和供应端采取的一些公共干预措施，例如向消费者提供食品信息，或规范食品供应链中利益相关人的行为等。

尤为重视营养政策的智利政府实施了一揽子政策，包括管控面向儿童销售的加工食品和饮料的广告宣传，采取强制性正面贴标制度，即在高糖、高脂肪和高钠产品包装正面添加警示标签。2014 年，墨西哥成为最早对食品征收健康相关税的国家之一。巴西制定了最为全面的学校膳食法，旨在减少过度加工食品（Popkin 和 Reardon，2018[24]）。厄瓜多尔是该地区首个强制在食品包装上采用"红黄绿"三色标签计划的国家（Pérez-Escamilla 等人，2017[25]）。私营部门也同食品加工商一起，承诺自愿调整食品配方。

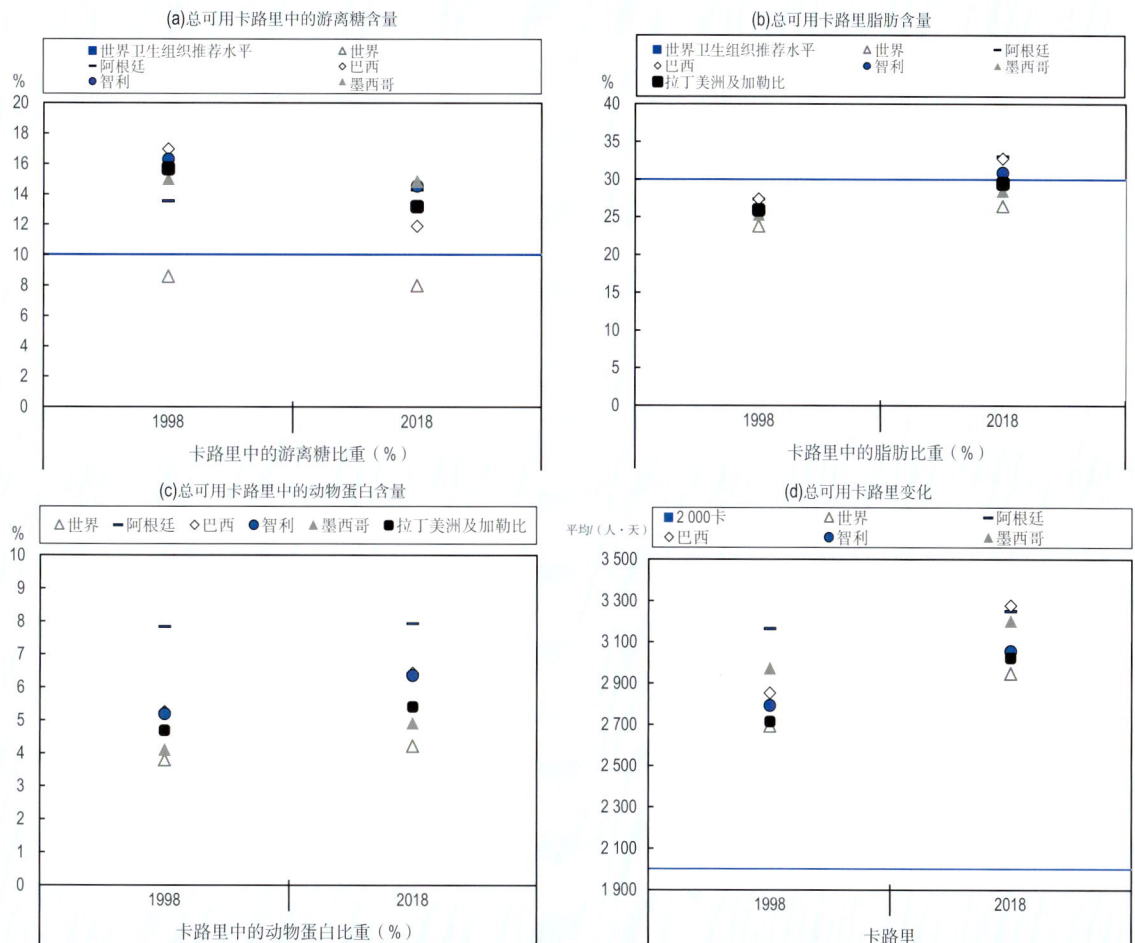

图 2.5 聚焦拉丁美洲及加勒比地区饮食营养结构中的脂肪、游离糖和蛋白质比例

注：游离糖指糖和高果糖谷物糖浆的聚合体。动物蛋白指从肉类、鱼类、乳制品和鸡蛋中获取的蛋白质。
资料来源：经合组织/粮农组织（2019 年），《经合组织－粮农组织农业展望》，经合组织农业统计数据库（数据库），http://dx.doi.org/10.1787/agr-outl-data-en。

至于拉丁美洲及加勒比各国公私部门共同改变食品环境、遏制肥胖蔓延的效果如何，还有待日后评估。

人均热量供应是指《展望》中估算的与农产品总使用量有关的热量（包括粮农组织统计数据库（FAOStat）报告中给出的果蔬消费量）除以人口总数的结果。食品使用量包括在食品链各环节发生的浪费，食品使用量不等同于食品摄入量。

表2.2 拉丁美洲的营养政策

国家	营养不良	营养过剩							体育活动
		需求端干预措施		自愿公私合作	供需两端干预措施				
		向公众提供信息			强制性法规				
		膳食指南	健康教育	更改产品配方	警示标签	管控广告	管控不健康产品成分	财政措施	
阿根廷	●	●	●						●
巴西	●	●	●	●	●	●	●	●	●
智利		●	●	●	●	●	●	●	●
墨西哥		●	●	●	●	●		●	●

资料来源：经合组织秘书处基于一项"政策回顾"提供。

中期展望

以下对拉丁美洲及加勒比农业市场的预测，反映出之前提及的结构性决定因素。这些预测结果可能会受下一步行动的影响，例如提高生产力、对环境资源的可持续管理、使农业增长更具包容性等。从行业角度讨论了应如何选择相应的战略和政策来解决这些挑战。

需求

拉美农业和食物产品市场需求是否旺盛，将主要取决于该地区及其主要市场人口和收入是否增长。拉丁美洲及加勒比地区居民人数为6.566亿，占世界总人口的8.5%，南美洲是拉丁美洲人口最多的分区，占拉丁美洲及加勒比总人口的65.6%；中美洲和墨西哥占27.6%，加勒比占6.7%。在过去20年里，该地区人口增长率一直在下降，原因是该地区生育率从1995年的平均每名妇女生育3.06个孩子下降到近年的2.12个。此外，该地区的净人口向外迁移率也是导致人口增长率下降的原因。例如，2005年，该地区向发达国家移民人数达到峰值——110万，近年来这一数字稳定在每年35万左右。预计该地区未来10年年均人口增长率将从过去20年的1.3%下降到0.8%。作为该地区最大的经济体和人口最多的国家，巴西（2019年人口为2.12亿）的人口增长率预计将在未来10年内减半，即每年增长0.6%，而在过去20年巴西的人口增长率为1.1%。墨西哥（该地区人口第二大国，1.32亿）的人口增长率也将下降，预计将从1995—2018年的1.4%下降到2019—2028年的1.0%。

预计未来10年，拉丁美洲及加勒比地区的实际人均国内生产总值平均每年增长1.9%，比经合组织经济体高0.3个百分点。这将改变对拉丁美洲及加勒比地区农产品和食物的需求结构。例如，对动物蛋白的需求有望增加。此外，相对于玉米（预计在未来10年，玉米人均消费量将下降4.3%）、小麦、大米和豆类等主食，国内对水果、蔬菜、乳制品和鱼类的消费量也有望增加。预计拉丁美洲及加勒比地区乳制品年消费量将增长，黄油、新鲜乳制品、全脂奶粉和奶酪分别增长1.2%、1.4%、

1.8% 和 2.0%。未来 10 年，牛肉、小牛肉和猪肉的人均消费量预计增长约 10%，鱼类增长约 12%，家禽增长近 15%。因此，截至 2028 年，预计人均家禽消费量将达到 34.2 千克，占肉类总消费量的 42.1%，比 20 世纪 90 年代中期高 14.8 个百分点。做出这一预测的依据是，拉丁美洲及加勒比地区的消费者对肉类的选择十分灵活，面对相对于其他肉类更为便宜的家禽，他们很有可能会选择家禽。

在过去 20 年里，生物燃料（主要是乙醇和生物柴油）对促进该地区乃至全球农产品需求增长发挥了重要作用。巴西是仅次于美国的世界第二大乙醇生产国和出口国，其乙醇生产尤其活跃，平均年增长率为 5.3%。但是预计在未来 10 年，生物燃料在推动农产品需求增长方面发挥的作用将有所减弱。

未来 10 年，预计拉丁美洲及加勒比地区的生物柴油和乙醇消费量的年平均增长率将分别从过去 10 年的 10.8% 和 7.2% 下降到 1.6% 和 1.3%。国际生物燃料政策的发展将在很大程度上决定生物燃料未来的表现。一方面，诸如阿根廷、巴西、哥伦比亚和墨西哥等国最近颁发的混合政令，以及巴西国家生物燃料政策（RenovaBio）等举措，将刺激生物燃料市场。另一方面，欧洲已在"以粮食为主要成分的生物燃料是否是一种可持续能源"这一观点上发生政策争议，该争议使得挪威等国考虑取消 2017 年实行的采用 20% 乙醇混合材料政策，这可能对生物燃料市场的发展产生负面影响（21 世纪可再生能源政策网（REN21），2018[27]）。这一政策争议可能在一定程度上影响拉美国家，尤其是那些谷物和油籽净进口国。

虽然预计对拉美农产品和食物的需求增长将放缓，但对那些拥有多元化贸易伙伴，或者善于抓住对食品需求持续增长国家（撒哈拉以南非洲、印度、中国）出口机会的国家而言，受到的影响并不大。此外，人民币和印度卢比可能升值，届时将提振对拉美出口农产品的需求。基于 Aglink-Cosimo 模型的基本宏观经济预测显示，到 2028 年人民币将贬值 11.2%，卢比贬值 22.7%。

图 2.6　拉丁美洲及加勒比地区人均肉类消费量

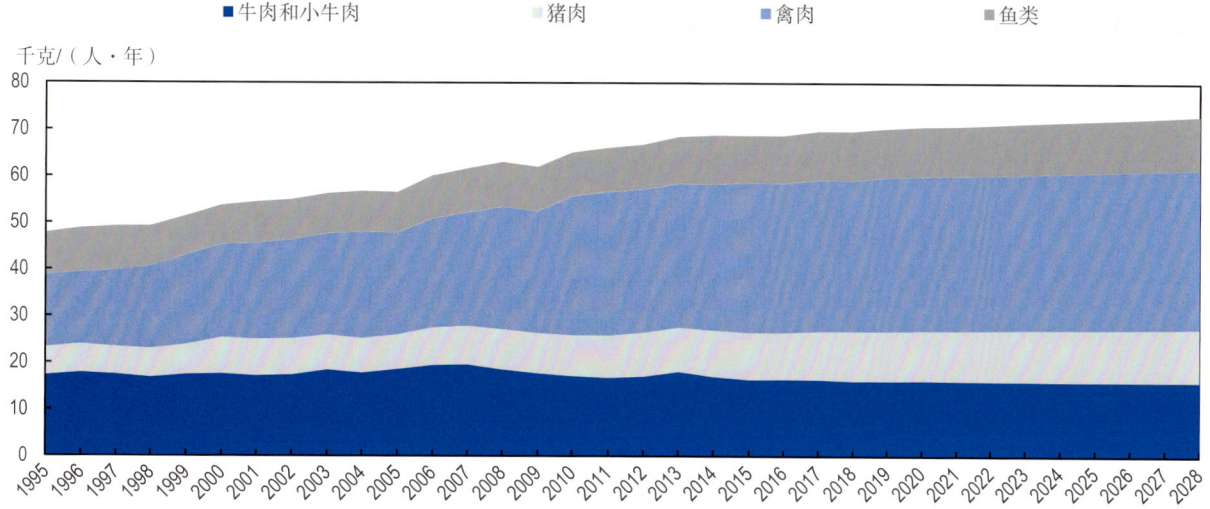

资料来源：经合组织/粮农组织（2019 年），《经合组织–粮农组织农业展望》，经合组织农业统计数据库（数据库），http://dx.doi.org/10.1787/agr-outl-data-en。

第二章　拉丁美洲农业：前景与挑战

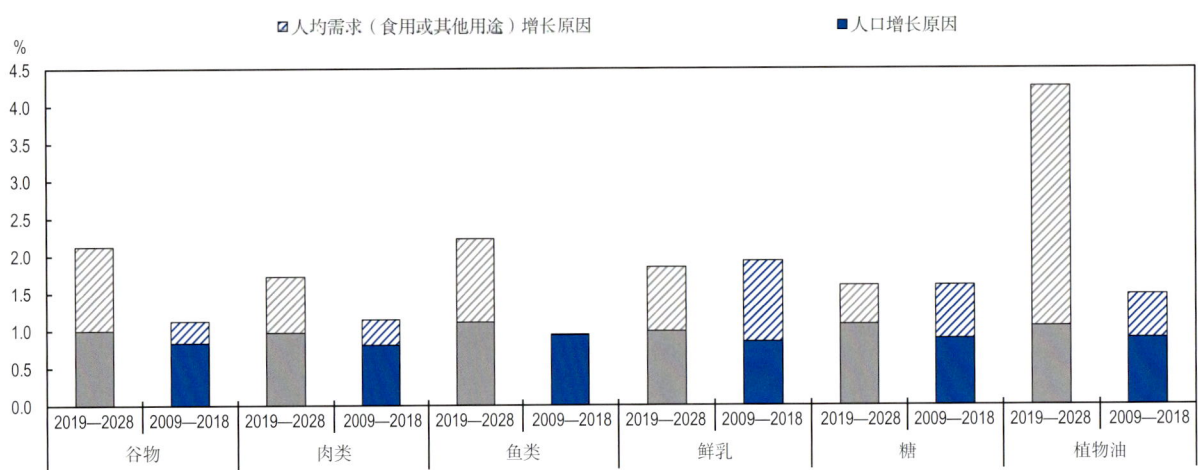

图 2.7　主要农产品需求量年均增长率

注：计算人口增长部分时，假定人均需求保持在 10 年前一年的水平不变。增长率指（对粮食、饲料和其他用途产品）总需求增长率。
资料来源：经合组织/粮农组织（2019 年），《经合组织–粮农组织农业展望》，经合组织农业统计数据库（数据库），http://dx.doi.org/10.1787/agr-outl-data-en。

产量

图 2.8　拉丁美洲及加勒比地区农作物产量增长来源

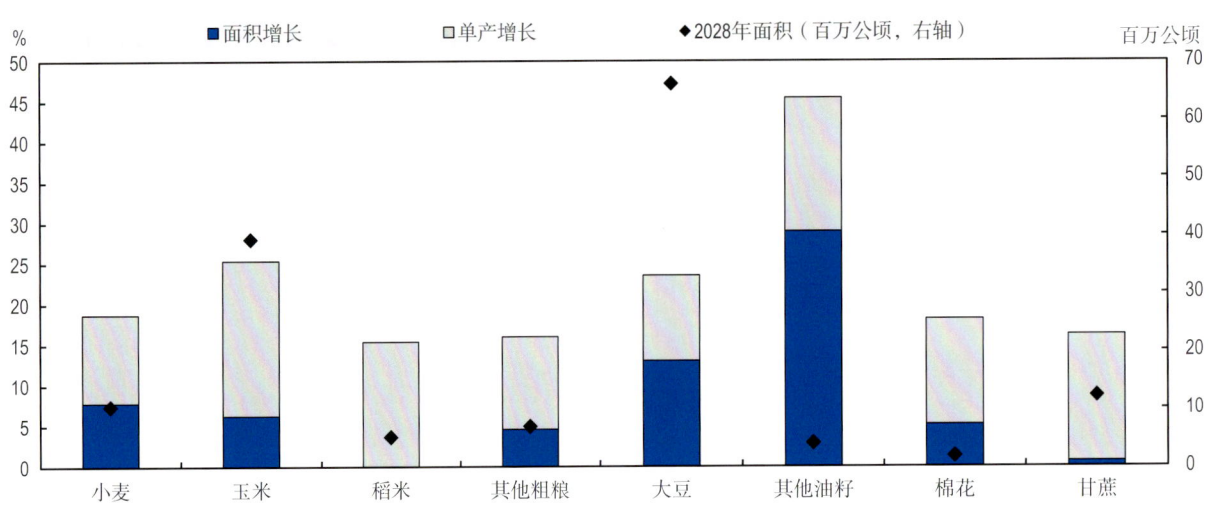

注：该图将拉丁美洲及加勒比地区农业总产量增长（2016—2018 年至 2028 年）的来源分为收获面积增加和单产增加。
资料来源：经合组织/粮农组织（2019 年），《经合组织–粮农组织农业展望》，经合组织农业统计数据库（数据库），http://dx.doi.org/10.1787/agr-outl-data-en。

谷物

　　阿根廷和巴西是拉丁美洲及加勒比地区主要的谷物生产国。2016—2018 年，两国生产的粗粮和大米产量占拉丁美洲及加勒比地区总产量的一半左右，玉米产量占总产量的 75.1%，小麦占 77.8%。玉米是墨西哥人的主食，但在过去 20 年里，墨西哥的玉米产量在拉丁美洲及加勒比玉米总产量中占比下降了近 10 个百分点，目前为

15.2%。同样下降的还有墨西哥的粗粮（主要是高粱）产量，在拉丁美洲及加勒比粗粮总产量中占比从42.9%下降到31.2%，下降了11.7个百分点。墨西哥的小麦生产高度集中，在过去20年里，墨西哥小麦产量在拉丁美洲及加勒比地区小麦总产量中占比一直十分稳定。

预计未来10年，谷物产量增长将放缓，主要谷物生产国的年增长率将下降至过去20年的一半。到2028年，拉丁美洲及加勒比地区预计将生产2.335亿吨玉米（占世界总产量的18%），2 210万吨粗粮（占世界总产量的3%），2 140万吨大米（占世界总产量的4%）和3 730万吨小麦（占世界总产量的11%）。

图2.9 拉丁美洲及加勒比地区的谷物产量

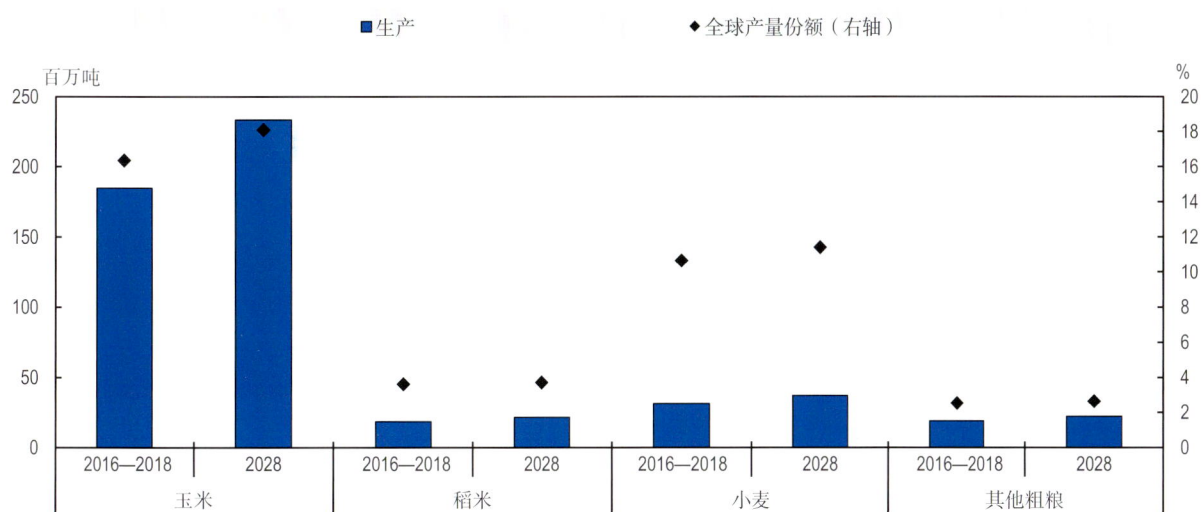

资料来源：经合组织/粮农组织（2019年），《经合组织–粮农组织农业展望》，经合组织农业统计数据库（数据库），http://dx.doi.org/10.1787/agr-outl-data-en。

油籽和植物油

南美洲的大豆生产十分活跃，尤其是阿根廷、巴西和巴拉圭等国通过技术革新提高了产量，同时也扩大了种植面积。以上三国在1997—1998年至2015—2017年间，大豆种植面积分别增加了1 270万公顷、2 200万公顷和260万公顷。在1995—1997至2016—2018年，阿根廷、巴西和巴拉圭三国大豆总产量增加了300%，收获面积年均增长5.1%，单产年均增长1.3%。目前，这三个国家占拉丁美洲及加勒比地区大豆总产量的96.6%。

未来10年，大豆产量将继续增加，用于种植大豆的土地面积预计将进一步扩大，可能会挤占牧场用地，但1/3的新增收获面积将来源于两熟制。但未来10年，该地区整体年产量增长率预计将从过去20年的6.9%下降到2.8%。在过去20年里，整个地区植物油产量增长相对温和（137%），但在中美洲及加勒比地区，由于棕榈油生产面积迅速扩大，植物油产量增长十分迅速（370%）。拉丁美洲及加勒比地区的植物油生产相对不集中：阿根廷和巴西各占总产量的34%（大部分是大豆油），墨西哥及加勒比各占7.2%和7.0%，中美洲及加勒比共占7.5%。预计到2028年，植物油产量将增长26.8%。

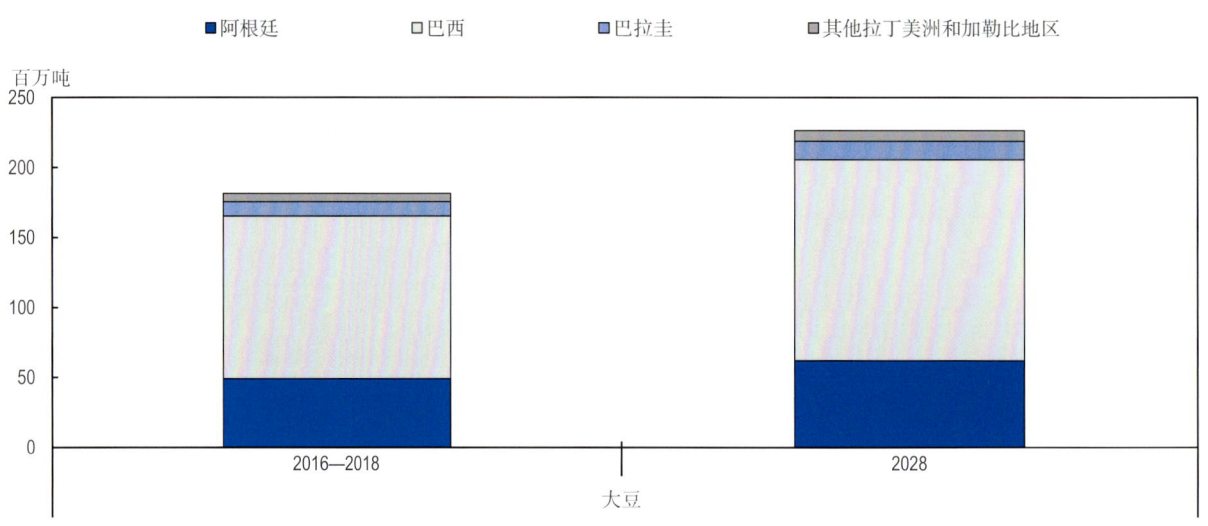

图2.10 拉丁美洲及加勒比地区大豆生产分布

资料来源：经合组织/粮农组织（2019年），《经合组织–粮农组织农业展望》，经合组织农业统计数据库（数据库），http://dx.doi.org/10.1787/agr-outl-data-en。

在过去20年里，该地区棉花产量翻了一番。巴西是拉丁美洲及加勒比地区最大的粮食生产国，2016—2018年棉花产量占该地区总产量的78.4%，其次是墨西哥——棉花产量占比从2000—2002年的5.8%提高到2016—2018年的11%，再次是阿根廷，其棉花产量占该地区总产量的8.8%。巴西是世界第五大棉花生产国，约占全球产量的6%，其棉花出口额约占全球总额的10%。在未来10年，拉丁美洲及加勒比地区棉花产量预计将以每年0.9%的速度增长，原因包括对纤维的需求不断增长，以及最近棉花相对于小麦、大豆、大米、玉米和甘蔗等竞争作物所具备的价格优势。但是，这一增长率仍比过去20年低3.5个百分点。到2028年，巴西在全球出口总额中的占比预计达到14.7%。

食糖

同其他发展中国家一样，拉丁美洲及加勒比地区国家的人均食糖消耗量也将继续增长。由于社会经济的变化，对加工食品需求的增加势必刺激食糖生产，因此预计未来10年食糖产量将以年均2.6%的速度增长。巴西将继续成为拉丁美洲及加勒比地区主要的食糖生产国，其食糖产量预计在2028年将占总产量的62.4%，其次是中美洲及加勒比地区国家（占总产量的13.6%），随后是墨西哥（占总产量的

9.5%）。但在连续 15 年成为世界主要食糖生产国之后，巴西将在 2019 年被印度赶超。随着巴西持续从生产甘蔗转向生产乙醇，到 2028 年，其在世界食糖出口总额中的占比将从 2016—2018 年的 38.7% 下降到 37.6%。

根和块茎作物

与其他农产品相比，拉丁美洲及加勒比地区的根和块茎作物产量增长较慢（过去 20 年增长了 13.8%）。巴西是该地区主要的根和块茎生产国，但在过去 20 年里，巴西根和块茎作物收获面积下降了 15.6%，巴西在整个地区根和块茎总产量中占比也从 56.9% 下降到了 46.0%。与此形成鲜明对比的是，中美洲及加勒比地区国家以及秘鲁在总产量中占比增加了 5 个百分点，2016—2018 年，分别占该地区根和块茎作物总产量的 10.3% 和 11.4%。预计未来 10 年，该地区根和块茎产量将以年均 1.4% 的速度增长。

咖啡

巴西是世界上最大的咖啡生产国和出口国，哥伦比亚、洪都拉斯、秘鲁和墨西哥也在全球十大咖啡生产国之列。在咖啡出口额全球排名前十的国家中，有 5 个是拉丁美洲及加勒比国家。在过去 20 年里，巴西的咖啡收获面积相对保持不变，哥伦比亚和墨西哥的咖啡收获面积分别下降了 6.0% 和 9.8%。相比之下，洪都拉斯和秘鲁的咖啡收获面积增加了一倍以上。这些变化使拉丁美洲及加勒比各国在咖啡出口市场的排名也发生了变化。过去 20 年，巴西的出口市场份额从 23% 增加到 29%，哥伦比亚的出口市场份额从 17% 下降到 9%，下降了 8 个百分点。20 年前，墨西哥咖啡出口额占世界咖啡出口总额的 5%，但如今却丧失了净出口国地位。危地马拉仍然是主要咖啡出口国之一，出口市场份额为 3%（比 20 年前降低 2 个百分点）；哥斯达黎加不再是主要咖啡出口国，洪都拉斯和秘鲁的出口市场份额分别是 4% 和 3%。虽然亚洲咖啡供应国正在崛起，但拉美国家将继续在世界咖啡市场上发挥重要作用。来自中国、俄罗斯和韩国等新兴市场以及印度、印度尼西亚和越南等当前出口国的不断增长的消费需求，将为拉丁美洲及加勒比地区的咖啡生产提供动力。但是为了保持市场份额，拉美咖啡生产国将不得不应对气候条件变化，因为有些地区的气候变化已经不利于咖啡种植，甚至易于传播虫害和疾病，如咖啡叶锈病（Sänger，2018[28]）。

水果和蔬菜

在自由贸易协定的支持下，拉丁美洲及加勒比地区水果和蔬菜的产量及出口大幅增长，其中大部分运往美国和加拿大。墨西哥传统上一直是其北方邻国的主要果蔬供应国，但中美洲国家和智利凭借与美国的自由贸易协定，在美国冬季水果蔬菜进口市场上也日益占据重要位置。2017 年，墨西哥、秘鲁、危地马拉和哥斯达黎加共占美国新鲜蔬菜进口总额的 75.4%。就新鲜水果而言，9 个拉美国家共占美国进口总额的 92.3%，其中墨西哥、智利、危地马拉和哥斯达黎加是主要供应国。近 20 年来，墨西哥的水果蔬菜收获面积增加了 26.2%，2015—2017 年达到 190 万公顷，智利和中美洲分别增长了 42.2% 和 45.8%。该地区传统的水果和蔬菜产量及出口额

（墨西哥的番茄和鳄梨、智利的葡萄和桃子、中美洲的香蕉和菠萝）大幅增长，并扩展到智利的樱桃和蔓越莓，中美洲的辣椒、胡椒和茄子，以及墨西哥的蓝莓和覆盆子等。由于气候条件优越且劳动力密集，拉丁美洲及加勒比国家预计未来在水果和蔬菜生产方面将继续占有比较优势，而改善存储技术、基础设施和生产实践可进一步强化这一优势。

插文 2.2　拉丁美洲及加勒比地区的香蕉及热带水果

香蕉和热带水果[①]对拉丁美洲及加勒比地区粮食安全及农业部门的发展日益重要。这些水果主要在热带地区种植，其首要作用是为当地消费者提供热量和营养来源，并满足其日益增长的消费需求。在国内市场之外，香蕉和热带水果国际贸易已成为拉丁美洲及加勒比地区许多生产国的重要出口收入来源。繁荣发展的进口市场对这些水果的需求迅速增长，奠定了许多热带水果的高价地位。因此在出口多样化的背景下，生产热带水果比生产其他低价农产品具有更大的吸引力。

拉丁美洲及加勒比地区具有丰富的热带土地及非常适合种植热带产品的农业气候条件，是仅次于亚洲的全球第二大香蕉和热带水果生产区。2016—2018 年，拉丁美洲及加勒比香蕉及热带水果产量平均占全球总产量的 25%，约合 5 400 万吨。就单一水果品种而言，香蕉是该地区最重要的品种，年产量约为 3 000 万吨。拉丁美洲及加勒比地区年人均消费 55 千克香蕉及热带水果，因此该地区还是这些水果的主要消费区之一。

拉丁美洲及加勒比地区未加工、新鲜或干制香蕉和热带水果的巨大贸易额，进一步体现了该地区在全球水果供应市场上的重要性。由于毗邻全球最大的水果进口国之一——美国，拉丁美洲及加勒比地区在最近几十年已跻身世界主要香蕉和热带水果供应地区之列，约占全球香蕉、菠萝、木瓜和鳄梨出口量的 80%，平均约占全球杧果出口量的 50%。

由于全球需求迅速扩张，过去 10 年该地区香蕉和热带水果出口的增长速度甚至超过了生产速度。面对这样一个庞大而悠久的本土部门（许多热带水果都原产于该地区），在日益增长的出口前景的激励下，许多国内和跨国企业纷纷大举投资。虽然香蕉和菠萝的商业化机制已经成熟，但其他热带水果由于最近快速增长的消费需求，也呈现出大规模扩张机会。

在 2016—2018 年的 3 年时间里，所有 5 种水果的总出口量预计平均达到了 2 000 万吨。从拉丁美洲及加勒比地区香蕉及热带水果的净贸易额来看，该地区稳居发达市场最主要供应商地位。欧盟进口的菠萝约 86% 来自哥斯达黎加，香蕉约 70% 来自厄瓜多尔、哥伦比亚和哥斯达黎加。而美国几乎进口的所有香蕉和鳄梨都来自拉丁美洲及加勒比地区，其中危地马拉和墨西哥分别是这两种水果的最主要供应国。

虽然热带水果在农业贸易总量中占比相对较低，但其远高于 1 000 美元 / 吨的平均出口单价，使其成为仅次于香蕉的、绝对价值最高的水果类别。据估计，2016—2018 年拉丁美洲及加勒比地区香蕉和热带水果出口总额约为 155 亿美元，其中香蕉和鳄梨分别约为 60 亿美元和 35 亿美元[②]。在一些主要生产国，香蕉和热带水果的出口收入在农业国内生产总值中占比很高。例如，哥斯达黎加的热带水果出口收入约占其全部农业出口收入的 1/3。

热带水果贸易除了增加拉丁美洲及加勒比地区出口收入外，还为该地区的小农生产者带来了可观收入，当然前提是要有公平和包容的贸易条件。墨西哥 80% 的鳄梨种植由只拥有 5 公顷或更少土地的小农完成。在拉丁美洲及加勒比许多生产区，热带水果种植仍主要停留在维持生计层面而没有达到商业化水平，因此对促进粮食安全起到了很大作用。

展望[③]

在全球人口增长、许多消费地区人均收入提高以及饮食结构发生变化的背景下，预计拉丁美洲及加勒比地区的香蕉和热带水果产量在未来10年的年增长率为1.4%，到2028年总产量增加900万吨，达到6 300万吨，其中香蕉占总供应量的50%。随着需求不断增长以及热带水果生产部门商业化程度不断提高，超高的利润率和作物产量趋势增长将催生更多旨在提高热带水果产量的激励措施。本地区最大的香蕉和热带水果供应国包括巴西、哥伦比亚、哥斯达黎加、厄瓜多尔、危地马拉和墨西哥。

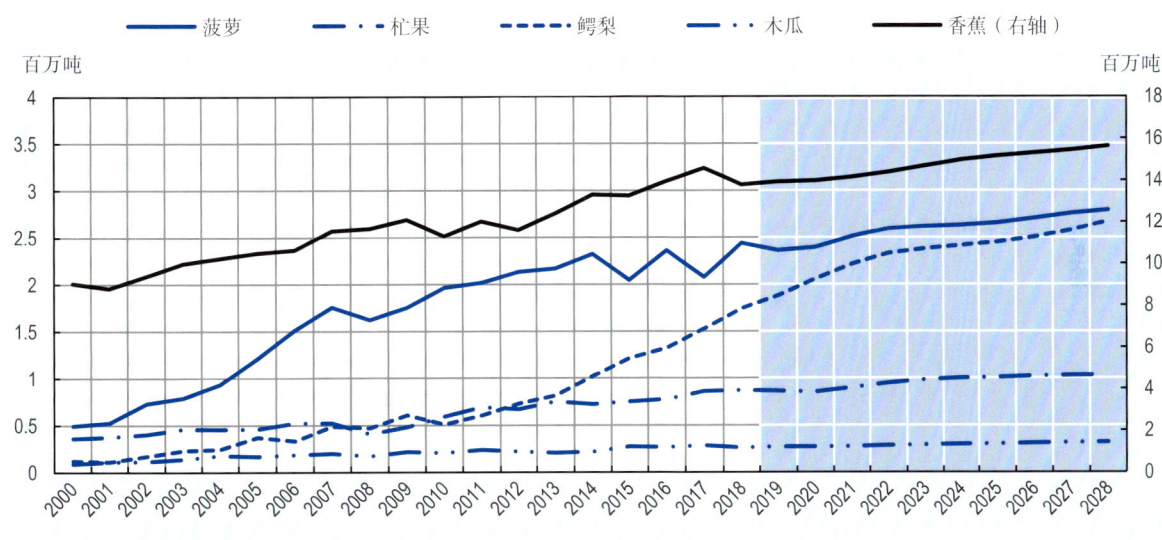

图2.11　拉丁美洲及加勒比地区的香蕉及热带水果净出口量

资料来源：联合国粮农组织（2019）。

与此同时，发达地区对热带水果的消费偏好（尤其是对鳄梨的偏好），应该会刺激贸易的进一步扩大。总体而言，2019—2028年，拉丁美洲及加勒比地区的香蕉和热带水果出口量预计将以年均1.7%的速度增长，到2028年达到2 300万吨。总体而言，拉丁美洲及加勒比地区将继续作为全球香蕉和热带水果的主要供应地，预计到2028年，拉丁美洲及加勒比在全球贸易中占比将近80%。但预计发达国家在总进口量中占比在中期内将略微下降，原因是继中国人均收入增长且消费者越来越倾向于购买优质热带水果尤其是鳄梨后，中国对热带水果的进口量将迅速增加。

香蕉和热带水果扩大生产将主要受需求驱动，除了许多国家对香蕉的需求都趋于饱和外，那些最初需求基数较低国家的人均需求增长最快。除人口增长外，决定水果需求增长的主要因素将包括拉丁美洲及加勒比地区和主要进口市场人均收入提高，从而使消费者偏好发生变化。人们越来越认识到热带水果尤其是鳄梨及杧果的营养价值（二者经常被贴上"超级营养水果"的标签）将是关键所在。在高收入国家，越来越多的消费者选择购买热带水果，不仅仅因为这些水果随处可见，还因为人们对健康认知的改变——他们认为食用精制糖更有益于健康，而包括热带水果在内的水果也越发被人们视为更健康的食品并加以推广。

以上预测证实了这样一种观点：香蕉和热带水果将成为该地区增长最快的农业产业，因此值得那些寻求农村部门经济增长、营养改善和减贫渠道的政策制定者们多加关注。对拉丁美洲及加勒比地区而言尤为如此，因为在全球对这些产品的过度需求中，有很大一部分是由拉丁美洲及加勒比地区供应的。但是，气候变化以及相关不稳定和极端天气事件也对该产业构成了重大威胁。拉丁美洲及加勒比地区的许多生产区（尤其是加勒比地区的生产区）都极易受不良天气因素影响。诸如土地清理、森林砍伐和灌溉等问题所产生的有害环境影响，以及虫害和疾病风险，都进一步增加了生产和贸易压力。这不仅威胁到该地区的粮食安全，还会影响该部门的商业活力。紧张的贸易局势、植物检疫限制、波动的货运成本和在进口市场日益增加的价格压力，都使拉丁美洲及加勒比地区该部门的可持续发展更为复杂。

注：①本分析中提及的热带水果指菠萝、杧果、鳄梨和木瓜。
②如该地区报告的出口价值所示。
③以上预测建立在对以下关键影响因素的假设基础上，这些影响因素包括收入、人口、投入成本以及与农业部门热带水果生产相关的其他具体条件；还包括土地的机会成本，而土地机会成本又受到其他农产品价格、农村活动和所有权结构的影响。其他可能影响该部门的农业条件引自《经合组织－粮农组织2019—2028年农业展望》。

牲畜

拉丁美洲及加勒比地区的牲畜生产也大幅增长：过去20年，牛肉产量增加了33%，猪肉增加了111%，家禽增加了302%，影响因素包括养禽业、养猪业和养牛业的扩大，以及对整个畜牧业的技术革新。

未来10年，牛肉和小牛肉的年均产量增速将从过去20年的1.4%略微放缓至1.2%。由于拉丁美洲及加勒比生产中用于出口的份额将日益提高，因此这一产量减缓将小于国内的需求减缓程度。与其他地区一样，随着收入增加，人均需求增速预计将放缓。巴西将继续作为该地区主要的牛肉生产国，到2028年，如果产量再增加200万吨，巴西将占拉丁美洲及加勒比地区牛肉总产量的56.9%。猪肉和家禽生产

图2.12 拉丁美洲及加勒比地区的牲畜产量

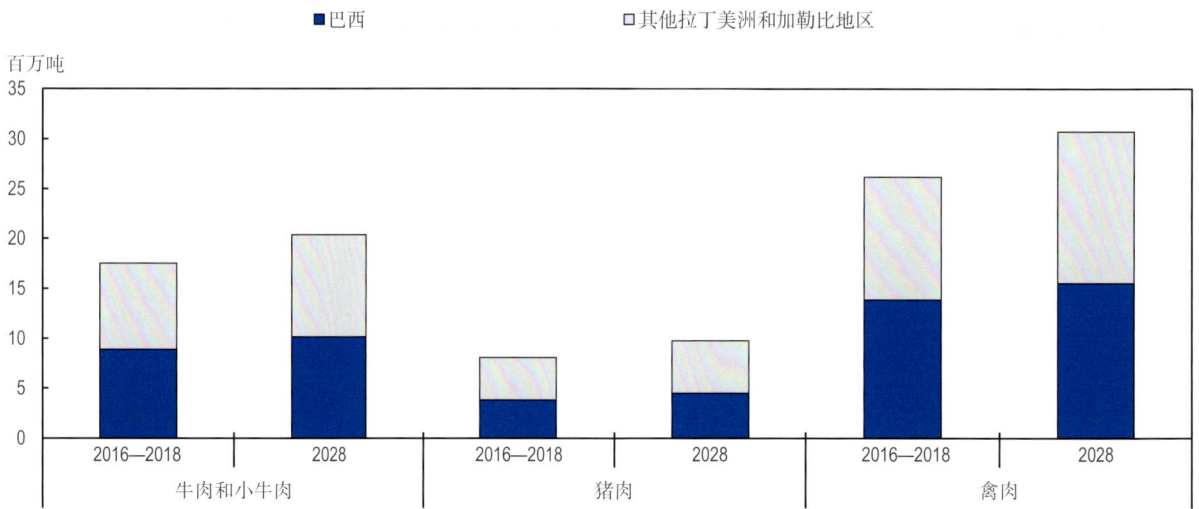

资料来源：经合组织／粮农组织（2019年），《经合组织－粮农组织农业展望》，经合组织农业统计数据库（数据库），http://dx.doi.org/10.1787/agr-outl-data-en。

将继续比牛肉生产更具活力，预计未来10年将以年均2.2%的速度增长，巴西猪肉和家禽产量在该地区总产量中占比预计将保持在50%左右。

乳制品

由于国内需求强劲，预计未来10年新鲜乳制品产量将回升，年增长率为1.4%，比过去20年高出0.6个百分点。新鲜乳制品产量增长将主要来自南锥体国家和巴西，其他国家产量将持平。未来10年，黄油产量也将保持不变，但奶酪产量将以每年1.2%的速度增长。预计南方共同市场国家的全脂奶粉产量增长速度变化不大，未来10年内将以每年3%的速度增长。就整体而言，该地区将继续作为除全脂奶粉以外乳制品的净进口地区。

渔业和水产养殖业

在全球25个主要海洋捕捞国中，有5个是拉美国家：秘鲁（排名第5）、智利（排名21）、墨西哥（排名16）、阿根廷（排名22）和厄瓜多尔（排名23）。虽然全球海洋捕鱼量在过去10年保持稳定，除厄瓜多尔外，拉美国家的总体捕鱼量大幅下降。厄尔尼诺现象是导致秘鲁和智利秘鲁鳀捕捞量下降的原因。就秘鲁而言，秘鲁鳀的捕捞量占其海洋捕捞总量的75%以上。相比之下，过去10年全球和拉丁美洲及加勒比地区的水产养殖业都在稳步增长，但拉丁美洲及加勒比地区的水产养殖产量仅占全球总量的3.4%（智利一国便占拉丁美洲及加勒比地区水产养殖总产量的38.3%）（联合国粮农组织，2018[29]）。

预计今后10年，拉丁美洲及加勒比地区的鱼品产量将增长10.8%。智利、哥伦比亚和巴拉圭的鱼品产量将实现较高增长（分别为21.1%、29.6%、和30.2%），中美洲、加勒比、阿根廷、巴西、墨西哥和乌拉圭鱼品产量将适度增长（约12%），秘鲁鱼类产量增长较少（5.5%）。水产养殖目前在该地区的鱼类总产量中占比不足27%（全球数据为46.8%），由于水产养殖比海洋捕捞具有更高的扩张潜力，因此水产养殖在鱼类总产量中的重要性将越来越高。

表2.3　2005—2014年至2016年的海洋捕捞量

		产量（吨）		占比变化	在总量中占比（%）	
		2005—2014年均值	2016年	2005—2014年至2016年均值	2005—2014年	2016年
秘鲁(5)	总量	6 438 839	3 774 887	-41.4	8.1	4.8
	不包括秘鲁鳀	989 918	919 847	-7.1		
智利(12)	总量	3 157 946	1 499 531	-52.5	4	1.9
	不包括秘鲁鳀	2 109 785	1 162 095	-44.9		
墨西哥(16)		1 401 294	1 311 089	-6.4	1.8	1.7
阿根廷(22)		879 839	736 337	-16.3	1.1	0.9
厄瓜多尔(23)		493 858	715 357	44.9	0.6	0.9
25个主要海洋捕捞国		65 451 506	63 939 966	-2.3	82	80.7
其他170个国家		14 326 675	15 336 882	7.1	18	19.3
全世界		79 778 181	79 276 848	-1	100	100

资料来源：联合国粮农组织，2018[29]。

贸易

20年来，尽管全球农产品贸易增速放缓，但拉丁美洲及加勒比地区农产品出口稳步增长，且速度超过世界其他地区。拉丁美洲及加勒比地区农业贸易顺差从1996—1998年的120亿美元增加到2016—2018年的540亿美元；相比之下，撒哈拉以南非洲和东南亚地区出现了农业贸易逆差（分别为2016—2018年的173亿美元和2016—2018年的716亿美元）。巴西和阿根廷一直是世界大豆、玉米、植物油、食糖、家禽和牛肉的主要出口国，出口量在国内产量中占比最高的是油籽（46%）、小麦（48%）和食糖（56%）（图2.14）。巴西是世界第三大农产品出口国，2017年出口额达到793亿美元。阿根廷排名第十，农产品出口额为350亿美元。尽管与巴西和阿根廷相比，智利的出口额要低得多，但其农业出口额在过去20年里增长了两倍，浆果、苹果、桃子、李子、家禽和三文鱼等产品日益进入全球各地市场。中美洲和墨西哥的水果（包括鳄梨）、蔬菜和咖啡出口也十分活跃。2016年，持续经历了40年的农产品贸易逆差之后（1985—1987年墨西哥危机期间除外），墨西哥成为了农产品净出口国，并取代加拿大和欧盟成为美国农产品主要供应国。未来10年，预计拉丁美洲及加勒比地区食糖出口将增长6.9%，小麦和大米分别增长23.7%和24%，植物油出口增长40.5%。

图2.13 按不变价值计算的拉丁美洲及加勒比农产品贸易差额

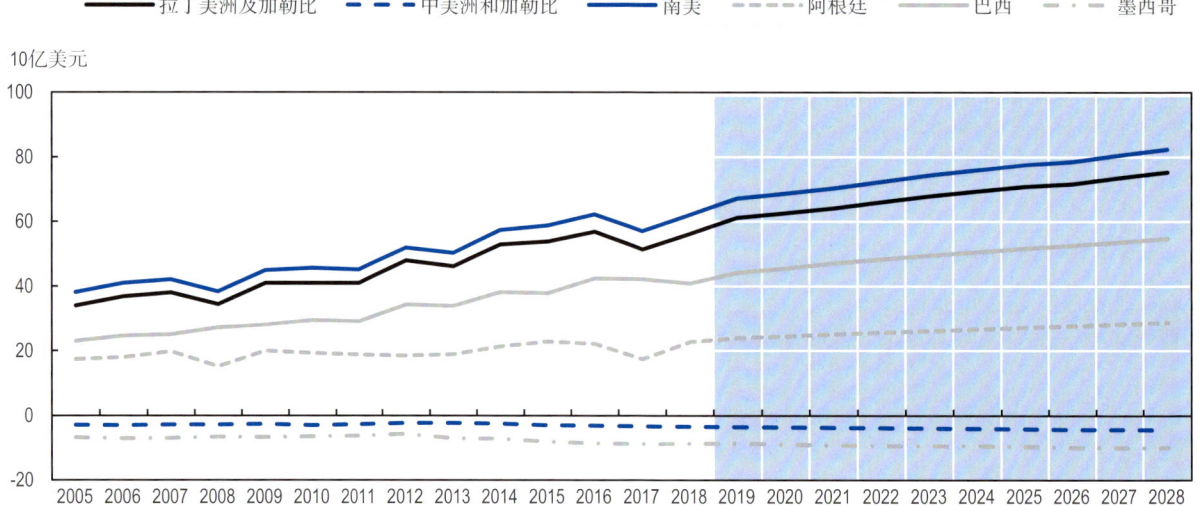

注：《展望》中所涵盖的商品净贸易额（出口额减去进口额），按2004—2006年不变美元计算。
资料来源：经合组织/粮农组织（2019年），《经合组织-粮农组织农业展望》，经合组织农业统计数据库（数据库），http://dx.doi.org/10.1787/agr-outl-data-en。

拉丁美洲及加勒比地区已成为世界上主要的动物产品供应地区。畜牧生产和肉类出口快速增长：拉丁美洲及加勒比地区牛肉出口从1995—1997年的120万吨增加到2016—2018年的320万吨，家禽出口同期增长了639%，到2016—2018年达到

图 2.14 拉丁美洲及加勒比地区出口占国内生产的份额

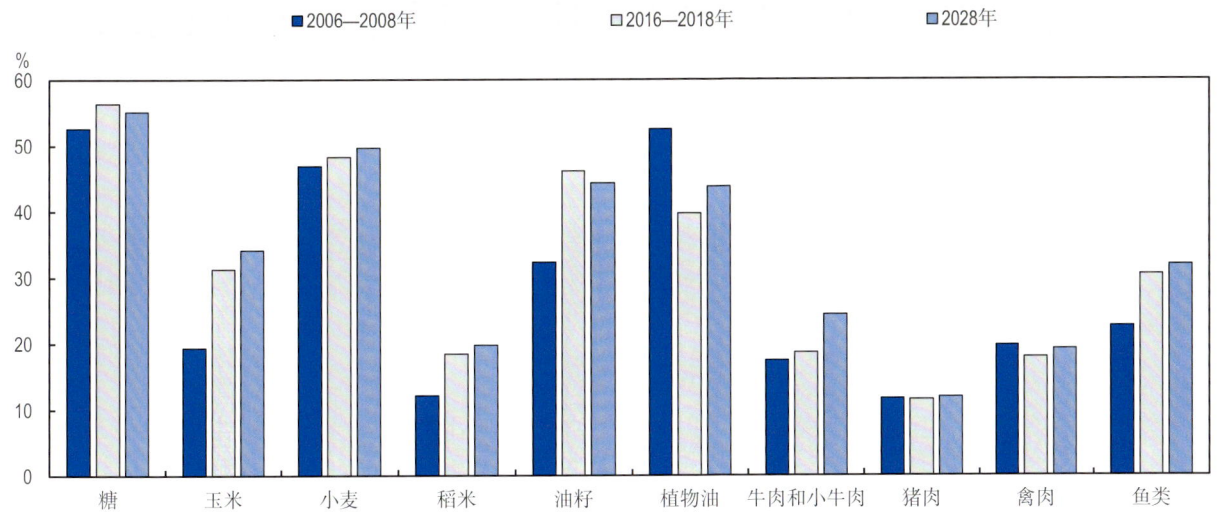

资料来源：经合组织/粮农组织（2019 年），《经合组织 – 粮农组织农业展望》，经合组织农业统计数据库（数据库），http://dx.doi.org/10.1787/agr-outl-data-en。

470 万吨，在 20 世纪 90 年代中期增长不明显的猪肉出口增长了近 11 倍，到 2016—2018 年达到 100 万吨。巴西作为拉丁美洲及加勒比地区肉类主要出口国，在拉丁美洲及加勒比地区牛肉、猪肉和家禽出口中分别占比 45%、65% 和 91.6%。阿根廷、智利和墨西哥排名在巴西之后，成为拉丁美洲及加勒比地区主要的肉类出口国，但与巴西差距较大。未来 10 年，肉类出口增速将放缓，过去猪肉和家禽年增长率为两位数，未来 10 年将分别以 2% 和 2.5% 的年均增速增长，牛肉也将以 2% 的年均增长率增长。因此，截至 2028 年年末，预计拉丁美洲及加勒比地区牛肉出口将增长 57%，猪肉出口将增长 33%，家禽出口将增长 27%。

图 2.15 谷物贸易差额

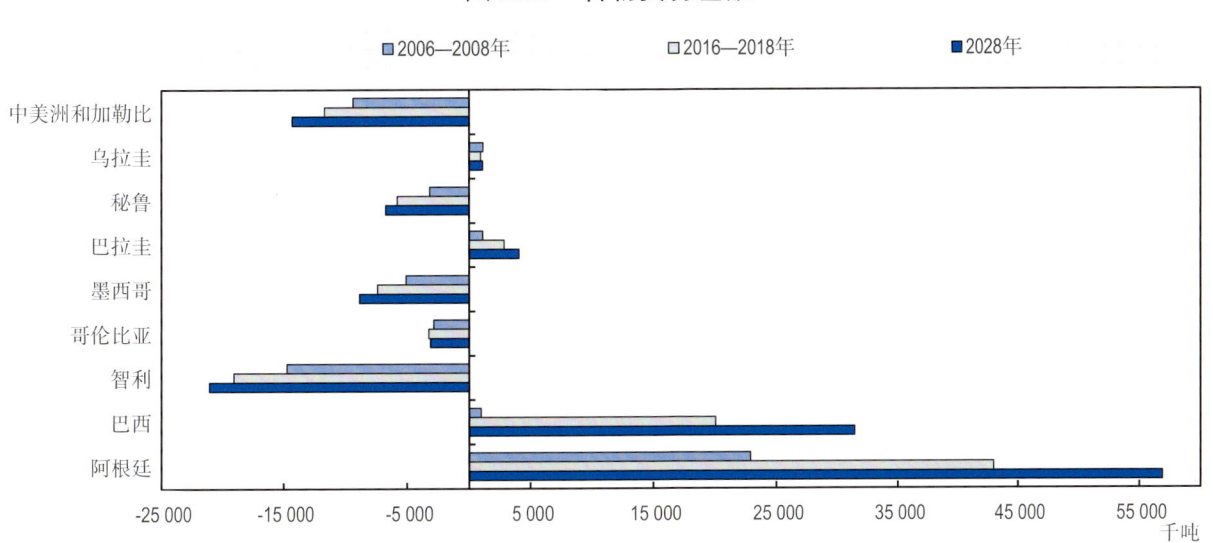

资料来源：经合组织/粮农组织（2019 年），《经合组织 – 粮农组织农业展望》，经合组织农业统计数据库（数据库），http://dx.doi.org/10.1787/agr-outl-data-en。

近年来，拉丁美洲及加勒比地区的水果和蔬菜出口十分活跃，在2015—2017年达到300亿美元。从2002—2004年至2015—2017年，中美洲水果和蔬菜出口额增长了2倍；与此同时，墨西哥水果蔬菜出口额增长了244.5%，南美洲出口额增长了281.2%，加勒比地区增长了14倍。

该地区有些国家是世界上某些农产品的主要进口国，例如墨西哥（大豆、乳制品、玉米、猪肉和家禽）和巴西（小麦）。事实上，除了南方共同市场国家以外，其余所有拉丁美洲及加勒比国家都是谷物净进口国，这些谷物往往都来自拉丁美洲及加勒比内部。未来10年，这些国家的农业产品和粮食进口将继续增长。例如，预计到2028年，拉丁美洲及加勒比地区的小麦进口量将增加350万吨，玉米进口量增加近700万吨，总量达到4 030万吨。预计墨西哥将占该地区玉米进口总量的41%，哥伦比亚占15%、秘鲁占10%。巴西将成为拉丁美洲及加勒比地区最大的小麦进口国，预计2028年小麦进口量达到660万吨，占拉丁美洲及加勒比地区小麦进口总量的24.1%，随后是墨西哥（20.2%）和秘鲁（9.8%）。

过去20年来，拉丁美洲及加勒比地区贸易流向发生了重大变化。亚洲国家尤其是中国，已经愈发成为拉丁美洲及加勒比地区农业出口的重要目标市场。安第斯对东亚和太平洋地区的农业和渔业出口在过去20年增加了3倍，而南方共同市场国家对上述区域的出口增加了10倍。2015—2017年，东亚和太平洋地区超过欧洲和中亚，成为南方共同市场国家农业和渔业出口的主要目的地，占总出口的35.7%。事实上，与世界其他地区相比，拉丁美洲及加勒比地区对欧洲和中亚的农业和渔业出口增长相对温和，导致所有拉丁美洲及加勒比分区对欧洲和中亚的农业和渔业出口份额不断下降。

按照绝对价值计算，北美（美国和加拿大）已经成为了一个对所有拉丁美洲及加勒比次区域而言都十分重要的农业和渔业出口市场，而由于其毗邻拉丁美洲及加勒比地区且提供优惠准入政策，因此按相对价值计算，北美对加勒比地区尤为重要，已经超过欧洲和中亚，在加勒比总出口中增加了10个百分点的份额。墨西哥对北美的农业和渔业出口在过去20年增加了352.3%，但北美在墨西哥总出口中占比一直稳定在80%左右。

区域内贸易的重要性也日益提高。过去20年里，安第斯国家之间开展的农业和渔业贸易增加了2.7个百分点，加勒比地区国家之间贸易增加了3.5个百分点，中美洲国家之间贸易增加了11.6个百分点。事实上，截至2015—2017年，中美洲农业和渔业出口中，有20.5%流向同一次区域的其他国家，总出口中有9.8%流向其他拉丁美洲及加勒比国家（图2.16）。

到目前为止，在加工农产品出口占农产品总出口的比例方面没有观察到任何趋势，拉丁美洲继续注重出口散装产品。东南亚国家在区域内以及与其他区域之间，形成了强大的全球农产品价值链。但拉丁美洲及加勒比地区与东南亚国家不同，对全球农产品价值链参与度很低，部分原因是该地区普遍存在的非关税措施。事实上，拉美（以及北美国家）的全球价值链平均参与度排名最后，亚洲排名首位，其

图 2.16 拉丁美洲及加勒比地区农业及渔业出口目的地（按美元计算）

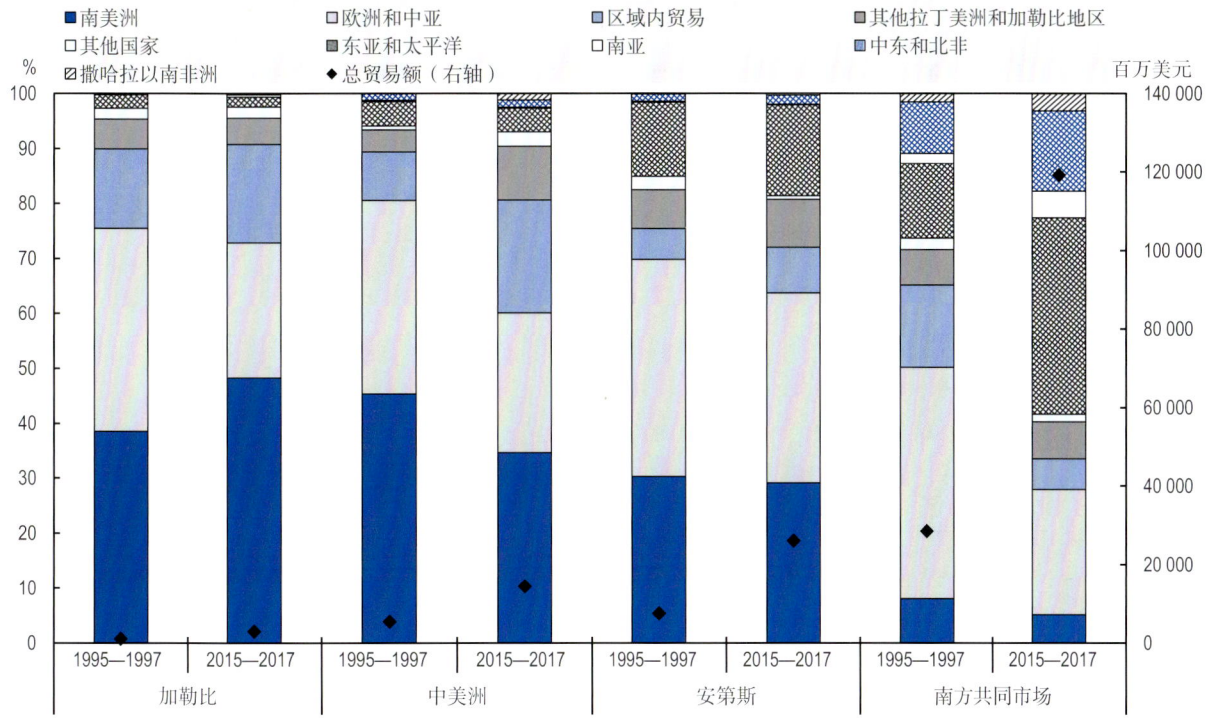

注：图中区域按照世界银行定义划分，即北美包括美国、加拿大和百慕大群岛。区域内贸易是指 x 轴上定义区域内部的贸易。"其他拉丁美洲和加勒比地区"是指拉丁美洲及加勒比地区减去 x 轴上定义区域以外的区域。产品范围：包含鱼类和鱼类产品的 HS 第 1~24 章，HS 标题：33.01、35.01-33.05、41.01-41.03、43.01、50.01-50.03、51.01-51.03、52.01-52.03、53.01、53.01，HS 编码 2905.43、2905.44、3809.10、3823.60。
资料来源：联合国统计局，2019[30]。

次是欧洲、非洲和中东。贸易和投资政策、农业实力（例如教育、农业研发等）以及结构特征都是影响对全球价值链参与度的因素（Greenville、Kawasaki 和 Beaujeu，2017[31]）。

该地区农产品贸易活跃，部分原因在于拉丁美洲及加勒比国家积极参与自由贸易协定。除了加勒比、安第斯、南方共同市场以及中美洲等分区国家经济一体化（目前面临诸多挑战）的原因，拉丁美洲及加勒比国家已经制定了 70 多项区域内和区域外自由贸易协定。例如，智利和墨西哥与该地区大多数国家——美国、加拿大、欧盟以及包括中国（就智利而言）和日本在内的部分亚洲国家都有自由贸易协定。

世界其他地区人口的增长也将推动对拉丁美洲及加勒比农产品及食物的需求，尤其是中国，预计到 2028 年人口将达到 14.41 亿。预计未来 10 年，包括中国在内的全球食物需求增长将放缓。

预计未来 10 年拉丁美洲及加勒比地区农业出口前景向好，但出口增长将放缓，保护主义政策可能进一步加剧这一趋势。此外，最近签订的（2018 年 3 月）《全面与进步跨太平洋伙伴关系协定》（CPTPP）可能会改变拉丁美洲及加勒比国家贸易流的水平及方向。这份于 2018 年 12 月 30 日签订的协定为诸如日本、越南、马来西亚、澳大利亚和新西兰等国开辟了出口机会。在拉丁美洲及加勒比国家中，只有墨西哥、秘鲁和智利参加了该协定。如果美国加入该协定（美国退出了此前的《跨太平洋伙伴关系协定》），则可能会降低拉丁美洲及加勒比国家在亚洲国家大豆、肉类、食糖、乳制品和蔬菜等产品进口量所占份额。如果欧盟和美国最终达成《跨大西洋贸易与投资伙伴关系协定》（TTIP）并降低农产品和食物进口关税，也可能出现上述结果。为此，拉丁美洲及加勒比国家必须制定合理的贸易政策和战略，以便在不断变化的自由贸易协定环境下，充分利用自身的农业比较优势。

战略挑战和政策选择

拉丁美洲及加勒比各国政府根据本国愿景和不断变化的社会经济和政治背景，制定了若干农业政策目标，包括提高生产率和竞争力、粮食安全、环境保护、促进小农与市场接轨、增加外汇收入等。各国政府采取了一系列政策手段来实现本国政策目标。本节回顾了整个拉丁美洲及加勒比地区的政策组合，以及这些政策在支持可持续生产率增长和提高农业包容性方面的作用。

政策响应

该地区各国农民对政府支持的依赖程度有很大差别。大部分国家的生产者支持估计（PSE）百分比（以在农产总收入中所占百分比来表示）低于经合组织 18% 的平均水平，巴拿马、秘鲁、多米尼加共和国和萨尔瓦多除外。在某些国家，包括危地马拉、乌拉圭、巴拉圭、智利和巴西等，生产者支持估计占比很低（低于 5%）。阿根廷属于特例，其生产者支持估计占比为负数，这意味着该国按政府政策对农民征税的幅度是均衡的。生产者平均支持率较低反映了该地区大多数国家的农业具有竞争力，并相应地处于净出口地位。

在整个拉丁美洲及加勒比地区，出现了一种依赖市场支持和潜在贸易扭曲手段（例如投入补贴）的趋势，而不是以与生产脱钩的方式向农民直接付款。墨西哥是个例外，其对农民支持率与美国相似，其中一半支持都通过扭曲性直接付款实现。巴拉圭、智利和巴西也主要通过直接支付向农民提供支持，但这些国家对生产者的整体支持度偏低。

较低的农业预算支持反映了价格干预在政策组合中的重要性。此外，在该部门预算拨款总额中，有 40%~60% 都支付给了生产者（即包含在生产者支持估计中），其余部分都花费在了整个部门上（一般服务支持估计（GSSE））。一般服务支持估计涉及重要投资区域，包括农业研发、推广服务、技术援助、创新系统和农业基础设施等。在墨西哥，一般服务支持估计所占比例仅为 15%，而哥斯达黎加为 85%。总体而言，拉丁美洲及加勒比地区对具有加速农业发展潜力的公共产品的财政支持水平较低。

分配农业投资时需要首先做出适当的诊断和评估，评估可能是政策周期中影响

图 2.17　2015—2017 年（或最近一年）预算支持和一般服务支持估计在部门预算拨款总额中占比

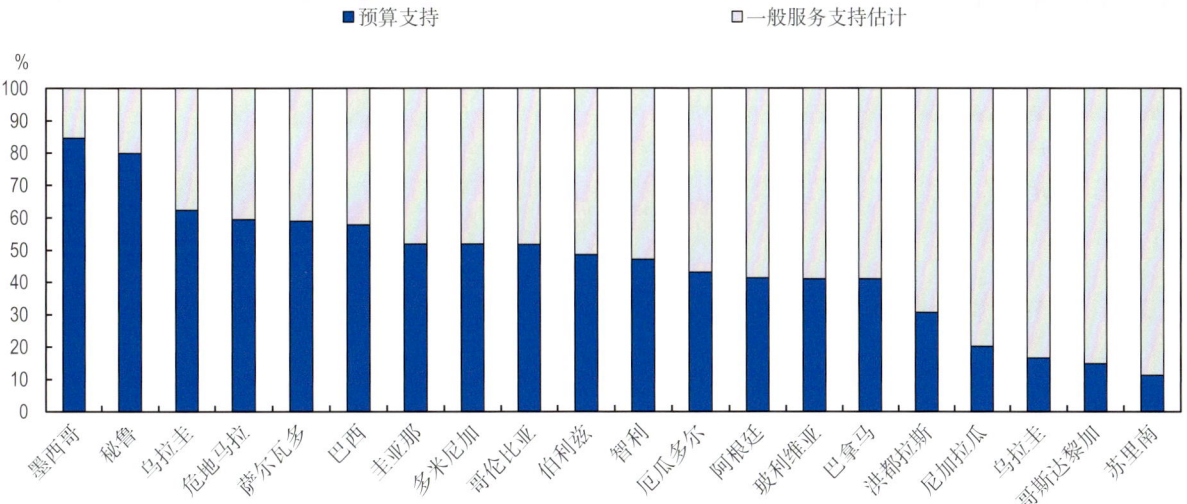

资料来源：阿根廷、智利、巴西、哥斯达黎加、墨西哥、加拿大、美国、哥伦比亚、欧盟：经合组织（2018b），生产者和消费者支持估计，经合组织农业统计（数据库），http://dx.doi.org/10.1787/agr-pcse-data-en。危地马拉（2012—2014 年）、乌拉圭（2011—2013 年）、巴拉圭（2011—2013 年）、厄瓜多尔（2014—2016 年）、伯利兹（2012—2014 年）、尼加拉瓜（2009—2010 年）、苏里南（2012—2014 年）、洪都拉斯（2011—2012 年）、玻利维亚（2007—2009 年）、圭亚那（2009—2011 年）、巴拿马（2013—2015 年）、秘鲁（2011—2013 年）、多米尼加共和国（2015—2017 年）、萨尔瓦多（2010—2012 年）：IDB 数据库（2019），https://mydata.iadb.org/Agriculture-and-Rural-Development/IDB-Agrimonitor-PSE-Agricultural-Policy-Monitoring/2dqw-u35p。

图 2.18　2015—2017 年（或最近一年）各国生产者支持估计（PSE）构成

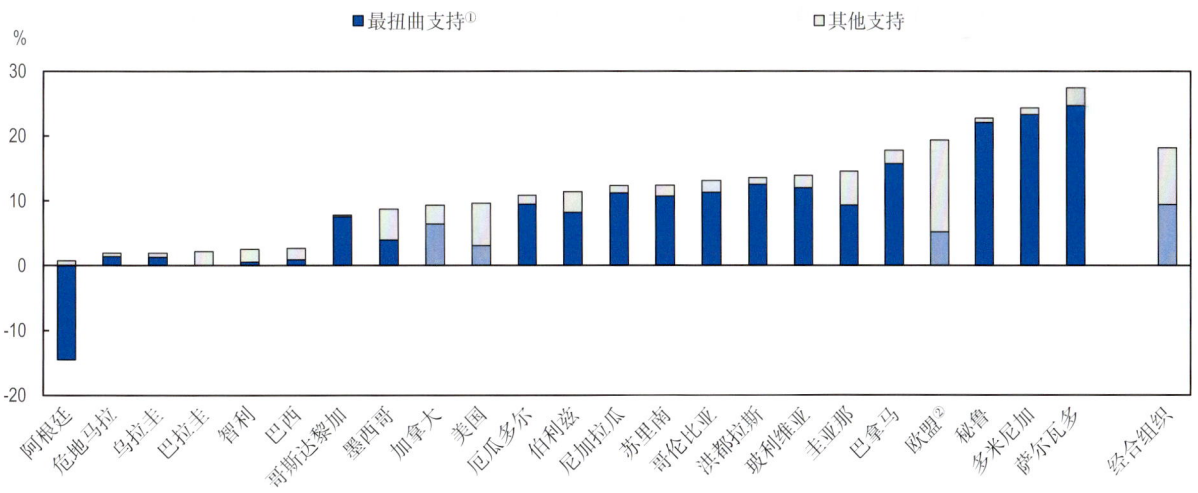

注：农场总收入的百分比。①基于产出（包括市场价格支持和产出支付）和不受限使用可变投入的支持。② EU28。
资料来源：阿根廷、智利、巴西、哥斯达黎加、墨西哥、加拿大、美国、哥伦比亚、欧盟：经合组织（2018b），生产者和消费者支持估计，经合组织农业统计（数据库），http://dx.doi.org/10.1787/agr-pcse-data-en。危地马拉（2012—2014 年）、乌拉圭（2011—2013 年）、巴拉圭（2011—2013 年）、厄瓜多尔（2014—2016 年）、伯利兹（2012—2014 年）、尼加拉瓜（2009—2010 年）、苏里南（2012—2014 年）、洪都拉斯（2011—2012 年）、玻利维亚（2007—2009 年）、圭亚那（2009—2011 年）、巴拿马（2013—2015 年）、秘鲁（2011—2013 年）、多米尼加共和国（2015—2017 年）、萨尔瓦多（2010—2012 年）：IDB 数据库（2019），https://mydata.iadb.org/Agriculture-and-Rural-Development/IDB-Agrimonitor-PSE-Agricultural-Policy-Monitoring/2dqw-u35p。

最大的环节。有时，对于一个数百万美元的方案，可能事先并没有进行充分评估甚至没有评估。因此，政策制定者往往不知道他们制定的政策和方案是否实现了预期效果，或者无法解读他们看到的结果。因此，制定政策评估体制流程是至关重要的，尤其是政府预算较紧张的时期。虽然灌输"评估文化"是一个长期过程，但墨西哥和智利等国在这方面已经取得了重大进展，并为该地区其他国家提供了经验教训。

提高生产率并改善必要的有利政策环境

拉丁美洲想要保持在全球市场的竞争力，就必须进一步以可持续方式提高本地区的农业生产力。为此，各国政府应加大农业研究投入，加强部门内部互补性投资，发展运转良好的信贷和保险市场，并提高不同政策之间的协调性。

农业研究

过去几十年里，拉美国家用于农业研究的支出稳步增长。该地区能够实现联合国关于农业研发投资应至少占农业国内生产总值1%的最低目标。然而，各国差异很大：巴西、乌拉圭、阿根廷和智利用于农业研究的支出远远超过其农业国内生产总值的1%，而尼加拉瓜、秘鲁、委内瑞拉、多米尼加共和国、巴拉圭、厄瓜多尔、洪都拉斯和危地马拉用于农业研究的支出只有其农业国内生产总值的0.4%，甚至更低。

虽然增加农业研发投资是提高生产率的一项先决条件，但还不足以应对未来气候和粮食安全挑战，还需要对当前可用农业研发资源的投资方式进行评估。拉美国家投资的研究是否是"正确的"研究？气候智能型农业（CSA）技术在农业投资议程中占有怎样的重要性？在作物和牲畜研究日程中，是否足够重视解决对抗生素耐药性问题？制定解决对抗生素耐药性问题的方法时需要考虑的因素包括：减少农业抗生素使用总量过程中所需的经济成本、潜在的替代产品，以及如何改善畜牧业卫生条件（O'Neill，2016[32]）。

此外，各国还需要应对另外三项挑战。第一，各国需要针对科学家老龄化制定继任战略，原因是在2012—2013年，该地区40%的农业研究人员都在50~60岁（Stads等，2016[7]）。第二，确定协调和加强协同增效的有效方法，以此协调不同机构就农业研究规定的复杂流程（联邦政府机构、地方政府机构、大学、私营部门、农民组织、非政府组织等）。第三，确保融资机制。有些拉美国家已经采用了竞争性政府资金和征收生产/出口税费等措施，他国政府可以根据本国在拉美地区内外获得的经验选择实施这些措施。

农业投资

想要增加生产率和在世界市场上的竞争力，除了要增加更有针对性的农业研究投资，还需要对基础设施持续投资、提供推广服务、制定以小农为目标的各项举措，同时还要确保创造一个促进私人投资的有利环境。

基础设施公共投资不仅受经济周期影响，还取决于政府设定的优先顺序。总体而言，基础设施投资在公共总支出中往往排名较靠后。就过去20年农业部门基础设施投资而言，智利（年均增长7.2%）、哥伦比亚（8.5%）、墨西哥（7.0%）实现小幅增长，阿根廷（14.0%）和哥斯达黎加（10.9%）增长幅度较大。巴西对农业相关基础设施的投资一直非常不稳定，并受到本国最近经济危机的严重影响。如果将以上6个国家在基础设施方面的投资加在一起，那么1997—1999年至2015—2017年间，该总数发生了显著净下降。原因是，巴西曾在20世纪90年代大量投资农业基础设施，约占6国在1997—1999年基础设施投资总额的82.6%，但在2015—2017年，巴西所占投资份额下降到了11.9%。

在某些情况下，灌溉、农村公路、物流和港口基础设施条件薄弱，构成了制约农业发展的主要瓶颈。例如，由于公路情况糟糕，巴西生产成本最低的地区——马托格罗索州的物流成本占其大豆出口总成本的32%，严重削弱了该地市场竞争力。据估计，巴西的大豆运输成本是美国的7倍（Arias等，2017[2]）。尽管如此，在过去10年间，巴西大豆出口增长速度远超过美国。

《世界经济论坛竞争力报告》报道了各国基础设施竞争力情况。根据2017—2018年报告，在137个国家中，除了智利和乌拉圭（分别排名第41和第45位）以外，大多数拉美国家都低于基础设施平均分。巴西排名73，阿根廷排名81，哥伦比亚排名87，洪都拉斯排名104。

公共部门远非农业部门最大的投资来源，农民投资占比最大，与政府投资比例为4∶1（联合国粮农组织，2012）。然而，公共投资具有催化作用，包括促进基础设施发展，或者支持小农家庭农场主倡议等。例如，上文提到气候智能型农业技术在农业投资中占比较低，部分原因就在于面向小农推广的服务较少，或者缺乏适用于此类农民的方法（例如农民田间学校）。

各国政府还应负责创造一个有利环境，鼓励私人投资农业。基础设施固然重要，但产权、合约执行、改善监管和税制、运转良好的劳动力市场以及金融市场机构也同样重要（联合国粮农组织，2012[33]）。经合组织制定的农业投资政策框架（2014[34]）可以作为拉美国家的重要参考。

农业信贷和保险

为了吸引私营部门投资，就必须建立面向各类农民的、有竞争力的信贷和保险机制。由于各国大幅减少由政府直接提供的信贷服务，降低利率补贴和商业银行运营成本补贴，拉美农村金融市场结构发生了重大变化。尤其是小农场主获得金融服务的机会受到损害，究其原因，有以下几点：小农场主具有显而易见的较高风险；缺乏保险计划；对银行而言意味着较高的运营成本（客户分散、通信系统条件恶劣、法律制度不健全等）；缺乏经营领域生产部门信息等。可是，如果拉美农业想要实现可持续增长，那么长期和短期信贷和保险计划都是必不可少的。

该地区的宏观经济和金融环境都发生了积极变化，为发展具有竞争力的农村金融市场奠定了基础。大型或出口导向型农民获得金融服务的渠道似乎得到了保证。在某些情况下，由于某些特定农产品生产的高回报率，实际上是投资金主主动找上门为农民提供金融支持。虽然拉美各国存在各种由政府提供支持的信贷项目，但人们普遍认为，该地区80%农场主的信贷和保险需求都没有得到满足。

该地区有着丰富的农村小额金融机构历史（国际金融合作（IFC），2014[35]）以及创新型小农保险计划（Celaya等，2014[36]），可以借鉴其中的经验来改进风险评估、降低交易成本、改善交付渠道等。但是，想要让这些计划行之有效，各国政府必须制定相关法律和管理框架，此外还要投资财政、实体和通讯基础设施，并制订加强农村金融体制的方案。为鼓励私营部门参与农村小额融资，政府应考虑诸如信贷担保、风险分担设施以及为中小土地所有者设计联合信贷产品等激励措施。政府干预的另一个关键领域是收集和传播数据，这将有助于金融机构了解农民参与的部门或价值链，并获得更加真实的风险评估数据。干预金融市场时，应特别注意避免市场扭曲。

政策的一致性和协调性

在农业和农村部门，充斥着各种来源和范围都不尽相同的部门性政策。由不同部门（农业部、环境部、社会发展部、经济部门等）设计和执行的政策和方案，与地方一级（地区/州/市级）方案相互作用。此外，非政府组织和多边机构也正在实施对某些国家而言非常重要的方案。

有些国家已经采取了重要举措来协调各级政府的政策方案，并取得了不同程度的成功。鉴于过去20年里，拉美各国已经出现了权力下放现象，但有效的政策和方案协调可以产生潜在的协同增效效应，因此人们将促进政策方案协调视为一项关键挑战。

农民组织对该地区农业政策的制定也产生了一定影响。例如，墨西哥国家农业委员会在20世纪90年代开展的农业政策改革过程中，发挥了关键作用。南方共同市场的家庭农场主组织联盟（COPROFAM）为如何及时创建并维护政策对话论坛提供了范例。通过创立家庭农场专业论坛（REAF），家庭农场主组织得以在南方共同市场框架下，与政府一起探讨家庭农场政策问题。家庭农场专业论坛在帮助南方共同市场国家建立家庭农场主全国登记制度方面发挥了重要作用，而该制度是制定更具针对性家庭农业政策的基础（联合国粮农组织和家庭农场专业论坛/南方共同市场，2016[37]）。

环境和资源挑战

土地

拉丁美洲（尤其是南美洲）是世界上为数不多的土地资源丰富、人口密度相对较低、有将未开发土地转化为耕地潜力的地区之一。众所周知，巴西和阿根廷具有得天独厚的土地资源，其他许多国家也可以进一步扩大农业用地，例如在不久的将来，哥伦比亚就可以新增300万~400万公顷耕地，这些土地之前因为武装冲突的原因所以并未开垦。

拉美地区90%以上的耕地被评为非常适合农业生产的优质良田，高于世界平均水平（80%）。但是，该地区同样经历了各种土地退化问题，包括土壤天然养分流失、盐碱化、侵蚀和沙漠化（联合国粮农组织，2011[38]）。

拉美地区20%的土壤面临被侵蚀的风险。在阿根廷，2 500万公顷的土地受到侵蚀影响，潮湿平原地区的农民经常因土壤盐碱化遭受巨大经济损失。此外，墨西哥19%的领土、古巴43%的领土、乌拉圭30%的领土、厄瓜多尔50%的领土以及萨瓦尔多75%的领土都面临重大土地侵蚀挑战。由于中美洲大部分农业用地都位于山坡位置，因此特别容易受到侵蚀影响。哥伦比亚17%的领土、厄瓜多尔28%的领土、智利62%的领土，以及巴西东北部等易受影响地区，都在遭受沙漠化危害。土地退化的原因既包括降水、大风等自然因素，也包括土地用途改变（主要是毁林）、过度放牧、耕地管理不善等人为因素。

为了应对土地退化问题，有些农民已经采用了保护性农业，这种耕种方法主要遵循以下三项原则：①不耕作或尽量减少耕作；②土壤覆盖（例如保留作物生物量、根茎等）；③作物多样化/轮作制。全世界采用保护性农业的地区一直呈指数级增长，而南美洲尤为显著（值得注意的是，该地区并没有充分践行上述第三项原则：作物多样化/轮作制）。据估计，南方共同市场国家（阿根廷、巴西、巴拉圭和乌拉圭）70%的耕地是采用保护性农业方法耕种的（Kassam、Friedrich和Derpsch，2019[40]）。

然而，保护性农业也给农民和政府带来了额外的挑战。对农民而言，这种属于资金密集型的方法需要足够的财务资源。并且保护性农业需要使用大量的除草剂，尤其是草甘膦，而有些政府正在考虑是否应禁止使用这种除草剂。这可能对农民收益、土壤侵蚀和温室气体排放产生短期不利影响。

澳大利亚、美国和英国的农民预见政府可能会禁止使用草甘膦，同时也由于某些杂草品种已经对草甘膦产生了耐药性，为此他们已开始尝试采用其他方法控制杂草，其中某些做法还可能被拉美国家效仿。但不管那些参加保护性农业的拉美农民采取哪种替代方法，他们都必须想办法获得额外的资本投资。

采用保护性农业的不仅限于大型商业化农民。目前已针对有意采用保护性农业方法的小农制定了若干杂草控制机制（机械、生物和综合杂草管理策略）（Sims等人，2018[41]）。然而，与保护性农业在拉丁美洲资本密集的大型土地上迅速扩张相比，小农采用保护性农业的速度相对落后于世界其他地区（非洲和亚洲），这也为制定相应的农业政策提供了机会。

水

拉丁美洲的水资源相对丰富，90%以上的农业灌溉依靠降水完成。然而，人口增长和城市化给灌溉用水带来了很大的压力，同时，气候变化也会对其产生影响——预计整个地区的降水量将有所减少。

农业用水占拉丁美洲及加勒比地区淡水抽取量的68%，通过其国际贸易产品（主要是农产品），拉丁美洲及加勒比成为世界上向其他地区的净虚拟水出口地区（联合国环境规划署，2016[42]）。南美洲和中美洲的水浇地分别占总耕地的8%和

7%，而世界数据为17%（联合国粮农组织，2011[38]）。由于拉美国家的灌溉管理单位已将权力下放至用户，因此灌溉补贴已大幅减少。近年来，对灌溉的投资稳步下降，在过去几十年常见的大型灌溉项目如今已很少见到。目前，对灌溉基础设施的管理不善导致水资源流失。看起来，水资源管理、水资源政策和投资小型灌溉系统（政府在制定政策时经常忽略这一点）才是改进该地区灌溉效率和公平性的有效途径（Salcedo等，2011[18]）。

森林和森林砍伐

拉丁美洲在过去30年里失去了大片的森林面积。从1990—2015年，9%的林地（相当于9 030万公顷的面积）遭到砍伐，其中60%发生在巴西。虽然按绝对值计算，中美洲的森林面积不大，但在此期间，中美洲失去了25%的林地；南美洲失去了9.5%的林地，加勒比地区的林地面积增加了43.4%（联合国粮农组织，2015[43]）。

近年来，森林砍伐率有所下降，但拉丁美洲是近十年来持续森林砍伐的3个地区之一。2010—2015年，在全球森林面积净减少的前10个国家中，巴西居首位，森林面积减少了近100万公顷。巴拉圭、阿根廷和玻利维亚分别排名第六、第九和第十，各自失去了大约30万公顷森林面积。因此，该地区森林面积在土地总面积中占比从1990年的51.3%下降到了2015年的46.4%（联合国粮农组织，2018[44]）。

农业增长直接或间接地助长了森林砍伐。农业和环境政策、法律、法规以及监管和执行力度匮乏等，都是影响森林砍伐率的重要因素，任何环境法规的放松都会引发毁林风险。

除了对环境的贡献，政策制定者并不能总是看到森林的经济效益。因此，使人们进一步认识到森林经济效益和其在综合农林系统中的作用，将是有效打击毁林行为的关键。联合国粮农组织认为，关键的政策原则包括：①适当结合管制办法和奖励措施创建鼓励私营部门参与的有利环境；②投资改造非正式部门，使之正式；③将森林政策纳入更广泛的可持续发展议程。为此，需要获取与当地实际情况有关的信息、数据和分析，以便制定正确的决策（联合国联农组织，2018[44]）

《联合国减少发展中国家毁林和森林退化所致排放合作方案》（UN-REDD方案）和UN-REDD+都是打击毁林行为（以及其他预期效益）的关键机制。这些方案已在23个拉丁美洲及加勒比国家施行，与本土人民和其他以林业为主社区合作，共同发挥作用。

气候变化

由气候变化引起的可预见结果包括：长期干旱，降水和洪水愈演愈烈，气候模式变化莫测，病虫害类型、分布地区和密集度发生变化等。因此，气候变化可能会降低农业产量和牲畜生产率，使预计在2050年达到97亿的世界人口面临粮食安全风险。为此，我们亟须采取行动，增强农业对气候变化的适应能力。

但农业本身也是引起气候变化的一个因素。事实上，农业、林业和土地利用变化导致的温室气体排放几乎占全球温室气体排放总量的 1/4（24%）。电力和热量供应两个部门加在一起的温室排放比例最高，为 25%。在过去几十年里，由于反刍动物数量、对合成肥料的使用和森林砍伐量的增加，发展中国家的农业、林业及其他土地利用（AFOLU）排放呈现强劲上升趋势（1970—2000 年，农业的直接排放量增加了 54%）（Blandford 和 Hassapoyannes，2018[45]）。

拉美国家农业导致的温室气体排放量，在该地区温室气体排放总量中占比高达 75%（乌拉圭）（世界银行、热带农业教学研究中心、国际热带农业中心，2014[46]）。鉴于温室气体排放主要源自关键经济部门，因此这是一个十分棘手的局面。

从农业内部结构来看，畜牧业生产导致的温室气体排放占据了主要份额。拉丁美洲及加勒比地区的温室气体排放水平最高（图 2.19），在很大程度上是因为该地区主要从事专业化牛肉生产。无论这些国家在温室气体排放总量中占比如何，它们都迫切需要采取行动，减少因农业产生的温室气体排放。

图 2.19 2017 年按地区划分的牲畜温室气体排放

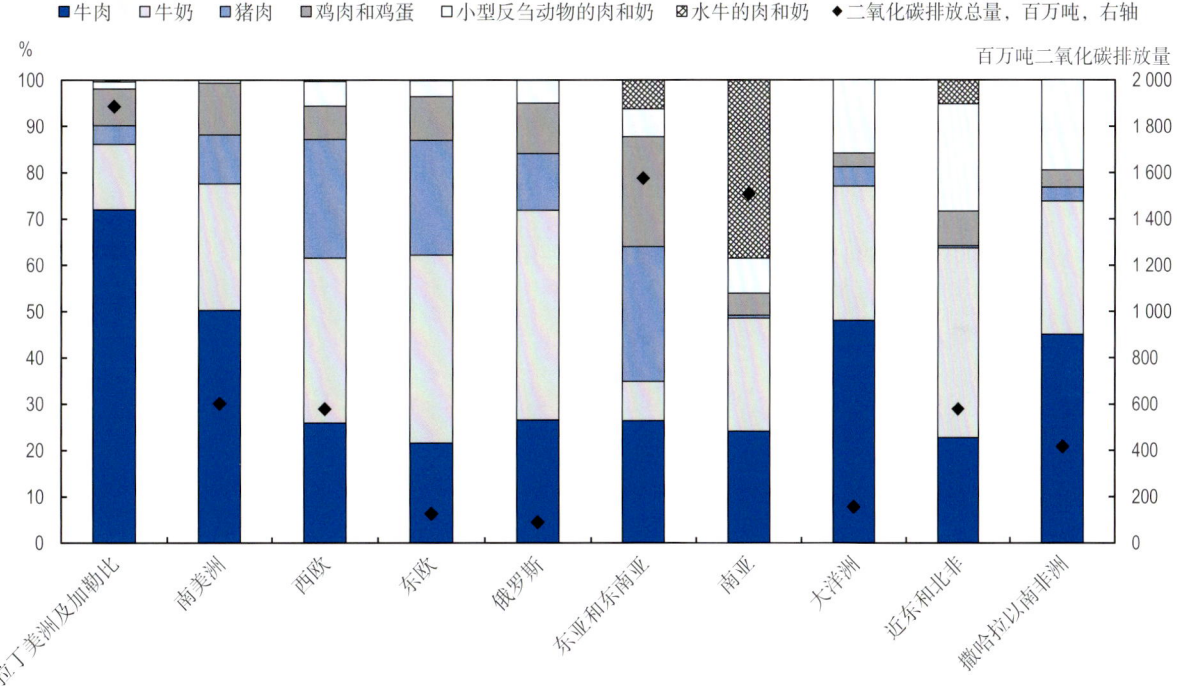

注：小型反刍动物指绵羊和山羊。
资料来源：联合国粮农组织，2017[47]。

在该地区最大的农业强国巴西，农业温室气体排放显著增加，这主要是由于该国肉牛养殖业的大规模扩张。牛的肠道发酵会产生并向空气中排放甲烷，草原上的粪便也会向空气中释放一氧化二氮。其他温室气体排放源所占比例较小（图 2.20）。虽然由农业引起温室气体直接排放有所增加，但由于森林砍伐率下降，农业、林业及其他土地利用引起的温室排放总量有所减少。

表 2.4　所选国家农业温室气体排放在温室气体排放总量中的占比

	农业温室气体排放在总量中占比（%）	农田占比（在农业温室气体排放总量中的占比，%）	牲畜占比（在农业温室气体排放总量中的占比，%）
阿根廷	44.3	52.9	47.1
哥伦比亚	38	58	49.2
哥斯达黎加	37	59.4	40.6
萨尔瓦多	22	49.5	50.5
格林纳达	0.02	75	25
墨西哥	12.3	50.2	49.8
尼加拉瓜	11.9	53.1	46.9
秘鲁	19	49.6	50.4
乌拉圭	75	44	56

资料来源：世界银行/国际热带农业中心（2015）。

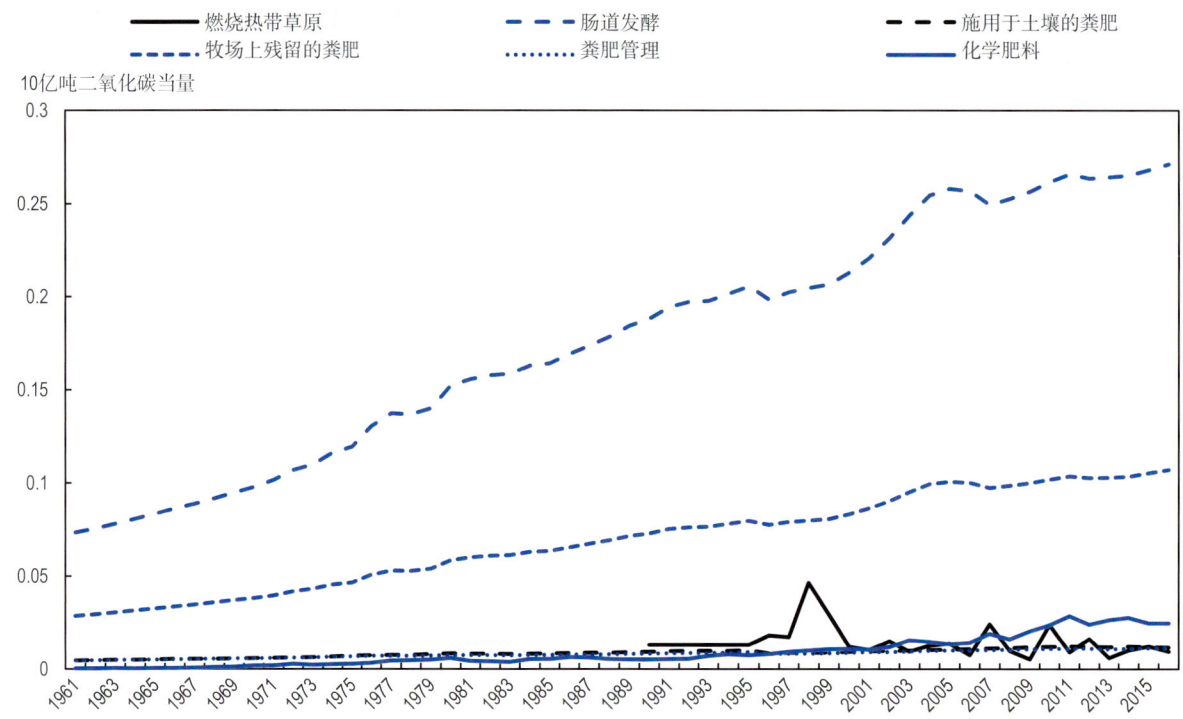

图 2.20　巴西：农业直接排放的源头

资料来源：联合国粮农组织，2018[15]。

在实现减缓气候变化目标的同时实现可持续农业增长

过去，拉美国家将农业生产目标放在比减少污染或温室气体排放更重要的位置，但并非所有国家都如此。阿根廷、伯利兹、玻利维亚、巴西、哥斯达黎加和墨西哥都已经能够在提高农业生产率的同时，实现对环境的保护（Moreno-Moreno、Velasco Morente 和 Sanz Diaz，2018[48]）。

已有若干示例说明可以通过遵循智能型农业实践，以可持续方式实现农业生产率增长。气候智能型农业基于以下三项基础：①以可持续方式提高生产率和收入；

②调整并打造对气候变化的适应能力；③尽可能减少和/或消除温室气体排放（联合国粮农组织，2013[49]）。根据这一定义，估计目前已有数百种智能型农业实践，并且得到了一定程度的应用。

人们对某些智能型农业实践已经做了细致研究，从6个关键方面评估这些实践的"智能性"：水资源利用效率、对碳储量的影响、氮利用效率、石化燃料的能源利用、对与天气相关风险的降低程度、在当地普及相关知识的作用。目前，已通过这些智能型农业实践在相关生产系统中的应用，对其进行了评估，在某些情况下，还根据农民类型（拥有土地规模大小）对实践进行了评估。世界银行、国际热带农业中心和若干国际机构根据"智能性"对拉丁美洲及加勒比地区10个国家、68个相关农业生产系统的304项智能型农业实践进行了排名。该地区最常见的几种智能型农业实践包括水资源管理、作物抗逆性和间作。拉丁美洲及加勒比地区的经济作物智能型农业实践占33%，谷物作物占28%、牲畜占21%、混合系统占15%、块茎占3%（Sova等人，2018[50]）。

以巴西为例，该国低碳农业计划（ABC计划）中就包括经证实能有效减少温室气体排放的智能型农业实践。该计划由7项政策组成，例如在退化的草场上重新造林、农牧林一体化、秸秆还林、生物固氮、人工林、动物粪便处理，以及其他适应气候变化的措施。就巴西畜牧业而言，这意味着"向更密集的牧场管理和肉类生产体系转变、改良作物品种、改进牛饲料（在不降低肉类总产量的前提下，减少牛在消化过程中排放的甲烷量）"（Arias等人，2017[2]）。

就总体而言，虽然政府制定了多项智能型农业实践，但却无法确保农民充分了解和应用这些实践。例如，在世界银行/国际热带农业中心（2014[46]）研究的10个拉丁美洲及加勒比国家智能型农业实践中，排名靠前的智能型农业实践应用率在大多数情况下都处于中低水平。小型家庭农场主不太可能采用这些技术，并且在国家内部也存在区域差异。

政府应尤其确保小型农场主能够获得智能型农业技术，同时制定适当的、旨在促进大型农场主采纳这些实践的激励措施。拉丁美洲及加勒比各国政府通过本国立法和制度规划，在多边论坛就应对气候变化做出了强有力的政治承诺，这看似是一个良好开端。

将气候变化纳入农业政策的主要议题并设计智能型农业战略和方案，无论在技术上、制度上还是财政上都不是一件容易的事（有关减缓气候变化的综合农业方法，请见（Blandford和Hassapoyannes，2018[45]））。人们需要根据当地的具体情况对可用智能型农业做出相应调整。对于那些处理生产率问题的传统机构而言，将环境问题整合起来绝非易事，反之亦然。此外，各国政府在执行智能型农业方案时还可能面临预算不足问题。

绿色气候基金会为智能型农业实践融资开辟了重要机遇。该基金会已开始资助拉美的一些智能型农业项目，在墨西哥、危地马拉、多米尼加共和国和巴拉圭的项目也已获得批准。除此之外，为了使农业在减缓气候变化中有效发挥作用，各国政府还需要寻找并获取其他国际财政资源，同时重新分配国内资源。

使农业增长更具包容性

拉美经济和农业预期增长本身，并不一定意味着小型家庭农场主可以从中获益。包容性增长（即小型家庭农场也从上述预期增长中获益）取决于小农场主目前对倍具活力且以出口为导向的农业部门的参与程度。从整体来看，小农对大豆、小麦、牛肉、猪肉、家禽和奶制品生产的参与度低，对咖啡、可可和一些热带水果生产的参与度高。此外，某些障碍（包括结构性障碍）依然阻碍小型家庭农场主有效参与有活力的农业市场，这也是政府面临的一项挑战，可以通过促进小农获取更多公共和私有服务、投入和产品市场来加以解决。

为实现有效的包容性农业增长，各国政府可能需要采取不同战略，包括继续执行社会保护方案，同时针对小型家庭农场主制订特别方案等。此外，还要加强与全球价值链的联系，减少男性和女性农民之间的不平等现象，并为农村青年提供更多机会。

事实证明，社会保护方案，尤其是有条件的现金转移方案在农村减贫方面取得了很大成功，各国政府很可能在今后继续实施这些方案。但是，需要根据每个农业部门的社会经济特点以及该部门融入全球价值链的程度，为这些方案搭配不同的政策和战略。为此，可划分4个广泛的农业部门类别：①有活力、以出口为导向、资本密集型、小农参与度低的农业部门（例如大豆、小麦、肉类）；②有活力、以出口为导向、劳动密集型（例如水果蔬菜）、小农参与度低的农业部门；③有活力、以出口为导向、劳动密集型、小农参与度高的农业部门（例如咖啡、可可、某些热带水果）；④相对缺乏活力、以国内市场为导向、小农参与度高的农业部门（例如谷物、豆类、块茎、水果、蔬菜、肉类、乳制品）。

对于"有活力、以出口为导向、资本密集型、小农参与度低"的第一类农业部门，以"集群"方式加强新兴农产品全球价值链，可以作为实现包容性农业增长的一个途径。通过这一途径聘用的农村人口，应参加根据当前价值链需求设计的专业化且有针对性的培训，同时还应支持一些创业举措，以便建立为面向出口农业部门和农产品价值链提供有竞争力服务的中小型农村企业。世界银行已对该地区乃至全世界的若干中小型企业项目提供了资金，并就中小型企业方案的效力开展了影响力评估，同时吸取了若干经验教训。国际农业开发基金会农业经济资本基金的目标之一便是资助中小型企业和年轻的农村企业家。根据适用于第一类农业部门的战略要求，创新（当地大学应发挥重要作用）和基础设施投资也将成为提高出口导向型部门生产率、并将其转化为有竞争力全球价值链的重要因素。

对于"有活力、以出口为导向、劳动密集型、小农参与度低"的第二类农业部门，包容性农业增长意味着促进体面的农村就业。拉丁美洲及加勒比地区的农村工人，尤其是青年工人，传统上一直从事不稳定且报酬微薄的工作，他们往往没有正式工作合同，也没有社会保险。促进体面的农村就业（可持续发展第八项目标具体指体面的工作）应有助于缩小当前城乡工资差距，提高农村现有就业质量。此外，对于参与此类农业部门的小农来说，加强社会资本和农民组织将有助于提高农业包容性。

对于"有活力、以出口为导向、劳动密集型、小农参与度高"的第三类农业部门，加强农民组织同样至关重要。此外，由于某些地区因气候变化将不再适合生产，针对第三类农业部门制定战略时还应考虑气候变化的影响，并寻求治理新型病虫害的更好方法。除了提高农业生产率以外，市场营销、产品差异化（有机、公平贸易、地理名称）、纵向一体化等也是制定此类战略的关键着眼点。

然而，大多数小农都属于"相对缺乏活力、以国内市场为导向、小农参与度高"的第四类农业部门（涵盖广泛的农产品类型）。在这种情况下，包容性农业增长并不一定意味着让小农从当前所处部门转向更具活力的出口导向型部门。相反，这一部门想要实现包容性增长，需要实施针对小型家庭农业部门的具体计划，以可持续方式提高生产率，并增加小农参与投入、服务和产品市场的机会。就一般情况而言，这将意味着降低小农一直以来面临的高交易成本，并为其制定实施可持续信贷和保险机制。已经有许多成功经验表明，拉美小型家庭农场主能够以可持续方式提高生产率，获得更多参与本地和全国市场的机会，甚至与大型农业综合企业进行合资（联合国粮农组织，2014[51]）。然而，这些成功举措的影响范围有限，原因是缺乏支持其扩大规模的坚实长久的制度安排。

拉美各国需要制定并实施针对小型家庭农场主的制度安排。在这一点上，该地区有两个突出例子：巴西实施的综合家庭农业计划（信贷、保险、销售支持等）、立法（例如由政府采购的学校食材中，有一定比例来自小农），以及建立最高级别机构（截至2018年，巴西已建立了一个专门致力于小农和土地改革的国家部门）。如果巴西没有建立这些制度安排，那么该国家庭农业部门在过去20年里就不可能取得这样的成功。隶属于智利农业部的农业发展研究所（INDAP）在过去60年里，一直通过一系列手段（信贷、技术援助、投资补贴、增加参与市场的机会、培训、灌溉基础设施等）支持小农发展，随着时间推移和具体情况的变化，该研究所也对这些手段做出了相应调整。

具体的制度安排应根据各国特点制定，但在未来10年，想要实现包容性农业增长一定离不开针对小型家庭农场主制定的制度安排，且这些制度安排应采取综合方法，同时侧重农业研究（气候智能型农业）、推广（借助当地知识和农民田间学校）、信贷和保险等方面的发展。

加强社会资本也被视为一种必要手段，不仅能够参与有活力的农业部门，而且能够提供有利的包容性模式。可以通过多种形式使小型家庭农场主融入农业价值链。较强的小农组织比较弱组织更有可能促进技术转移（避免采用自上而下的方法）、采用更好的作物管理实践，且有更好的效益（Ramirez等人，2018[52]）。因此，建立并加强社会资本在政府干预措施中具有更大的意义（社会资本过去是大型农村发展计划的一个组成部分，但随着时间推移，除了在多边组织项目中发挥作用外，已日益被忽视）。

随着男性持续向大城市或国外迁移，未来农业的女性化趋势很可能会持续下去。政府应采取行动缩小性别差异，这对生产率有很大影响。与男性农民相比，女性农民接受的教育较少，获取推广服务和农业信息的机会较少、使用的投入和信贷资源也较少。假如性别差异得以缩小，则农业产量有望增加20%~30%（联合国粮农组织，2011[38]）。因此，想要提高农业增长的包容性还应缩小农业领域的性别差异，主要方式包括将性别问题纳入农业政策主流事项，打击对女性的歧视行为，制定旨在缩小性别差异的干预措施，提高女性农民受教育程度，帮助她们获取更多参与农业投入、服务和产品市场的机会。

随着拉美农业人口老龄化，青年将成为农村人口中的另一脆弱群体，需要政府的额外关注。在2 090万农村青年人口（19~29岁）中，有1 190万人没有工作，即使是那些有工作的人也只有很低的薪酬，并且无法像城市就业青年那样享有社会保险或其他福利（Dirven，2016）。目前已有几项成功的举措记录在案，其中介绍了农村青年如何增加获得土地（墨西哥通过开展青年农村企业家和土地基金计划积累了相关经验）、知识、信息、教育、金融服务和市场的机会（联合国粮农组织，2014[53]）；目前，国际农业开发基金会和联合国粮农组织正在开展若干项以该地区农村青年为重点的项目。此外，还有许多创新举措，例如智利的"我是农村青年"计划（由智利农业部的农业发展研究所支持举办，并通过Facebook执行），正在建立一个将农村青年农民、工程师、企业家、教授等共同组成的社区，在这里，他们可以分享经验、提出问题、交换信息、建立创新型合作企业等。

在影响范围有限的小型项目或举措与全国范围内的综合战略之间建立一道桥梁，似乎是妥善解决农村青年问题的一个缺失环节。即使目前已出现了一些旨在将农村青年问题纳入政治议程的区域性或全国性举措，但其影响力十分有限。因此，政府给予政治承诺似乎是一个关键起点。最后，由于一个国家内部还可能存在巨大的地区差异，因此政府想要实现更具包容性的农业增长，就必须采取以地区具体情况出发的多样化方法。

结论

从农业对产出和就业的贡献以及作为一项外汇收入来源来看，农业是拉丁美洲及加勒比地区的一个主要部门。在过去20年里，大部分拉丁美洲及加勒比国家的农业部门都增长迅速，但预计在未来10年内，放缓的国内外市场需求将导致农业生产速度放缓。

贸易将有助于减轻生产放缓趋势。虽然预计全球农产品贸易将放缓，但拉丁美洲及加勒比地区凭借其众多产品的比较优势，将在全球市场占据更大份额。就玉米、大米和牛肉等几种大宗商品而言，海外需求增长强于国内需求增长，这意味着这些商品产量中将有更多份额用于出口。大部分出口商品都面向拉丁美洲及加勒比地区以外的市场，这也凸显了全球贸易开放对拉美国家的重要性。

支持可持续生产率增长的政策可以支持农业增长。但是，以战略投资形式提供、用于以可持续方式提高农业生产率的资金，还不到农业部门预算总支出的一半。有利于农业生产率可持续增长的投资领域包括农业研发、农村技术设施建设、发展农业有利环境等。有些政府花费在这些公益领域的支出不足。

与此同时，还要从环境角度提高农业增长的可持续性。拉丁美洲及加勒比地区有丰富的土地和水资源，但环境问题尤其是土壤侵蚀一直存在。此外，森林砍伐也一直是一项主要挑战。为了提高拉丁美洲及加勒比农业的环境效益，各国政府已采取了诸如保护性农业等一系列政策。这些政策与旨在减缓气候变化的政策（例如气候智能型农业）共同发挥作用，而重点加强对政策方案的评估将有助于指导这些方案的长期工作方向。

农业增长的好处可以惠及更广范围。高价值水果和蔬菜作物的强劲增长为小农提供了机会，但政府应根据不同小农的资源禀赋和市场潜力，制定差别化政策。同理，随着越来越多的男性从农业部门流失，解决农业女性化问题时，也需要制定差别化政策。通常来讲，女性获得教育、信贷和推广服务等有利于增加生产率服务的机会较少。

粮食安全问题在该地区依然存在，许多家庭仍无力购买他们所需的粮食。解决这一问题，归根结底就是确保提高最贫苦社区的收入——农业发展在解决这一挑战中发挥着重要作用。与此同时，拉丁美洲及加勒比地区的超重和肥胖人数也在迅速增加，已成为一项日益严重的公共健康问题。各国政府已采取了若干举措应对这些趋势，同时他们还应正确评估这些政策，以便扩大成功举措在国内的应用范围，乃至为其他国家所用。

表 2.5 拉丁美洲的营养政策

国家	政策	资料来源
		营养不良
阿根廷	提倡母乳喂养	Ministerio de Salud (2019), *Políticas de Salud*, Ministerio de Salud – Argentina, http://www.msal.gob.ar/images/stories/bes/graficos/0000001030cnt-modulo_5_politicas-salud.pdf（访问日期：2019 年 4 月 4 日）
	提供营养强化奶	Ministerio de Salud (2019), *Políticas de Salud*, Ministerio de Salud – Argentina, http://www.msal.gob.ar/images/stories/bes/graficos/0000001030cnt-modulo_5_politicas-salud.pdf（访问日期：2019 年 4 月 4 日）
巴西	国家粮食和营养保障体系	Ministério do Desenvolvimento Social e Combate à Fome (2014), *Estratégia Intersetorial de Prevenção e Controle da Obesidade: Recomendações para Estados e Municípios*, Ministério do Desenvolvimento Social e Combate à Fome – Brasil, http://www.mds.gov.br/webarquivos/publicacao/seguranca_alimentar/estrategia_prevencao_obesidade.pdf（访问日期：2019 年 4 月 4 日）
	粮食分配计划	Ministério da Saúde (2019), *Portal do Departamento de Atenção Básica - Desnutrição*, http://dab.saude.gov.br/portaldab/ape_pcan.php?conteudo=desnutricao（访问日期：2019 年 4 月 4 日） Ministério da Saúde (2019), *Portal do Departamento de Atenção Básica – Fortificação da alimentação infantil com micronutrientes em pó (NutriSUS)*, http://dab.saude.gov.br/portaldab/ape_pcan.php?conteudo=nutrisus（访问日期：2019 年 4 月 4 日）

(续表)

国家	政策	资料来源
	监测 5 岁以下儿童的营养状况	Ministério da Saúde (2019), *Portal do Departamento de Atenção Básica - Desnutrição*, http://dab.saude.gov.br/portaldab/ape_pcan.php?conteudo=desnutricao（访问日期：2019 年 4 月 4 日）
	预防特定的营养缺乏症	Ministério da Saúde (2019), *Portal do Departamento de Atenção Básica - Desnutrição*, http://dab.saude.gov.br/portaldab/ape_pcan.php?conteudo=desnutricao（访问日期：2019 年 4 月 4 日）
	提倡母乳喂养	Ministry of Health of Brazil (2013), *PNAN – National Food and Nutrition Policy*, Ministry of Health of Brazil – Brasília-DF, http://189.28.128.100/dab/docs/portaldab/publicacoes/national_food_nutrition_policy.pdf（访问日期：2019 年 4 月 4 日）
智利	国家补充性粮食计划（PNAC 和 PACAM）	Ministerio de Salud (2019), *Políticas Públicas en Alimentación y Nutrición*, https://www.minsal.cl/politicas-publicas-en-alimentacion-y-nutricion/（访问日期：2019 年 4 月 4 日）
墨西哥	粮食分配计划	Gobierno de México – *Programa de Inclusión Social PROSPERA (2019), Día mundial de la alimentación*, https://www.gob.mx/prospera/articulos/dia-mundial-de-la-alimentacion-178687?idiom=es（访问日期：2019 年 4 月 4 日） Gobierno de México – *Programa de Abasto Social de Leche (2019)*, https://www.gob.mx/liconsa/acciones-y-programas/programa-de-abasto-social-de-leche（访问日期：2019 年 4 月 4 日）
	提倡母乳喂养	Secretaría de Salud (2013), *Estrategia Nacional para La Prevención y el Control del Sobrepeso, la Obesidad y la Diabetes*, Secretaría de Salud – México, https://www.gob.mx/cms/uploads/attachment/file/276108/estrategia_sobrepeso_diabetes_obesidad.pdf（访问日期：2019 年 4 月 4 日）
	营养过剩：饮食指南	
阿根廷	饮食指南	Ministerio de Salud (2019), *Mensajes y gráfica de las Guías Alimentarias para la Población Argentina*, http://www.msal.gob.ar/ent/index.php/component/content/article/9-informacion-ciudadanos/482-mensajes-y-grafica-de-las-guias-alimentarias-para-la-poblacion-argentina（访问日期：2019 年 4 月 4 日）
巴西	饮食指南	Ministério da Saúde (2019), *Guia alimentar para a população brasileira*, http://dab.saude.gov.br/portaldab/biblioteca.php?conteudo=publicacoes/guia_alimentar2014（访问日期：2019 年 4 月 4 日） Ministério da Saúde (2019), *Portal do Departamento de Atenção Básica – Programa Saúde na Escola*, http://dab.saude.gov.br/portaldab/pse.php（访问日期：2019 年 4 月 4 日）
智利	饮食指南	Ministerio de Salud (2015), *Guía de Alimentación del Niño(a) Menor de 2 años*, http://www.crececontigo.gob.cl/wp-content/uploads/2016/01/Guia-alimentacion-menor-de-2.pdf（访问日期：2019 年 4 月 4 日） Ministerio de Salud (2013), *Estudio para Revisión y Actualización de las Guías Alimentarias para la Población Chilena*, https://www.minsal.cl/portal/url/item/dde0bc471a56a001e040010165012224.pdf（访问日期：2019 年 4 月 4 日）
墨西哥	饮食指南	Secretaría de Educación Pública (2019) – *Lineamientos generales para el expendio y distribución de alimentos y bebidas preparados y procesados en las escuelas del Sistema Educativo Nacional*, http://alimentosescolares.insp.mx/alimentacion/（访问日期：2019 年 4 月 4 日）
	营养过剩：教育项目	
阿根廷	健康饮食教育	Ministerio de Salud (2019), *Programa Nacional de Alimentación Saludable y Prevención de la Obesidad*, Ministerio de Salud – Argentina, http://www.msal.gob.ar/ent/images/stories/programas/pdf/2016-09_resolucion-732-programa-nacional-alimentacion-saludable.pdf（访问日期：2019 年 4 月 4 日）

(续表)

国家	政策	资料来源
巴西	在校园种植蔬菜	Ministério da Educação (2019), *Programa Nacional de Alimentação Escolar (PNAE) – Educação Alimentar e Nutricional (EAN)*, http://www.fnde.gov.br/programas/pnae/pnae-eixos-de-atuacao/pnae-educacao-alimentar-nutricional（访问日期：2019年4月4日）
智利	"健康生活计划"	Ministerio de Salud (2019), *Intervención en factores de riesgo de enfermedades no transmisibles*, http://ssms.cl/como-me-cuido/programas-de-salud/vida-sana/（访问日期：2019年4月4日）
墨西哥	改善营养信息	Secretaría de Salud (2013), *Estrategia Nacional para La Prevención y el Control del Sobrepeso, la Obesidad y la Diabetes*, Secretaría de Salud – México, https://www.gob.mx/cms/uploads/attachment/file/276108/estrategia_sobrepeso_diabetes_obesidad.pdf（访问日期：2019年4月4日）
	在校园种植蔬菜	Secretaría de Agricultura y Desarrollo Rural (2018) – *Huertos Escolares, Enseñanza y Alimentación*, https://www.gob.mx/sader/es/articulos/huertos-escolares-ensenanza-y-alimentacion（访问日期：2019年4月4日）
	营养过剩：产品配方调整	
阿根廷	与食品行业达成的减少加工食品中钠、糖、脂肪含量的协议	Ministerio de Salud (2019), *Menos Sal + Vida*, http://www.msal.gob.ar/ent/index.php/informacion-para-ciudadanos/menos-sal--vida（访问日期：2019年4月4日）
	为餐馆、商店等提供健康食品制备培训	Ministerio de Salud (2019), *Programa Nacional de Alimentación Saludable y Prevención de la Obesidad*, Ministerio de Salud – Argentina, http://www.msal.gob.ar/ent/images/stories/programas/pdf/2016-09_resolucion-732-programa-nacional-alimentacion-saludable.pdf（访问日期：2019年4月4日）
巴西	与食品行业达成的减少加工食品中反式脂肪、糖和钠含量的自愿协议	Ministério da Saúde (2019), *Portal do Departamento de Atenção Básica – Redução de Sódio, Açúcar e Gordura Trans*, http://dab.saude.gov.br/portaldab/ape_promocao_da_saude.php?conteudo=reducao（访问日期：2019年4月4日）
智利	与智利超市协会（ASACH）和智利面包师行业协会（FECHIPAN）达成的减少面包中钠含量的自愿协议	Ministerio de Salud (2019), *Políticas Públicas en Alimentación y Nutrición*, https://www.minsal.cl/politicas-publicas-en-alimentacion-y-nutricion/（访问日期：2019年4月4日）
墨西哥	与食品行业达成的自愿协议	Secretaría de Salud (2013), *Estrategia Nacional para la Prevención y el Control del Sobrepeso, la Obesidad y la Diabetes*, Secretaría de Salud – México, https://www.gob.mx/cms/uploads/attachment/file/276108/estrategia_sobrepeso_diabetes_obesidad.pdf（访问日期：2019年4月4日）
	营养过剩：警示标识	
巴西	就食品标签监管提供公共咨询	Agência Nacional de Vigilância Sanitária – ANVISA (2019), *Relatório Preliminar de Análise de Impacto Regulatório sobre Rotulagem Nutricional*, http://portal.anvisa.gov.br/documents/33880/4712786/Resultado+preliminar+da+TPS/7d4e17d2-804d-401c-a3a3-a19de2c8219a（访问日期：2019年4月4日）
智利	高含量标签：糖、饱和脂肪、钠和卡路里	Ministerio de Salud (2019), *Ley de Alimentos – Nuevo Etiquetado de Alimentos*, https://www.minsal.cl/ley-de-alimentos-nuevo-etiquetado-de-alimentos/（访问日期：2019年4月4日）
墨西哥	食品标签监管	Secretaría de Salud (2013), *Estrategia Nacional para la Prevención y el Control del Sobrepeso, la Obesidad y la Diabetes*, Secretaría de Salud – México, https://www.gob.mx/cms/uploads/attachment/file/276108/estrategia_sobrepeso_diabetes_obesidad.pdf（访问日期：2019年4月4日）
	营养过剩：广告法规	
阿根廷	食品广告监管	Ministerio de Salud (2019), *Publicidad de Productos para la Salud*, Ministerio de Salud – Argentina, http://www.anmat.gov.ar/comunicados/comunicado-publicidad-consumidores.pdf（访问日期：2019年4月4日）

（续表）

国家	政策	资料来源
巴西	食品广告监管	Ministério da Saúde (2019), *Portal do Departamento de Atenção Básica – Publicidade de Alimentos*, http://dab.saude.gov.br/portaldab/ape_promocao_da_saude.php?conteudo=publicidade（访问日期：2019 年 4 月 4 日） Ministry of Health (Ano?), *Public Health and Regulation of Food Publicity*, Ministry of Health – Brazil, http://189.28.128.100/dab/docs/portaldab/documentos/regulamentaPublicidadeAlimentosEnglish.pdf（访问日期：2019 年 4 月 4 日）
智利	食品广告监管	Ministerio de Salud (2019), *Ley de Alimentos – medidas respecto a la publicidade de alimentos*, https://www.minsal.cl/ley-de-alimentos-medidas-respecto-a-la-publicidad-de-alimentos/（访问日期：2019 年 4 月 4 日）
	限制对儿童健康不利的食品广告	Ministerio de Salud (2019), *Ley de Alimentos – medidas respecto a la publicidade de alimentos*, https://www.minsal.cl/ley-de-alimentos-medidas-respecto-a-la-publicidad-de-alimentos/（访问日期：2019 年 4 月 4 日）
墨西哥	食品广告监管	Secretaría de Salud (2013), *Estrategia Nacional para la Prevención y el Control del Sobrepeso, la Obesidad y la Diabetes*, Secretaría de Salud – México, https://www.gob.mx/cms/uploads/attachment/file/276108/estrategia_sobrepeso_diabetes_obesidad.pdf（访问日期：2019 年 4 月 4 日）
	对校内食品和饮品的监管	Secretaría de Salud (2013), *Estrategia Nacional para la Prevención y el Control del Sobrepeso, la Obesidad y la Diabetes*, Secretaría de Salud – México, https://www.gob.mx/cms/uploads/attachment/file/276108/estrategia_sobrepeso_diabetes_obesidad.pdf（访问日期：2019 年 4 月 4 日）
营养过剩：关于不健康产品成分的规定		
阿根廷	对关于限制食品中反式脂肪（AGT）食品法典的改革	Ministerio de Salud (2017), *Alimentación Saludable, Sobrepeso y Obesidade en Argentina*, Ministerio de Salud – Argentina, http://www.msal.gob.ar/images/stories/ryc/graficos/0000001137cnt-2017-09_cuadernillo-obesidad.pdf（访问日期：2019 年 4 月 4 日）
	减少盐消费的法律	Ministerio de Salud (2018), *Nueva reducción de sódio en alimentos procesados*, https://www.argentina.gob.ar/noticias/nueva-reduccion-de-sodio-en-alimentos-procesados（访问日期：2019 年 4 月 4 日）
巴西	监管食品中的钠、糖和脂肪含量	Ministério da Saúde (2019), *Portal do Departamento de Atenção Básica – Redução de Sódio, Açúcar e Gordura Trans*, http://dab.saude.gov.br/portaldab/ape_promocao_da_saude.php?conteudo=reducao（访问日期：2019 年 4 月 4 日） Ministério da Saúde (2019), *Nota Técnica: Ações do Governo Brasileiro sobre as Gorduras Trans*, Ministério da Saúde – Brasil, http://189.28.128.100/dab/docs/portaldab/documentos/nota_imprensa_gorduras_trans.pdf（访问日期：2019 年 4 月 4 日）
智利	食品监测和管制项目	Ministerio de Salud (2019), *Políticas Públicas en Alimentación y Nutrición*, https://www.minsal.cl/politicas-publicas-en-alimentacion-y-nutricion/（访问日期：2019 年 4 月 4 日）
营养过剩：财政措施		
智利	含糖饮料税	Biblioteca de Congreso Nacional de Chile – BCN (2014), *Ley 20780 - Reforma Tributaria que Modifica el Sistema de Tributación de la Renta e Introduce Diversos Ajustes en el Sistema Tributario*, https://www.leychile.cl/Navegar?idNorma=1067194&idParte=0&idVersion=（访问日期：2019 年 4 月 4 日）
墨西哥	不健康食品税	Gobierno de México (2019), *Lo que todo Contribuyente debe saber*, Procuradoria de la Defensa del Contribuyente – Mexico, https://www.gob.mx/cms/uploads/attachment/file/64513/Lo_que_Todo_Contribuyente_debe_de_saber.pdf（访问日期：2019 年 4 月 4 日）

(续表)

国家	政策	资料来源
巴西	在校园种植蔬菜	Ministério da Educação (2019), *Programa Nacional de Alimentação Escolar (PNAE) – Educação Alimentar e Nutricional (EAN)*, http://www.fnde.gov.br/programas/pnae/pnae-eixos-de-atuacao/pnae-educacao-alimentar-nutricional（访问日期：2019年4月4日）
智利	"健康生活计划"	Ministerio de Salud (2019), *Intervención en factores de riesgo de enfermedades no transmisibles*, http://ssms.cl/como-me-cuido/programas-de-salud/vida-sana/（访问日期：2019年4月4日）
墨西哥	改善营养信息	Secretaría de Salud (2013), *Estrategia Nacional para La Prevención y el Control del Sobrepeso, la Obesidad y la Diabetes*, Secretaría de Salud – México, https://www.gob.mx/cms/uploads/attachment/file/276108/estrategia_sobrepeso_diabetes_obesidad.pdf（访问日期：2019年4月4日）
	在校园种植蔬菜	Secretaría de Agricultura y Desarrollo Rural (2018) – *Huertos Escolares, Enseñanza y Alimentación*, https://www.gob.mx/sader/es/articulos/huertos-escolares-ensenanza-y-alimentacion（访问日期：2019年4月4日）
	营养过剩：产品配方调整	
阿根廷	与食品行业达成的减少加工食品中钠、糖、脂肪含量的协议	Ministerio de Salud (2019), *Menos Sal + Vida*, http://www.msal.gob.ar/ent/index.php/informacion-para-ciudadanos/menos-sal--vida（访问日期：2019年4月4日）
	为餐馆、商店等提供健康食品制备培训	Ministerio de Salud (2019), *Programa Nacional de Alimentación Saludable y Prevención de la Obesidad*, Ministerio de Salud – Argentina, http://www.msal.gob.ar/ent/images/stories/programas/pdf/2016-09_resolucion-732-programa-nacional-alimentacion-saludable.pdf（访问日期：2019年4月4日）
巴西	与食品行业达成的减少加工食品中反式脂肪、糖和钠含量的自愿协议	Ministério da Saúde (2019), *Portal do Departamento de Atenção Básica – Redução de Sódio, Açúcar e Gordura Trans*, http://dab.saude.gov.br/portaldab/ape_promocao_da_saude.php?conteudo=reducao（访问日期：2019年4月4日）
智利	与智利超市协会（ASACH）和智利面包师行业协会（FECHIPAN）达成的减少面包中钠含量的自愿协议	Ministerio de Salud (2019), *Políticas Públicas en Alimentación y Nutrición*, https://www.minsal.cl/politicas-publicas-en-alimentacion-y-nutricion/（访问日期：2019年4月4日）
墨西哥	与食品行业达成的自愿协议	Secretaría de Salud (2013), *Estrategia Nacional para la Prevención y el Control del Sobrepeso, la Obesidad y la Diabetes*, Secretaría de Salud – México, https://www.gob.mx/cms/uploads/attachment/file/276108/estrategia_sobrepeso_diabetes_obesidad.pdf（访问日期：2019年4月4日）
	营养过剩：警示标识	
巴西	就食品标签监管提供公共咨询	Agência Nacional de Vigilância Sanitária – ANVISA (2019), *Relatório Preliminar de Análise de Impacto Regulatório sobre Rotulagem Nutricional*, http://portal.anvisa.gov.br/documents/33880/4712786/Resultado+preliminar+da+TPS/7d-4e17d2-804d-401c-a3a3-a19de2c8219a（访问日期：2019年4月4日）
智利	高含量标签：糖、饱和脂肪、钠和卡路里	Ministerio de Salud (2019), *Ley de Alimentos – Nuevo Etiquetado de Alimentos*, https://www.minsal.cl/ley-de-alimentos-nuevo-etiquetado-de-alimentos/（访问日期：2019年4月4日）
墨西哥	食品标签监管	Secretaría de Salud (2013), *Estrategia Nacional para la Prevención y el Control del Sobrepeso, la Obesidad y la Diabetes*, Secretaría de Salud – México, https://www.gob.mx/cms/uploads/attachment/file/276108/estrategia_sobrepeso_diabetes_obesidad.pdf（访问日期：2019年4月4日）
	营养过剩：广告法规	
阿根廷	食品广告监管	Ministerio de Salud (2019), *Publicidad de Productos para la Salud*, Ministerio de Salud – Argentina, http://www.anmat.gov.ar/comunicados/comunicado-publicidad-consumidores.pdf（访问日期：2019年4月4日）

(续表)

国家	政策	资料来源
巴西	食品广告监管	Ministério da Saúde (2019), *Portal do Departamento de Atenção Básica – Publicidade de Alimentos*, http://dab.saude.gov.br/portaldab/ape_promocao_da_saude.php?conteudo=publicidade（访问日期：2019年4月4日） Ministry of Health (Ano?), *Public Health and Regulation of Food Publicity*, Ministry of Health – Brazil, http://189.28.128.100/dab/docs/portaldab/documentos/regulamentaPublicidadeAlimentosEnglish.pdf（访问日期：2019年4月4日）
智利	食品广告监管	Ministerio de Salud (2019), *Ley de Alimentos – medidas respecto a la publicidade de alimentos*, https://www.minsal.cl/ley-de-alimentos-medidas-respecto-a-la-publicidad-de-alimentos/（访问日期：2019年4月4日）
	限制对儿童健康不利的食品广告	Ministerio de Salud (2019), *Ley de Alimentos – medidas respecto a la publicidade de alimentos*, https://www.minsal.cl/ley-de-alimentos-medidas-respecto-a-la-publicidad-de-alimentos/（访问日期：2019年4月4日）
墨西哥	食品广告监管	Secretaría de Salud (2013), *Estrategia Nacional para la Prevención y el Control del Sobrepeso, la Obesidad y la Diabetes*, Secretaría de Salud – México, https://www.gob.mx/cms/uploads/attachment/file/276108/estrategia_sobrepeso_diabetes_obesidad.pdf（访问日期：2019年4月4日）
	对校内食品和饮品的监管	Secretaría de Salud (2013), *Estrategia Nacional para la Prevención y el Control del Sobrepeso, la Obesidad y la Diabetes*, Secretaría de Salud – México, https://www.gob.mx/cms/uploads/attachment/file/276108/estrategia_sobrepeso_diabetes_obesidad.pdf（访问日期：2019年4月4日）
营养过剩：关于不健康产品成分的规定		
阿根廷	对关于限制食品中反式脂肪（AGT）食品法典的改革	Ministerio de Salud (2017), *Alimentación Saludable, Sobrepeso y Obesidade en Argentina*, Ministerio de Salud – Argentina, http://www.msal.gob.ar/images/stories/ryc/graficos/0000001137cnt-2017-09_cuadernillo-obesidad.pdf（访问日期：2019年4月4日）
	减少盐消费的法律	Ministerio de Salud (2018), *Nueva reducción de sódio en alimentos procesados*, https://www.argentina.gob.ar/noticias/nueva-reduccion-de-sodio-en-alimentos-procesados（访问日期：2019年4月4日）
巴西	监管食品中的钠、糖和脂肪含量	Ministério da Saúde (2019), *Portal do Departamento de Atenção Básica – Redução de Sódio, Açúcar e Gordura Trans*, http://dab.saude.gov.br/portaldab/ape_promocao_da_saude.php?conteudo=reducao（访问日期：2019年4月4日） Ministério da Saúde (2019), *Nota Técnica: Ações do Governo Brasileiro sobre as Gorduras Trans*, Ministério da Saúde – Brasil, http://189.28.128.100/dab/docs/portaldab/documentos/nota_imprensa_gorduras_trans.pdf（访问日期：2019年4月4日）
智利	食品监测和管制项目	Ministerio de Salud (2019), *Políticas Públicas en Alimentación y Nutrición*, https://www.minsal.cl/politicas-publicas-en-alimentacion-y-nutricion/（访问日期：2019年4月4日）
营养过剩：财政措施		
智利	含糖饮料税	Biblioteca de Congreso Nacional de Chile – BCN (2014), *Ley 20780 - Reforma Tributaria que Modifica el Sistema de Tributación de la Renta e Introduce Diversos Ajustes en el Sistema Tributario*, https://www.leychile.cl/Navegar?idNorma=1067194&idParte=0&idVersion=（访问日期：2019年4月4日）
墨西哥	不健康食品税	Gobierno de México (2019), *Lo que todo Contribuyente debe saber*, Procuradoria de la Defensa del Contribuyente – Mexico, https://www.gob.mx/cms/uploads/attachment/file/64513/Lo_que_Todo_Contribuyente_debe_de_saber.pdf（访问日期：2019年4月4日）

（续表）

国家	政策	资料来源
		营养过剩：体育活动
阿根廷	"越运动越健康"计划	Ministerio de Salud (2019), *Argentina presentó la implementación del plan "Más Activos, Más Saludables"*, http://www.msal.gob.ar/ent/index.php?option=com_content&view=article&id=602:argentina-presento-la-implementacion-del-plan-mas-activos-mas-saludables-en-un-encuentro-internacional-de-politicas-publicas-de-cultura-fisica-en-ecuador&catid=6:destacados-slide602（访问日期：2019年4月4日）
巴西	公共场所健身计划	Ministério da Saúde (2019), *Programa Academia da Saúde*, http://dab.saude.gov.br/portaldab/ape_academia_saude.php?conteudo=sobre_academia（访问日期：2019年4月4日）
智利	"健康生活项目"	Ministerio de Salud (2019), *Intervención en factores de riesgo de enfermedades no transmisibles*, http://ssms.cl/como-me-cuido/programas-de-salud/vida-sana/（访问日期：2019年4月4日）
墨西哥	促进学校体育活动	Secretaría de Gobernación (2014), *Programa Nacional de Cultura Física y Deporte 2014-2018*, http://www.dof.gob.mx/nota_detalle.php?codigo=5342830&fecha=30/04/2014（访问日期：2019年4月4日） Comisión Nacional de Cultura Física y Deporte (2017), *Estrategia Nacional de Activación Física*, https://www.gob.mx/conade/acciones-y-programas/muevete-en-30-30m（访问日期：2019年4月4日）

注：表2.2的补充信息。

资料来源：经合组织－粮农组织秘书处。

参考文献

[1] World Bank (2019), *World Development Indicators (WDI)*, World Bank, Washington, D.C., https://datacatalog.worldbank.org/dataset/world-development-indicators (accessed on 5 April 2019).

[2] Arias, D. et al. (2017), *Agriculture Productivity Growth in Brazil: Recent Trends and Future Prospects*, http://dx.doi.org/10.1596/29437.

[3] CEPAL (2018), *Panorama Social de América Latina 2017*, http://www.cepal.org/es/suscripciones (accessed on 1 April 2019).

[4] Food and Agriculture Organization of the UN (FAO) (2018), *Panorama de la Pobreza Rural en América Latina y el Caribe*, FAO, Santiago, Chile, http://www.fao.org/3/CA2275ES/ca2275es.pdf (accessed on 4 April 2019).

[5] Food and Agriculture Organization of the UN (FAO) et al. (2018), *Panorama de la Seguridad Alimentaria y Nutricional en América Latina y el Caribe 2018*, http://www.fao.org/3/CA2127ES/CA2127ES.pdf (accessed on 4 April 2019).

[6] Rada, N., S. Helfand and M. Magalhães (2018), "Agricultural productivity growth in Brazil: Large and small farms excel", *Food Policy*, http://dx.doi.org/10.1016/J.FOODPOL.2018.03.014.

[7] Stads, G. et al. (2016), *A Cross-Country Analysis of Institutions, Investment, and Capacities*, Inter-American Development Bank (IDB), International Food Policy Research Institute (IFPRI), https://www.asti.cgiar.org/sites/default/files/pdf/LACRegionalReport2016.pdf (accessed on 5 April 2019).

[8] OECD/FAO (2015), *OECD-FAO Agricultural Outlook 2015*, OECD Publishing, Paris, https://dx.doi.org/10.1787/agr_outlook-2015-en.

[9] Bisang, R., G. Anlló and M. Campi (2015), "Políticas Tecnológicas para la Innovación: La Producción Agrícola Argentina", http://www.scioteca.caf.com/handle/123456789/773 (accessed on 1 April 2019).

[10] Romero Galaz, M. and M. Solar García (eds.) (2014), *50 Años del Instituto de Investigaciones Agropecuarias: Liderando el Desarrollo de la Agricultura de Chile*, Instituto de Investigaciones Agropecuarias (INIA), Santiago, Chile.

[11] González-Estrada, A. (2016), *Contribuciones Económicas y Sociales del INIFAP al Desarrollo de la Agricultura Mexicana*, Instituto Nacional de Investigaciones Forestales, Agrícolas y Pecuarias, https://www.redalyc.org/articulo.oa?id=263149504008 (accessed on 4 April 2019).

[12] Fuglie, K. and S. Wang (2012), *Productivity Growth in Global Agriculture Shifting to Developing Countries*, Agricultural and Applied Economics Association (AAEA), http://www.choicesmagazine.org/choices-magazine/submitted-articles/productivity-growth-in-global-agriculture-shifting-to-developing-countries (accessed on 4 April 2019).

[13] Chang, H. and L. Zepeda (2001), "Agricultural Productivity for Sustainable Food Security in Asia and the Pacific: the Role of Investment", in Zepeda, L. (ed.), *Agricultural investment and productivity in developing countries*, Food and Agriculture Organization of the United Nations, Rome, Italy, http://www.fao.org/3/x9447e/x9447e00.htm (accessed on 1 April 2019).

[14] Leporati, M. et al. (2014), "La agricultura familiar en cifras", in Salcedo, S. and L. Guzmán (eds.), , *Agricultura Familiar en América Latina y el Caribe: Recomendaciones de Política*, Food and Agriculture Organization of the UN (FAO), Santiago, Chile, http://www.fao.org/3/i3788s/i3788s.pdf (accessed on 4 April 2019).

[15] Food and Agriculture Organization of the UN (FAO) (2018), *FAOSTAT Database*, http://www.fao.org/faostat/en/#data.

[16] Sotomayor, O. and M. Namdar-Irani (2016), "Tendencias Estructurales en la Agricultura de América Latina y Desafíos para la Política Pública", *mimeo*.

[17] UN Economic Commission for Latin America and the Caribbean (UNECLAC); Food and Agriculture Organization of the UN (FAO); Inter-American Institute for Cooperation on Agriculture (IICA) (2017), *Perspectivas de la agricultura y del desarrollo rural en las Américas: una mirada hacia América Latina y el Caribe 2017-2018*, http://www.fao.org/3/i8048es/I8048ES.pdf (accessed on 1 April 2019).

[18] Salcedo, S. et al. (2011), "Agricultural and Rural Development", in Ocampo, J. and J. Ros (eds.), *The Oxford Handbook of Latin American Economics*, Oxford University Press, http://dx.doi.org/10.1093/oxfordhb/9780199571048.013.0024.

[19] WFP-ECLAC (2017), *Economic Commission for Latin America and the Caribbean The cost of the double burden of malnutrition: Social and economic impact*, http://www.cepal.org/es/areas-de-trabajo/desarrollo-social (accessed on 15 March 2019).

[20] Graf, S. and M. Cecchini (2017), "Diet, physical activity and sedentary behaviours: Analysis of

[20] trends, inequalities and clustering in selected oecd countries", *OECD Health Working Papers*, No. 100, OECD Publishing, Paris, https://dx.doi.org/10.1787/54464f80-en.

[21] WHO (2019), *http://www.who.int/en/news-room/fact-sheets/detail/obesity-and-overweight*, http://www.who.int/en/news-room/fact-sheets/detail/obesity-and-overweight (accessed on 8 November 2018).

[22] Devaux, M. and F. Sassi (2015), *OECD iLibrary | The Labour Market Impacts of Obesity, Smoking, Alcohol Use and Related Chronic Diseases*, https://www.oecd-ilibrary.org/social-issues-migration-health/the-labour-market-impacts-of-obesity-smoking-alcohol-use-and-related-chronic-diseases_5jrqcn5fpv0v-en (accessed on 4 November 2018).

[23] WHO (2019), *Global Health Observatory data repository | By category | Overweight / Obesity*, WHO, http://apps.who.int/gho/data/node.main.A896?lang=en (accessed on 15 March 2019).

[24] World Health Organization (WHO) (2019), "Global Health Observatory data repository", *Prevalance of overweight and obesity, age-standardized*, http://apps.who.int/gho/data/node.main.A896?lang=en.

[25] (UN), U. (2017), "Department of Economic and Social Affairs, Population Division", *World Population Prospects: The 2017 Revision, DVD Edition.*.

[26] WHO (2019), *Healthy diet*, https://www.who.int/news-room/fact-sheets/detail/healthy-diet (accessed on 7 February 2019).

[27] Renewable Energy Policy Network for the 21st century (REN21) (2018), *Renewables 2018 Global Status Report*, http://www.ren21.net/wp-content/uploads/2018/06/17-8652_GSR2018_FullReport_web_-1.pdf/ (accessed on 5 April 2019).

[28] Sänger, C. (2018), *State of the global coffee market*, United Nations Conference on Trade and Development (UNCTAD), Geneva, Switzerland, https://unctad.org/meetings/en/Presentation/MYEM2018_Christoph%20Saenger_25042018.pdf (accessed on 5 April 2019).

[29] Food and Agriculture Organization of the UN (FAO) (2018), *The State of World Fisheries and Aquaculture 2018 - Meeting the sustainable development goals*, FAO, Rome, Italy, http://www.fao.org/3/i9540en/I9540EN.pdf (accessed on 4 April 2019).

[30] UN Statistics Division (UNSD) (2019), *UN Comtrade*, https://comtrade.un.org/data.

[31] Greenville, J., K. Kawasaki and R. Beaujeu (2017), "How policies shape global food and agriculture value chains", *OECD Food, Agriculture and Fisheries Papers*, No. 100, OECD Publishing, Paris, https://dx.doi.org/10.1787/aaf0763a-en.

[32] O'Neill, J. (2016), *Tackling Drug-Resistant Infections Globally: Final Report and Recommendations*, The review on antimicrobial resistance, London, United Kingdom, https://amr-review.org/sites/default/files/160525_Final%20paper_with%20cover.pdf (accessed on 4 April 2019).

[33] Food and Agriculture Organization of the UN (FAO) (2012), *The State of Food and Agriculture 2012*, http://www.fao.org/3/a-i3028e.pdf (accessed on 4 April 2019).

[34] OECD (2014), *Policy Framework for Investment in Agriculture*, OECD Publishing, Paris, https://dx.doi.org/10.1787/9789264212725-en.

[35] International Finance Cooperation (IFC) (2014), *Acceso a las finanzas para pequeños pro-*

ductores agropecuarios:Lecciones de las Experiencias Microfinancieras en América Latina, International Finance Cooperation (IFC), Washington, D.C., https://www.ifc.org/wps/wcm/connect/977afa004605b289b9b1b99916182e35/A2F+for+Smallholder+Farmers-Final+Spanish+Publication.pdf?MOD=AJPERES (accessed on 4 April 2019).

[36] Celaya, V. et al. (2014), "La gestión de riesgos climáticos catastróficos para el sector agropecuario en México: Caso del Componente para la Atención a Desastres Naturales para el Sector Agropecuario", in Salcedo, S. and L. Guzmán (eds.), *Agricultura Familiar en América Latina y el Caribe: Recomendaciones de Política*, FAO, Santiago, Chile, http://www.fao.org/3/i3788s/i3788s.pdf (accessed on 1 April 2019).

[37] Food and Agriculture Organization of the UN (FAO) and Reunión Especializada en Agricultura Familiar (REF)/MERCOSUR (2016), *REAF (Reunión Especializada en Agricultura Familiar) MERCOSUR: una Década de Coproducción de Políticas Públicas entre el Estado y la Sociedad Civil*, http://www.fao.org/3/a-i5749s.pdf (accessed on 4 April 2019).

[38] Food and Agriculture Organization of the UN (FAO) (2011), *The State of Food and Agriculture: Closing the gender gap for development 2010-11*, Food and Agriculture Organization of the UN (FAO), Rome, Italy, https://www.mendeley.com/viewer/?fileId=4aafad0d-7f82-62e7-7e86-c291f4f87137&documentId=4776fea6-aa4c-352c-88b8-a0776d359175 (accessed on 4 April 2019).

[39] Vargas, R. et al. (2015), *Atlas de suelos de America Latina y el Caribe - Publications Office of the EU*, European Union, Luxembourg, http://dx.doi.org/10.2788/37334.

[40] Kassam, A., T. Friedrich and R. Derpsch (2019), "Global spread of Conservation Agriculture", *International Journal of Environmental Studies*, Vol. 76/1, pp. 29-51, http://dx.doi.org/10.1080/00207233.2018.1494927.

[41] Sims, B. et al. (2018), "Sustainable Weed Management for Conservation Agriculture: Options for Smallholder Farmers", *Agriculture*, Vol. 8/8, http://dx.doi.org/10.3390/agriculture8080118.

[42] United Nations Environment Programme (UNEP) (2016), *Global environment outlook : GEO-6 : regional assessment for Latin America and the Caribbean*, United Nations Environment Programme (UNEP), Nairobi, Kenya.

[43] Food and Agriculture Organization of the UN (FAO) (2015), *Global Forest Resources Assessment 2015*, http://www.fao.org/3/a-i4808e.pdf (accessed on 4 April 2019).

[44] Food and Agriculture Organization of the UN (FAO) (2018), *The State of the World's Forests 2018 - Forest pathways to sustainable development.*, http://www.fao.org/3/I9535EN/i9535en.pdf (accessed on 4 April 2019).

[45] Blandford, D. and K. Hassapoyannes (2018), "The role of agriculture in global GHG mitigation", *OECD Food, Agriculture and Fisheries Papers*, No. 112, OECD Publishing, Paris, https://dx.doi.org/10.1787/da017ae2-en.

[46] World Bank, Centro Agronomico Tropical de Investigacion Ensenanza and International Center for Tropical Agriculture (2014), *Climate-smart agriculture country profiles: Latin America and the Caribbean | CCAFS: CGIAR research program on Climate Change, Agriculture and Food Security*, The World Bank Group, Washington, D.C., https://ccafs.cgiar.org/publications/

climate-smart-agriculture-country-profiles-latin-america-and-caribbean#.XKeHopgzaUk (accessed on 5 April 2019).

[47] Food and Agriculture Organization of the UN (FAO) (2017), *Global Livestock Environmental Assessment Model (GLEAM)*, http://www.fao.org/gleam/en/.

[48] Moreno-Moreno, J., F. Velasco Morente and M. Sanz Diaz (2018), "Assessment of the operational and environmental efficiency of agriculture in Latin America and the Caribbean", *Agricultural Economics Czech Republic*, Vol. 64/2, pp. 74-88, http://dx.doi.org/10.17221/260/2016-AGRICECON.

[49] Food and Agriculture Organization of the UN (FAO) (2013), *Climate-Smart Agriculture Source Book*, http://www.fao.org/3/i3325e/i3325e.pdf (accessed on 4 April 2019).

[50] Sova, C. et al. (2018), *Bringing the Concept of Climate-Smart Agriculture to Lige: Insights from CSA Country Profiles Across Africa, Asia and Latin America*, World Bank, and the International Centre for Tropical Agriculture, https://reliefweb.int/sites/reliefweb.int/files/resources/132672-WP-P168692-PUBLIC-4-12-2018-12-27-47-CSAInsightsfromCSAProfiles.pdf (accessed on 5 April 2019).

[51] Salcedo, S. and L. Guzmán (eds.) (2014), *Agricultura Familiar en América Latina y el Caribe: Recomendaciones de Política*, Food and Agriculture Organization of the UN (FAO), Santiago, Chile, http://www.fao.org/3/i3788s/i3788s.pdf (accessed on 5 April 2019).

[52] Ramirez, M. et al. (2018), "The role of social networks in the inclusion of small-scale producers in agri-food developing clusters", *Food Policy*, Vol. 77, pp. 59-70, http://dx.doi.org/10.1016/J.FOODPOL.2018.04.005.

[53] Food and Agriculture Organization of and the United Nations (FAO) (2014), *Youth and Agriculture: Key Challenges and Concrete Solutions*, http://www.fao.org/3/a-i3947e.pdf (accessed on 6 April 2019).

[54] Popkin, B. and T. Reardon (2018), "Obesity and the food system transformation in Latin America.", *Obesity reviews : an official journal of the International Association for the Study of Obesity*, Vol. 19/8, pp. 1028-1064, http://dx.doi.org/10.1111/obr.12694.

[55] Pérez-Escamilla, R. et al. (2017), "Prevention of childhood obesity and food policies in Latin America: from research to practice", *Obesity Reviews*, Vol. 18, pp. 28-38, http://dx.doi.org/10.1111/obr.12574.

[56] Food and Agriculture Organization of the UN (FAO) (2011), *Fortalecimiento de Organizaciones Indígenas y Rescate de sus Productos Tradicionales (2007-2011): Evaluación de Impacto*, http://www.fao.org/3/as403s/as403s.pdf (accessed on 5 April 2019).

[57] USDA, Economic Research Service (2018), *International Agricultural Productivity*, https://www.ers.usda.gov/data-products/international-agricultural-productivity.aspx.

第三章

谷　物

市场形势

近年来，全球主要谷物供应量超过总消费量，导致库存大幅增加，国际市场价格较前 10 年低得多。不过，由于小麦和其他粗粮产量减少，预计 2018 销售年度全球谷物产量将连续第二年下降。小麦和大麦产量下降主要是由于欧洲联盟、俄罗斯和澳大利亚的恶劣天气。相比之下，考虑到乌克兰、巴西和阿根廷有利的种植条件，玉米产量预计会增加。由于亚洲的持续增长和美国的产量恢复，预计 2018 年大米产量也会更高。由于生产水平下降和需求持续增长，预计全球短期谷物库存将在 6 年内首次下降，导致价格小幅上涨。总体而言，谷物贸易预计将增加，因为玉米运输量的增加可能抵消一些主要出口国小麦、大米和其他粗粮运输量的减少。

预测要点

在产量增长超过消费增长导致大量库存的几年之后，国际谷物价格在短期内预计将保持低位（图 3.1）。在展望期内，实际价格预计将下降（但名义价格有所上升），因为与前 10 年相比，大量库存和需求增长放缓将继续对谷物市场施加下行压力。预期的较低价格可能会影响生产者收入，影响种植决策和供应反应。

预计 2028 年全球谷物产量将增加 3.67 亿吨，达到 30.53 亿吨，主要原因是单产增加。玉米产量预计将增加最多（+1.81 亿吨），其次是小麦（+8 600 万吨）、水稻（+6 600 万吨）和其他粗粮（+3 500 万吨）。品种的改良将继续推动单产的增加，越来越多的商业农场，特别是在非洲和黑海地区，将有助于获得新技术，包括机械和推广服务。大型农场还可以提高生产率，特别是通过更有效地利用化肥和农用化学品等投入。因此，在展望期内，全球谷物平均产量预计将以每年 1.1% 的速度增长，低于前 10 年的 1.9%。预计总种植面积不大，主要是由于新的农业用地（非洲、俄罗斯和拉丁美洲）、多种作物种植（拉丁美洲）和牧场向农田的转换（印度）。这些变化在一定程度上是国家粮食自给自足政策的结果。

根据预测，从基期到 2028 年，全球谷物使用量将增长 3.82 亿吨，2028 年将达到 30.36 亿吨。从中期来看，由于预计中国的饲料需求将放缓，谷物总需求的增长应比前 10 年更加缓慢。谷物的工业用途，尤其是淀粉和生物燃料的工业用途，可能会有所增加。在粮食方面，全世界大多数谷物的人均消费量已达到饱和水平；然而，在非洲和亚洲人口迅速增长的推动下，粮食需求预计将增加，在这些地区，谷物主食仍然是主要的饮食成分。与基期相比，小麦消费量预计将增加 9 300 万吨，并将继续主要由人类消费。受中国、美洲和东南亚畜牧业扩张的推动，玉米的使用量预计将增加 1.89 亿吨。供人类食用的玉米预计将增加 2 700 万吨，特别是在撒哈拉以南非洲，那里白玉米是一种重要的主食，人口增长迅速。其他粗粮的使用量预计将增加 3 200 万吨，预计非洲的粮食使用量将增加。预计到 2028 年，全球大米消费量将增加 6 700 万吨，其中亚洲和非洲将占预计增长量的大部分，而人类直接消费仍然是这一商品的主要最终用途。

图 3.1 世界谷物价格

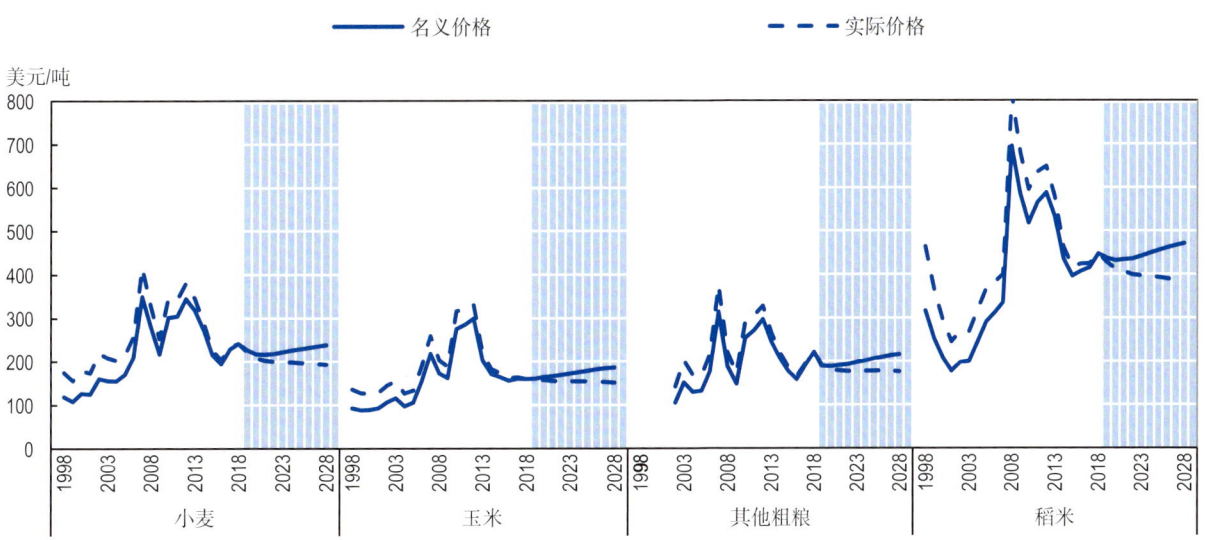

注：小麦为美国 2 号硬质红冬小麦（墨西哥湾离岸价）；玉米为美国 2 号黄玉米（墨西哥湾离岸价）；其他粗粮为法国大麦（饲料）（鲁昂离岸价）；稻米为整米率为 100% 的泰国二级大米（曼谷离岸价）。

资料来源：经合组织/粮农组织（2019 年），《经合组织－粮农组织农业展望》，经合组织农业统计（数据库），http://dx.doi.org/10.1787/agr-outl-data-en。

预计到 2028 年，世界谷物贸易将增加 7 600 万吨，达到 5.03 亿吨。在过去几年里，俄罗斯逐渐成为国际小麦市场的主要参与者，在 2016 年超过欧盟成为最大的出口国。预计在整个预测期内，中国将保持这一领先地位，2028 年占全球出口的 20.3%。就玉米而言，美国仍将是主要的出口国；然而，随着巴西、阿根廷、乌克兰和俄罗斯在全球玉米市场上的地位越来越重要，美国的市场份额将下降。预计欧盟、澳大利亚和美洲将继续是其他粗谷物（主要是大麦和高粱）的主要出口国和地区，不过这些出口的增长将受到贸易保护和饲料市场玉米竞争加剧的限制。印度、泰国、越南和巴基斯坦将继续成为全球最大的大米供应国，柬埔寨和缅甸将发挥更重要的作用。

由于中国特别努力减少其玉米库存，预计世界谷物库存将在展望期内减少。这将导致全球谷物库存使用率从基期的 33% 下降到 2028 年的 27%。虽然这一下跌可能预示着价格上涨的前景，但展望期内全球谷物库存总体上仍将处于高位，甚至小麦和其他粗粮的库存也将增加。在预测期内，中国对饲料的需求以及国内供应的总体水平和相关库存变化是主要的不确定性因素。

价格

以美国 2 号硬质红冬小麦离岸价为基准衡量，2018 年世界小麦价格预计将上涨至 241 美元/吨，这是继 2013 年开始的下降趋势后连续第二年上涨。假定实际石油价格较低（且持平）、平均收获预期和出口温和增长，预计世界小麦价格在展望期内实际下降，但相对基期略有上升，2028 年达到 238 美元/吨（图 3.1）。

根据美国 2 号黄玉米墨西哥湾离岸价为基准衡量，预计 2018 年世界玉米价格平均为 160 美元/吨，与 2017 年持平。尽管全球玉米库存正在下降，但中国的去库存努力、假定能源和投入价格较低以及预计出口需求较前 10 年增长放缓，将限制国际玉米价格的实际涨幅。因此，虽然预计到 2028 年名义价格将增至 186 美元/吨，但这种增长将滞后于通货膨胀，因此实际价格将下降。

根据饲料大麦法国鲁昂离岸价为基准衡量，2018 年世界其他粗谷物市场价格预计将增至 221 美元/吨，这是继 2013 年开始下降趋势后连续第二年出现的增长。从中期来看，由于贸易保护措施和来自玉米的竞争加剧阻碍了中国进口需求的增长，预计世界其他粗粮的实际市场价格将下降，2028 年将达到 216 美元/吨。

2018 年，世界大米价格（整米率为 100% 的泰国二级大米曼谷离岸价）升至 447 美元/吨，为 2014 年以来的最高水平。在展望期内，撒哈拉以南非洲（人口增长迅速）的大米进口需求预计将增加；然而，亚洲主要进口国政策推动的产量大幅增长，预计将使全球大米进口增长率限制在前 10 年年增长率的一半以下。因此，名义价格的增长将滞后于通货膨胀，到 2028 年将达到 470 美元/吨。

生产

全球谷物产量预计在基期至 2028 年期间每年增长 1.2%，2028 年达到 30.53 亿吨；其中大部分增长是由于单产增加（图 3.2）。在展望期内，受生物技术进步、大型农场结构变化和种植方式改善的推动，全球谷物平均产量预计每年增长 1.1%（低于前 10 年的 1.9%）。预计总面积只会略有增加，主要原因是新增了农业用地（非

图 3.2 全球谷物收获面积和单产增长率

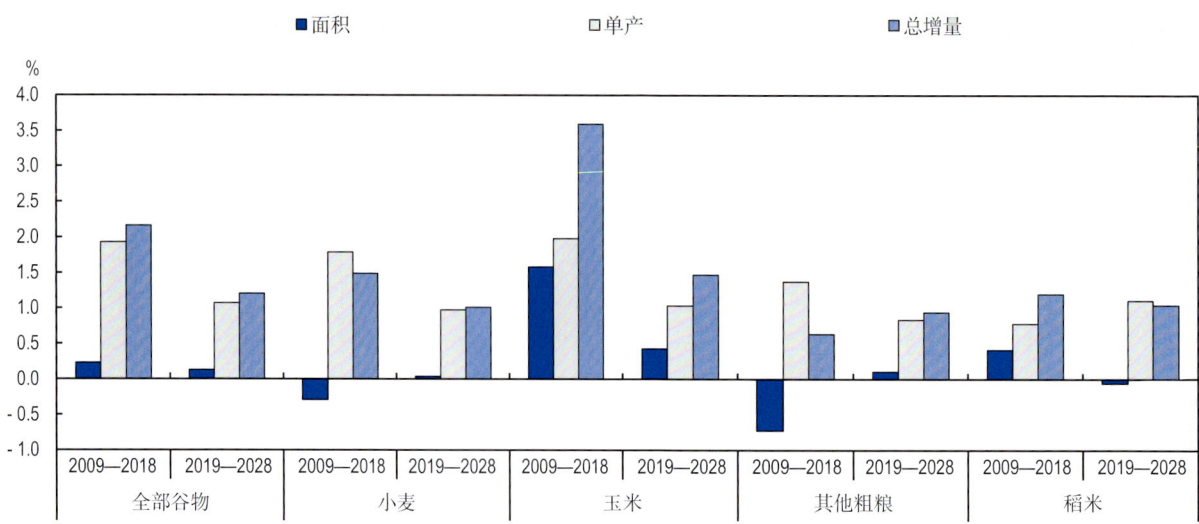

资料来源：经合组织/粮农组织（2019 年），《经合组织－粮农组织农业展望》，经合组织农业统计（数据库），http://dx.doi.org/10.1787/agr-outl-data-en。

洲、东欧和拉丁美洲）、多种作物种植（拉丁美洲）和牧场改耕（印度）。在发达国家，谷物面积的增长将受到以下限制：将森林或牧场转变为可耕地、正在进行的城市化以及相对于其他作物的低价格。预计全球谷物产量的增长大部分将发生在亚洲、拉丁美洲、非洲和东欧（图3.3），这些国家的粮食自给政策不仅将推动种植面积增大，而且还将推动品种的研究，以更快的速度提高单产。过去，包括投入补贴、支持性价格、直接付款、农业贷款、优惠费率保险、获得良种和推广服务在内的粮食自给政策确实对增产产生了一定影响。然而，它们的成功在很大程度上取决于政策本身的时机和执行情况。

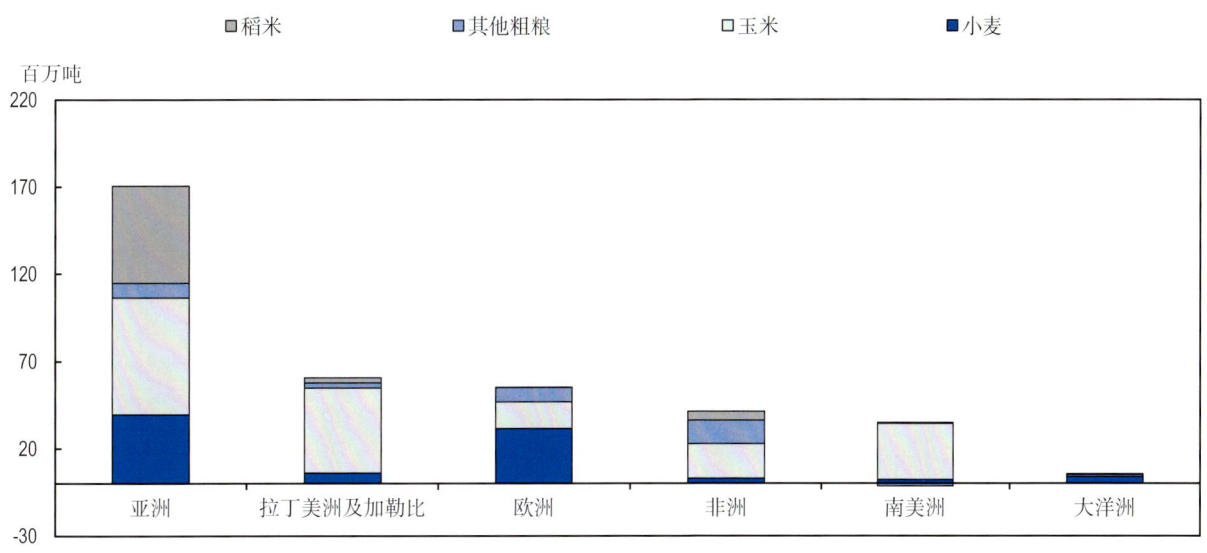

图3.3　2016—2018年至2028年粮食产量增长的区域贡献

资料来源：经合组织／粮农组织（2019年），《经合组织－粮农组织农业展望》，经合组织农业统计（数据库），http://dx.doi.org/10.1787/agr-outl-data-en。

预计到2028年，全球小麦产量将增加8 600万吨，至8.38亿吨，与过去10年相比，增幅较为温和。在发达国家中，鉴于小麦产量高、价格具有竞争力和粮食质量，预计其产量增幅将是欧盟最高的。发达国家预计到2028年将增加产量4 100万吨，而发展中国家则将增加产量4 500万吨，从而使其在全球产量中的份额略有增加。印度是世界第三大小麦生产国，预计到2028年，其小麦产量将增加1 550万吨。这一增长在很大程度上是由其通过国家公共采购方案保证农民稳定收入的最低支持性价格政策维持的。本展望假定，灌溉土地将继续占生产面积的95%以上。除印度外，其他国家的产量预计也将大幅增长：欧盟（1 300万吨）、俄罗斯（900万吨）、中国（800万吨）和乌克兰（600万吨）。俄罗斯和乌克兰的产量增加是由于其国内生产的杂交种子和化肥、低能源成本和大型商业农场。

未来10年，全球玉米产量预计将增长1.83亿吨至13.11亿吨，增幅最大的是中国（+4 700万吨）、美国（+3 100万吨）、巴西（+2 500万吨）、阿根廷（+1 700万吨）和乌克兰（+600万吨）。由于2016年政策变化取消了玉米价格支持和同时实施的储备计划，中国玉米产量预计将比前10年（每年4.5%）增长更慢（每年2.1%），取而代之的是直接农业补贴和市场化采购。因此，在近期内，中国地区将从玉米转向大豆和小麦等其他大宗商品，但随着库存下降到更可持续的水平，可能在几年内重新转向玉米。在美国，玉米种植面积将保持稳定，产量增加主要是由于单产增加。巴西和阿根廷的增产将得到更大的种植面积（新的农业用地和多种作物种植）和生产力的提高的支持，这是由于有利的国内政策（例如优惠利率贷款）和国家货币贬值的推动。乌克兰的生产将在很大程度上由在雨水灌溉系统中种植的高产品种维持。

预计到2028年，高粱和大麦等其他粗粮的全球产量将达到3.25亿吨，比基期增加3 400万吨。预计埃塞俄比亚将占全球产量增长的16%；到2028年，埃塞俄比亚其他粗粮产量将增加500万吨，达到1 900万吨，其中苔麸和高粱将占增长的大部分。欧洲联盟预计也将出现类似的增长（+500万吨），其次是印度、土耳其和中国（各增加190万吨）。受贸易保护措施和中国取消玉米价格支持的影响，美国其他粗粮（特别是高粱）的产量在展望期内将继续下降，降低了饲料替代品相对于玉米的价格竞争力。总体而言，发达国家对全球产量增长的贡献将有限（+900万吨），部分原因是饲料需求增长放缓，以及玉米在饲料市场上的竞争加剧。相比之下，发展中国家的生产增长将十分强劲（+2 500万吨），尤其是非洲，由于人口和饲料行业的增长，非洲的粮食需求将增加。

全球水稻产量预计将增长6 500万吨，到2028年将达到5.78亿吨。虽然发达国家的产量预计将略有增加（+100万吨），但发展中国家的产量预计将大量增加，增加6 400万吨。预计亚洲将贡献全球新增产量的大部分，本期新增5 600万吨。预计全球第二大稻米生产国印度（2 100万吨）的增长率最高，其次是亚洲最不发达国家（1 100万吨）、印度尼西亚（760万吨）、中国和越南（各400万吨）以及泰国（300万吨）。

印度的水稻产量有望通过提高单产来保持增长。政府积极推动新品种的实施和灌溉设施的扩建。本展望假设这一趋势将继续下去，从而有助于缩小印度相对于其他主要生产国的产量差距。在展望期内维持最低支持性价格应有助于种植。中国是世界上最大的稻米生产国，随着中国政府努力解决供过于求的问题，水稻种植面积预计将减少，预计产量增长速度将低于前10年。

泰国和越南这两个全球主要大米供应国的产量增长将取决于单产的提高，前提是政府促进向替代作物转变的努力是有效的。然而，与其他水稻生产国一样，除了基础设施和投入相关方面外，很大程度上将取决于种植的品种结构和改良品种的采用。促进高质量低产品种生产的努力可能对两国未来生产率的提高产生影响。

在发达市场，韩国、日本和欧盟的产量将停滞不前或低于基期水平，但美国和澳大利亚的产量将有所增长，尽管不会超过美国2010年的峰值，也不会超过澳大利亚2001年的峰值。由缅甸、柬埔寨、老挝人民民主共和国和孟加拉国组成的亚洲最不发达国家预计将继续提高其生产力水平，因为它们采用单产更高的品种，并实施更好的农业措施。虽然许多非洲国家的产量预计将增加，但本展望假设它们将继续依赖雨水灌溉系统，并且投入使用有限，农业基础设施不足，因此其潜力将受到限制。

消费

在展望期内，全球谷物消费预计将以每年1.2%的速度增长。这一增长率低于前10年的2.1%，因为中国的需求预计将放缓，仅占预计增长率的22%，而在过去10年中则占增长率的32%。在基期，粮食消费占全球谷物使用的最大份额（42%），其次是饲料（37%）和工业用途（21%）。在展望期内，谷物饲料消费量的绝对增长（+1.56亿吨）预计将超过食品使用量的增长（+1.47亿吨），到2028年，饲料在总消费量中所占的份额将略有增加。预计新增粮食需求的大部分将来自非洲和印度，那里的谷物主食仍然是国民饮食的主要组成部分，且人口增长迅速。此外，虽然全球谷物的人均消费量已达到饱和水平，但非洲的谷物消费量正在强劲增长，特别是埃塞俄比亚的人均摄入量增长约为20千克，撒哈拉以南非洲最不发达国家的人均摄入量增长约为10千克。预计到2028年，亚洲部分地区，特别是印度和印度尼西亚，人均年消费量将增加5千克以上。在拉丁美洲，预计在预测期内，增幅将更为温和，约为6千克。

在饲料方面，预计中国将在新增需求中占相当大的份额（25%）；然而，作为肉类主要生产国和出口国的美洲，预计将大幅增加其饲料吸收量，并贡献17%的新增需求。东南亚、中东、北非和东欧将出现更高的饲料消费量，这将受到畜牧业和乳制品行业扩张的推动。最后，谷物工业用途的增长，特别是淀粉和生物燃料的生产，将是适度的，因为现有政策不太可能支持进一步扩大。

与基期相比，小麦消费量预计将增加9 400万吨，并将主要用于人类消费。据预测，中国（+2 100万吨）、印度（+1 200万吨）、非洲大陆（+1 700万吨）和中东（+900万吨）将占总消费增长的2/3以上，反映出它们以小麦为基础的饮食和不断增长的人口。粮食使用量将保持在总消费量的约2/3的稳定水平，占总需求增长的55%，增长放缓的原因是全球人均消费量略有下降，人口增长速度适中。随着全球畜牧业生产放缓和玉米饲料竞争力增强，预计饲料使用量也将增长更慢，与基期相比增长2 100万吨。在中国大力推动乙醇生产的支持下，全球小麦乙醇产量预计将增加300万吨。在欧盟（过去10年中，小麦是乙醇加工的主要用户），生物燃料政策被认为不再支持第一代生物燃料的进一步增长。由于全球小麦产量在整个预测期内始终高于消费量，预计2028年全球库存使用率将达到40%，比基期提高1个百分点。

预计在预测期内，全球玉米消费量将增加1.89亿吨，与前10年的2.65亿吨相比增幅较小。由于玉米主要是一种饲料作物（在基期占59%），这一缓慢增长与饲料需求的发展有关，在展望期内，饲料需求的特点是饲料利用效率的提高和畜牧生产的缓慢增长。此外，由于目前的生物燃料政策不太可能支持主要生产国的进一步扩张，用于生物燃料生产的玉米的增长预计将受到限制，过去10年玉米产量增长了一倍多。由于中国、美洲和东南亚畜牧业的扩张，饲料使用占预计增长的最大份额（63%）。受人口增长和全球人均消费增长的双重驱动，人类消费玉米预计将增加2 700万吨。撒哈拉以南非洲地区，白色玉米是一种重要的主食，加上人口增长迅速，预计那里的粮食消费增长最大（+1 300万吨）。

2016年，中国改变了玉米政策，取消了2008年以来实行的市场价格支持体系。政策变化的原因包括需要减少数量庞大（和不断恶化）的玉米库存、不可持续的耕作做法和环境问题。作为替代，中国采取了直接玉米补贴政策，并以市场化采购取代了储备计划。本展望假设，这一政策变化将导致中国在预测期内累积存量的释放，到2028年，存量使用率将达到更可持续的17%。基于这一假设，全球库存使用率预计将从基期的34%下降到2028年的18%（图3.4）。

图3.4 世界谷物库存和库存使用率

资料来源：经合组织／粮农组织（2019年），《经合组织－粮农组织农业展望》，经合组织农业统计（数据库），http://dx.doi.org/10.1787/agr-outl-data-en。

在展望期内，世界其他粗谷物的利用率预计将增加3 200万吨或每年1%，比过去10年每年0.5%的增长速度要快。预计食品和饲料的使用量也会增加（分别增加1 400万吨）。发达国家由于饲料需求增长放缓，其利用率预计将保持稳定，发展中国家，特别是非洲国家，预计将在新增利用量中占很大份额（图3.5）。非洲国家增长的主要来源是粮食需求的增加，其基础是人均消费的增加和人口的快速增长。在饲料方面，预计中东国家（特别是伊朗和土耳其）和拉丁美洲国家将在畜牧业和家禽业扩张的推动下，为额外用量贡献大量份额。鉴于粮食需求增长预计将超过饲料需求，预计粮食在全球消费中的份额将从基期的27%左右增加到2028年的29%。此外，由于利用率落后于生产，预计到2028年，全球库存使用率将从基期的18%提高到20%。

图 3.5 发达国家和发展中国家谷物使用量

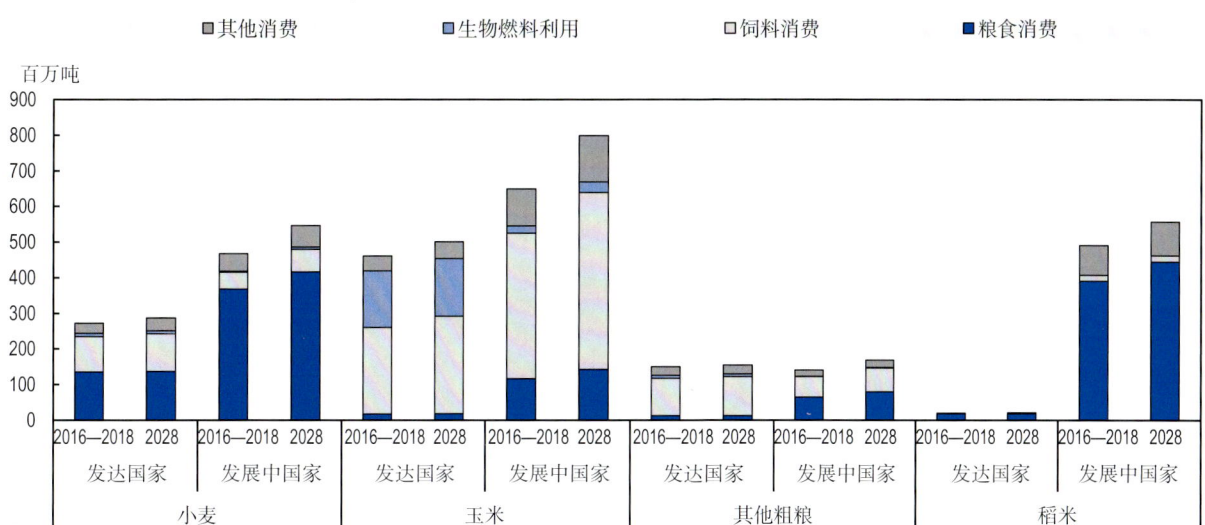

资料来源：经合组织/粮农组织（2019年），《经合组织–粮农组织农业展望》，经合组织农业统计（数据库），http://dx.doi.org/10.1787/agr-outl-data-en。

> **插文 3.1 亚洲稻米公共储备政策的经济效应**
>
> 在过去10年中，全球若干国家增加了对公共储备计划（即政府购买、储存和分配主食计划）的使用。这些计划的目标包括稳定价格、支持经常性粮食分配计划和在短暂粮食危机期间提供援助等。然而，并非所有的公众储备计划都能实现这些目标。大多数为"缓冲库存计划"（旨在稳定价格的公共库存）未能成功地减少价格波动，有些甚至会增加波动，这意味着将公共资金分配给这些计划是以牺牲更有效的政策为代价的（Deuss，2015；世界银行，2012）。
>
> 除了在实现其目标方面取得不同的成功外，公共储备计划还可能对国内和国际市场产生额外和无法预见的影响。此外，对价格、生产、消费和贸易的影响还可能因对公共预算和私营部门活动的影响而加剧。这些影响的程度不仅取决于这些计划的规模，还取决于其运作情况，即公共库存的采购和发放渠道（图3.6）。
>
> 《亚洲大米公共储备政策的经济效应》（经合组织，2018年）比较了8个亚洲国家（孟加拉国、中国、印度、印度尼西亚、日本、韩国、菲律宾和泰国）稻米公共储备计划的运行情况，并检验了其经济效应。该分析在现有政策不变的基础上，模拟了在中期（2018—2030年），未来集体变化对高公共库存水平（"高水平"设想情景）或低公共库存水平（"低水平"设想情景）的影响。高水平情景下的公共库存标准水平设定为全国国内稻米消费量的3个月，低水平情景下为2周。
>
> 调查结果显示，这些变化可能对国内和国际市场产生广泛影响：在高水平情景下，市场上大米的供应量将减少，导致国内（图3.7）和国际大米价格高于基准价格，而在低水平的情况下则会出现相反的情况。这些影响预计将在三年过渡期内最为明显，在这一过渡期内，计划的变化将得到实施；然而，中期内也将继续存在结构性影响，尽管强度较低。这些变化不仅包括采购水平的变化（例如，维持较高的库存水平需要继续进行更高的采购）以及对国内和国际价格及供应的影响，而且还包括对公共支出和私营库存水平的影响。例如，在高水平情景下，由于私营部门被排挤在储备活动之外，私营部门的库存在中期将低于基准水平，低水平情景的情况则相反。

第三章 谷物

图 3.6 公共储备计划的一般运作

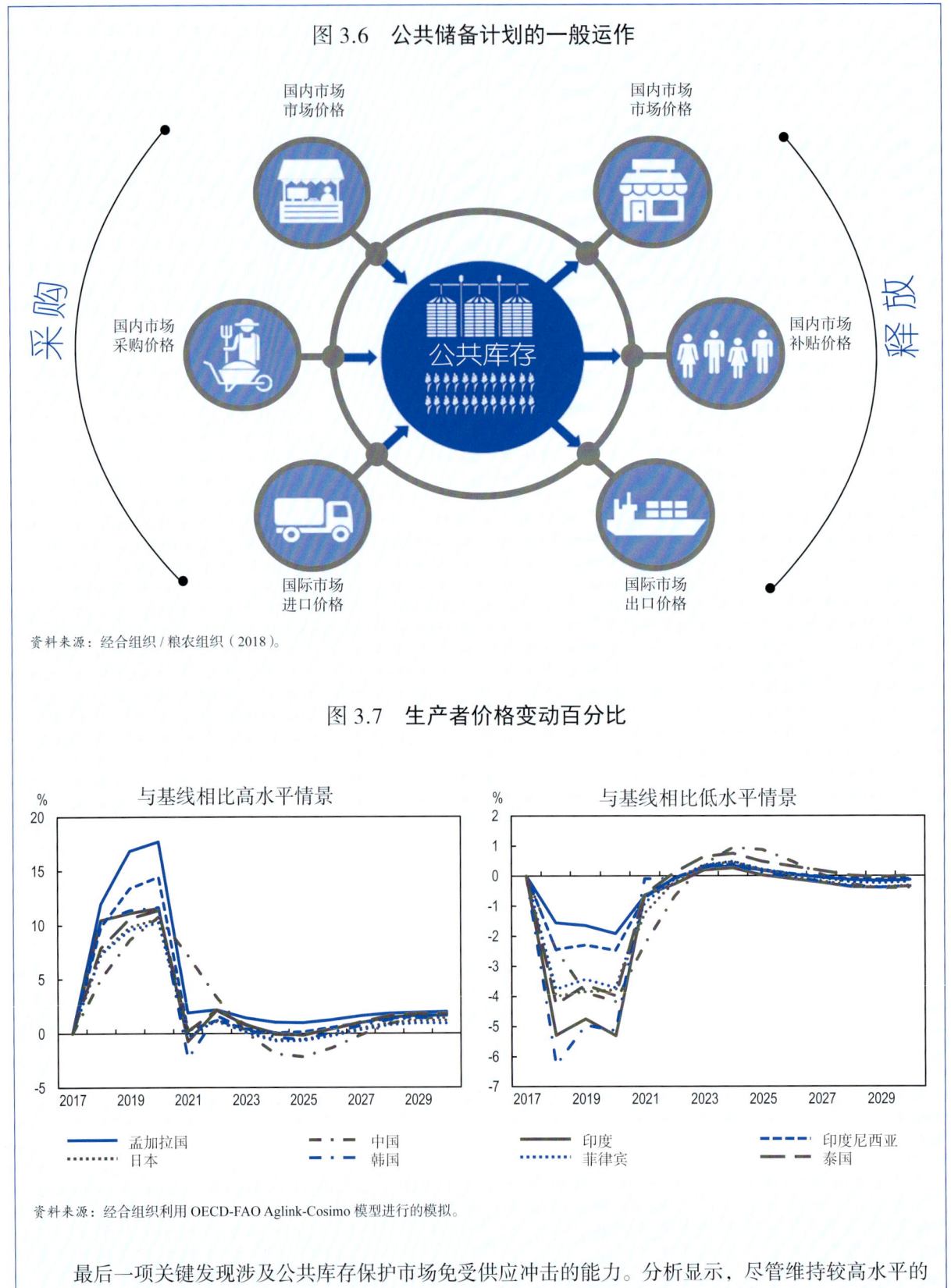

资料来源：经合组织/粮农组织（2018）。

图 3.7 生产者价格变动百分比

最后一项关键发现涉及公共库存保护市场免受供应冲击的能力。分析显示，尽管维持较高水平的

> 公共库存最初可能会减少全球生产冲击对价格和可用性的影响，但维持较低水平的公共库存有助于加快向无冲击状态的复苏。此外，保持低水平的公共库存大大减少了公共支出，从而腾出资金，可用于其他缓解战略，以应对（紧急）粮食短缺。
>
> **政府应该怎么做？**
>
> 在考虑公共库存水平的变化时，各国政府不仅应仔细评估潜在的短期市场影响，而且还应仔细评估对国内和国际市场持续存在的中期影响。各国政府还应认识到，增加公共库存水平会增加财政成本，并可能阻碍私营部门参与储备活动。
>
> **参考文献：**
>
> Deuss, A. (2015)，最新储备政策的绩效和影响综述，农产品贸易政策问题，OECD 出版，巴黎，https://doi.org/10.1787/9789264233911-5-en。
> 经合组织 (2018)，亚洲稻米公共储备政策的经济影响，经合组织出版，巴黎，https://doi.org/10.1787/9789264305366-en。
> 世界银行 (2012)，利用公共粮食库存增强粮食安全，报告编号 No. 71280- GLB, 2012 年 9 月。

预计到 2028 年，世界大米消费量将增加 6 700 万吨。由于人类直接消费仍然是主要的最终用途，大米仍然是亚洲、非洲、拉丁美洲及加勒比地区的主要粮食主食。主要由于未来 10 年的人口增长，水稻的总利用率预计每年将增长约 1.1%，过去 10 年每年增长 1.4%。预期的额外消费几乎完全归因于发展中国家的粮食需求增加（图 3.5），特别是亚洲（+3 500 万吨）和非洲（+1 700 万吨）。由于收入增加导致饮食多样化，大多数生产主要在国内消费的亚洲国家的人均大米消费预计将停滞或略有上升。印度例外，在未来 10 年，印度的人均年消费量增加了 4 千克，部分原因是政府的社会政策通过公开分配粮食改善了弱势家庭的粮食安全。在非洲，稻米作为主要粮食主食的重要性日益增加，预计人均稻米消费量将增长更快，在展望期内增长约 5 千克（表 3.1）。在全球范围内，人均粮食大米消费量预计将增加 1 千克，达到每年 55 千克。由于水稻利用率预计将以略高于世界供应量的速度增长，预计全球库存利用率将略有下降，从基期的 34% 高降至 2028 年的 32%。

表 3.1 大米人均消费量 千克/（人·年）

	2016—2018 年	2028 年	增长率 (% p.a.)
非洲	26.1	30.7	1.26
亚太地区	77.8	78.7	0.11
北美	12.8	12.9	0.23
拉丁美洲及加勒比	28.6	28.4	-0.03
欧洲	5.8	6.1	0.42

资料来源：经合组织 / 粮农组织（2019 年），《经合组织 – 粮农组织农业展望》，经合组织农业统计（数据库），http://dx.doi.org/10.1787/agr-outl-data-en。

贸易

在展望期内，世界谷物贸易预计将增长 7 600 万吨，到 2028 年达到 5.03 亿吨（图 3.8）。与预期的需求增长放慢相一致，谷物贸易量将增长 1.5%，低于前 10 年保持全球消费贸易份额约 16% 的 5.0%。一般来说，美洲、黑海地区和澳大利亚将向其地理区域内外的国家供应谷物，因为这些国家的国内粮食和饲料需求增长得不到满足。由于前五大谷物出口国的出口份额预计将保持稳定，这种情况预计将在未来 10 年继续。

到 2028 年，小麦出口预计将增长 2 700 万~2.03 亿吨。俄罗斯在 2016 年超越欧盟，成为最大的出口国，原因是价格具有竞争力，而且与中东和北非的主要进口国地理位置接近。埃及是世界上最大的小麦进口国，最近降低了进口小麦的蛋白质含量要求，这表明埃及偏爱黑海小麦。过去的 10 年，黑海地区主要小麦生产国俄罗斯、哈萨克斯坦和乌克兰的供应一直不稳定，主要原因是单产波动。尽管如此，由于采用改良的品种，产量增长一直超过消费增长。因此，预计这些国家的产量将进一步增加，增加它们在全球小麦出口中的份额（图 3.9）。预计到 2028 年，俄罗斯仍将是主要的小麦出口国，约占全球小麦出口的 20%，其次是欧盟（15%）、美国（13%）、加拿大（12%）和乌克兰（11%）。鉴于欧盟具有竞争力的价格、粮食质量以及接近非洲和亚洲主要出口市场，预计其出口份额将略有增加。小麦进口预计将在许多进口国之间更为广泛，前五名——埃及、印度尼西亚、阿尔及利亚、巴西和菲律宾——在展望期内的总份额为 25%~27%。

图 3.8 按商品分类统计的全球谷物贸易量

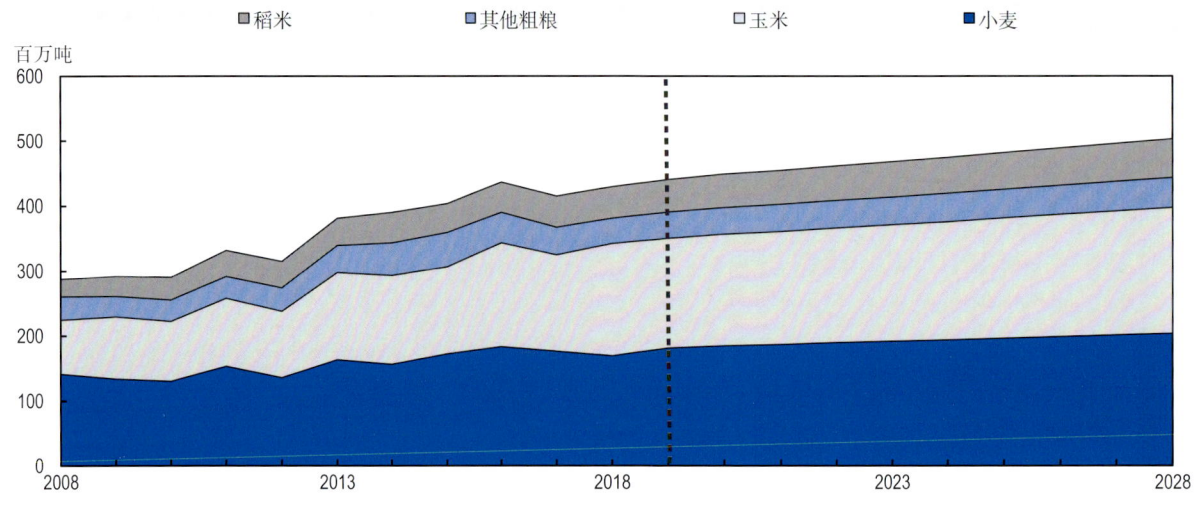

资料来源：经合组织/粮农组织（2019 年），《经合组织–粮农组织农业展望》，经合组织农业统计（数据库），http://dx.doi.org/10.1787/agr-outl-data-en。

预计 2028 年玉米出口量将增长 3 300 万~1.93 亿吨。美国、巴西、乌克兰、阿根廷和俄罗斯五大出口国的出口份额在基期内占 89%，由于巴西、阿根廷和乌克兰的出口供应预计会增加，2028 年将增至 91%。美国预计仍将是最大的玉米出口国，到 2028 年，出口量将增加 500 万~6 600 万吨，但美国的出口份额将下降（从 38% 降至 34%），因为东南亚的贸易商表示，由于对水分水平和谷物硬度的看法，他们偏好南美玉米。拉丁美洲作为一个区域，由于有利的国内政策（如优惠利率贷款）支持的生产收益和当地货币贬值，预计其出口市场份额将从基期的36%增加到2028年的41%（图3.9）。预计乌克兰和俄罗斯将成为新兴玉米出口国，因为它们的国内供应预计将比国内消费增长更快，从而导致盈余进入全球市场。

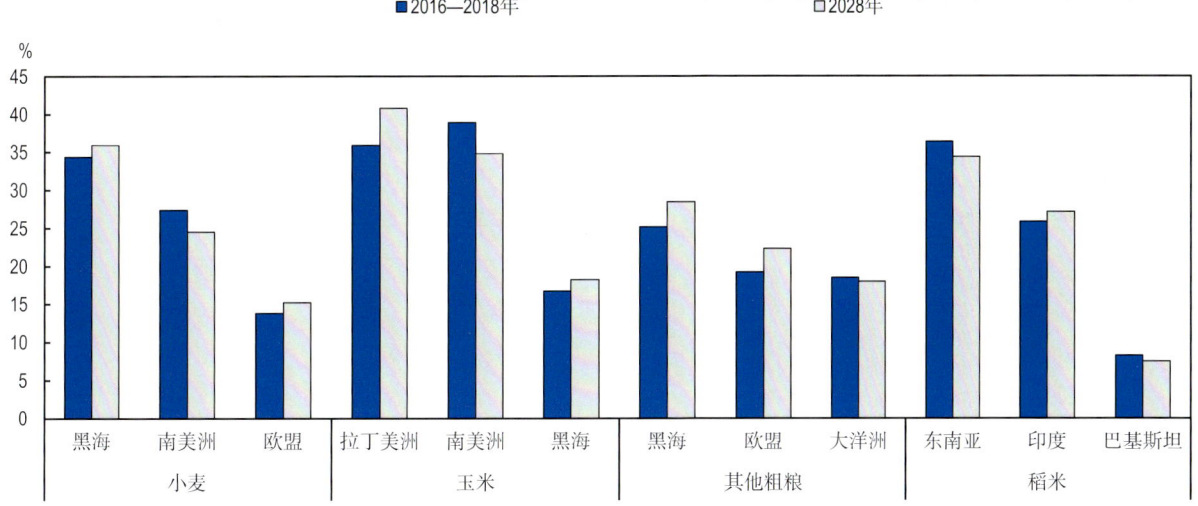

图3.9 主要出口地区占世界出口量的份额

注：黑海地区包括俄罗斯、乌克兰和哈萨克斯坦。
资料来源：经合组织/粮农组织（2019年），《经合组织–粮农组织农业展望》，经合组织农业统计（数据库），http://dx.doi.org/10.1787/agr-outl-data-en。

在基期内，玉米的前五大目的地墨西哥、欧盟、日本、韩国和埃及占世界进口量的43%。自2012年以来，越南玉米进口量激增，预计越南将取代韩国，成为第四大玉米进口国，这是由不断扩大的畜牧和家禽部门推动的。马来西亚为维持其畜牧业增长，预计将进一步扩大玉米进口。在中国，考虑到2016年取消价格支持体系和相关储备计划的政策变化，玉米产量增长预计将放缓。随着库存下降到更可持续的水平，预计供应收紧将支持进口增长，使其接近2028年720万吨的关税配额水平。

受贸易保护措施（特别是在中国）和饲料市场上玉米竞争加剧的限制，其他粗粮（如大麦和高粱）的国际贸易额预计在展望期内仅增加300万吨，与前10年观测到的近1 000万吨相比。2012—2014年，由于国内玉米价格高企（在价格支持体系下）和边境限制有限，中国其他粗谷物进口量从290万吨增长至2 020万吨。此后，取消玉米支持性价格，并随后释放现有玉米库存，再加上边境关税，减少了对中国其他粗粮的进口。在基期内，前五大出口国——欧盟、澳大利亚、乌克兰、加拿大和美国——占全球贸易的72%；由于中国的进口关税限制了美国高粱出口，中国占全球贸易的份额预计将缩减至71%。预计俄罗斯将取代美国，成为第五大其他粗粮出口国，因为俄罗斯的出口是通过优先进入伊朗和中亚国家来维持的。与玉米和小麦市场相比，其他粗粮的进口在各国间的分布要少得多。中国、沙特阿拉伯、伊朗伊斯兰共和国、日本和美国这五大进口国吸收了全球贸易的66%，仅中国一国预计在 2028 年就将占 29%。

在展望期内，全球大米贸易增长预计为每年 2.3%，2028 年的交易量增加了 1 200 万吨，达到 1.64 亿吨。在预测期内，印度、泰国、越南、巴基斯坦和美国这五大大米出口国的出口份额预计将从 77% 降至 75%。预计印度仍将是世界上最大的大米出口国，其传统的非洲和近东市场的需求将推动出口增长。在传统上，泰国的大米出口主要由优质大米构成，预计泰国仍将是第二大大米出口国，而在越南，预期的增长部分与该国大米出口品种构成多样化的持续努力有关，这可能支持其向中东、非洲和东亚的发货量增加。然而，由于中国对非洲的大米出口预计将扩大，柬埔寨和缅甸作为重要大米供应国的地位预计将在预测期内继续上升，这三个国家都可能面临更激烈的市场竞争。鉴于这些国家具有竞争力的价格和对大量可出口物资的预期，这些国家的基期总出口量约为 400 万吨，到 2028 年将增至 700 万吨。

最大的进口增长将出现在非洲国家，在这些国家，在人均增长和人口快速增长的推动下，需求预计将超过生产。该地区的进口总额预计将从基期的 1 700 万吨增加到 2028 年的 2 900 万吨。这将使非洲在世界稻米进口中的份额从 35% 增加到 49%，该地区将成为全球稻米流动的主要目的地。特别是尼日利亚，预计到 2028 年其大米进口量将增加一倍以上，几乎达到世界最大大米进口国中国的进口量。撒哈拉以南非洲最不发达国家预计进口将大幅增长，从基期的 800 万吨增加到 2028 年的 1 400 万吨。由于中国拥有大量库存，并大力控制通过南部边境的大米走私，预计中国大米进口量将略有下降；不过，在展望期内，中国仍将是一个大米出口大国。除中国和尼日利亚外，五大进口国集团还包括菲律宾、欧盟和伊朗，这五个国家在基期内的大米进口总额约占全球大米进口总额的 26%。

在 2019 年 2 月通过第 11203 号共和国法案之后，菲律宾的前景并不能解释最近以进口关税取代对大米进口的数量限制。鉴于这一点，该法的执行方面仍在进行中，包括与公共稻米库存和分配有关的方面，以及与该法设立的 10 亿菲律宾比索稻米竞争力增强基金有关的方面，并将通过该基金向当地稻米生产商提供 6 年的援助。

籼稻品种占全球稻米贸易的大部分。粳稻品种则种植在气候较为温和的地区，约占全球水稻产量的 13%，贸易量的 7%。日本、韩国、埃及和土耳其几乎完全生产和消费粳稻品种，因此对这些国家的预测构成了粳稻的中期展望。最大的出口国包括美国、澳大利亚、欧盟和中国、日本分别占大米产量的 21%、80%、77% 和 35%。进口方面，东北亚（日本、韩国和中国台北）仍是粳稻的首选目的地，其次是中东和北非地区，那里的进口需求正在增长。稻米贸易越来越多地涉及最不发达国家，特别是亚洲作为出口国和非洲作为进口国。这是一个独特的案例，其中一组最不发达国家预计将有助于改善其地理邻近地区以外其他最不发达国家的粮食安全。

主要问题和不确定性

虽然对天气的正常假设会给粮食主产区带来积极的生产前景，但由于气候变化而加剧的虫害、植物病害和不利天气事件可能会导致作物产量更高的波动，从而影响全球供应和价格。从历史上看，澳大利亚、哈萨克斯坦、俄罗斯和乌克兰的作物产量与趋势的偏差更为明显。阿根廷、巴西、巴拉圭和乌拉圭等南美国家的作物产量也显示出很高的变异性。在过去几年中，黑海地区越来越多地参与全球谷物市场，减少了一些与主要出口国作物短缺有关的风险。在未来10年，中国继续增加出口参与，可能会减轻某些地区产量波动的风险。此外，在大型生产国和出口国，秋季军虫病等瘟疫可能对世界市场造成严重影响。

全球玉米和小麦市场的未来发展是不确定的，因为南美主要出口国由于假定的汇率贬值而面临价格大幅上涨。在这些国家，国际价格可能会以美元计价下跌，农民和出口公司可能会因为本国货币走弱而经历价格上涨，这可能刺激生产。该地区汇率的不确定性可能影响生产反应和出口供应。

中国的饲料需求及其国内供应的整体水平和相关的库存变化是主要的不确定性因素之一。目前，中国缺少一个完整的官方市场平衡。2018年，根据第三次全国农业普查，中国当局修订了作物产量估算，报告了过去10年玉米的重大变化（+2.66亿吨）。但没有提供饲料和库存数据。在当前的基准中，使用了美国农业部的估算，其中额外的产出在先前的库存估算和饲料使用之间分配。尽管如此，由于2016年的政策变化，中国的玉米产量在过去三年一直在下降，这一政策变化用直接玉米补贴计划取代了市场价格支持体系。假设这一政策变化将导致中国在预测期内的累积存量发放（图3.10）。然而，如果实际库存水平大大低于目前的估计，中国有可能成为主要的玉米进口国，从而对全球谷物市场的未来发展产生重大影响。此外，最近关于支持稻农的政策执行情况的变化可能会影响将导致水稻库存发放的种植决定。这种发放的规模尚不确定，可能会偏离此展望所假定的趋势。

图3.10 全球玉米库存和库存使用率

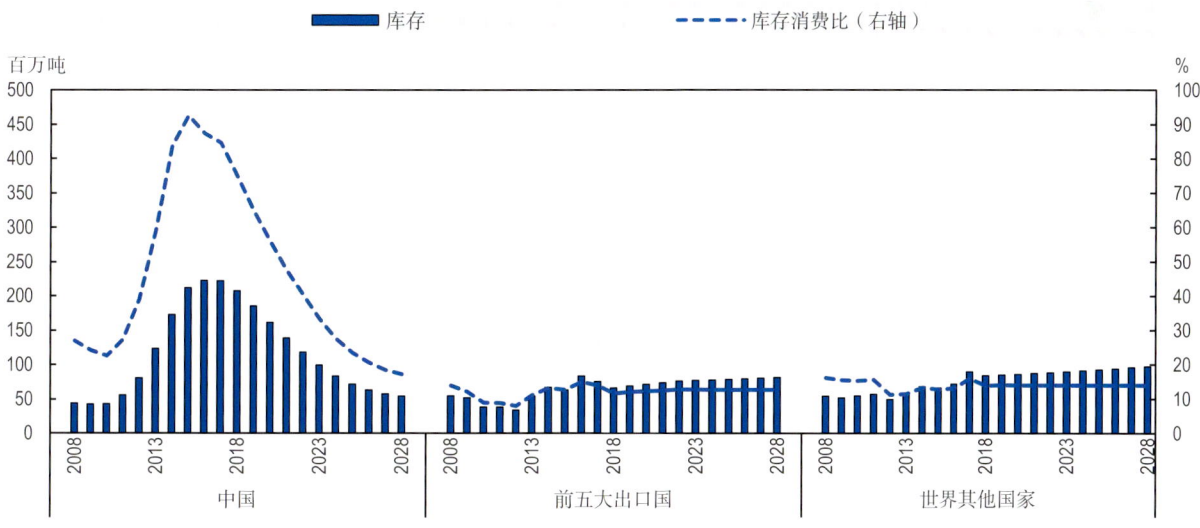

注：排名前五位的出口国（2016—2018年）：美国、巴西、阿根廷、乌克兰和俄罗斯。
资料来源：经合组织/粮农组织（2019年），《经合组织-粮农组织农业展望》，经合组织农业统计（数据库），http://dx.doi.org/10.1787/agr-outl-data-en。

谷物价格可能会受到快速发展经济体增速进一步放缓以及新能源和新的提取技术导致能源价格下跌。此外，生物燃料政策的制定与改革对食品安全的强化以及可持续性标准（即欧盟、巴西或美国在这方面的努力）也可能对谷物需求量造成影响。

国际谷物贸易环境也面临着越来越大的不确定性，这可能会影响贸易流动。进一步的贸易保护、解决现有的贸易紧张局势（如中美贸易紧张局势）以及新的区域贸易协定的出现，可能对谷物市场未来的发展产生重要影响。

第四章

油籽和油籽产品

市场形势

2018年,植物油价格继续呈下降趋势,均价创10年来新低。然而,油籽饼粕和油籽的价格在2018年上半年达到顶峰,但此后经历了类似的下降,尽管幅度较小。主要出口国的高库存,加上与美国和中国贸易谈判有关的市场不确定性,影响了这些价格趋势。

2018年全球大豆产量增加,美国和巴西喜获丰收,导致库存增加。考虑到中国对美国大豆出口征收额外关税,以及随后采取的降低蛋白质在饲料配给中所占份额的举措,对蛋白质的需求已经逐渐减少。非洲猪瘟继续影响中国畜牧业,抑制了饲料需求。政府最近还支持降低饲料配给中蛋白质的最低比例,这是由主要行业协会首先提出的。

植物油行业的特点是全球贸易放缓,主要反映2018年印度食用油进口减少。这是由于国内油籽生产的扩大,加上进口关税的提高。一些国家还扩大了压榨能力,从而以购买石油和粮食为代价增加了油籽进口。因此,印度尼西亚和马来西亚等主要植物油供应商的出口增幅低于平均水平,导致库存增加和价格下降。综合这些因素,印度尼西亚出台了要求更高的生物柴油法规,推动国内用于生物柴油生产的棕榈油从2017年的350万升增至2018年的510万升。

预测要点

在展望期内,全球大豆产量预计将继续以每年1.6%的速度增长,收获面积的扩大将占全球产量增长的53%。巴西的国内产量到2028年将达到1.44亿吨,届时巴西将超过美国成为世界上最大的生产国,预计到2028年巴西的国内产量将达到1.21亿吨。未来10年,其他油料种子的产量将每年增长1.4%,与过去10年相比增长放缓,部分原因是对菜籽油作为欧洲生物柴油生产原料的需求受到抑制。将大豆和其他油籽加工成饼(粕)和食用油是主要用途,这方面需求的增速快于其他用途,特别是直接食用大豆、花生和葵花籽以及大豆直接饲喂动物。总之,2028年,预计世界大豆产量的91%和世界其他油籽产量的87%将用于压榨。

植物油包括从大豆和其他油籽的压榨中获得的油(约占世界植物油产量的55%)、棕榈油(35%)以及棕榈仁油、椰子油和棉籽油。尽管成熟油棕新增种植面积有所放缓,但预计印度尼西亚(460万吨)和马来西亚(230万吨)的产量将显著增长。不过,印度尼西亚国内生物柴油需求上升,将对中期植物油供应构成压力。到2028年,全球对植物油的需求将增加2 800万吨,这可能会降低高库存,并支持未来植物油的价格。

豆粕在蛋白粉的生产和消费中占主导地位。与过去10年相比,全球猪肉和家禽产量增长放缓以及中国在牲畜饲料口粮中采用较低的蛋白粉比例,将限制蛋白粉利用率的扩大(每年1.5%,相对于过去每年4.1%)。因此,中国蛋白粉的使用量预计将比动物生产量增长稍慢。

植物油在所有农产品中的贸易份额最高（40%）。世界上最大的单一植物油成分棕榈油供应商印度尼西亚和马来西亚将继续主导植物油贸易（图4.1），出口超过其总产量的70%，共同占全球出口的近60%。

图4.1 各区域油籽和油籽产品出口量

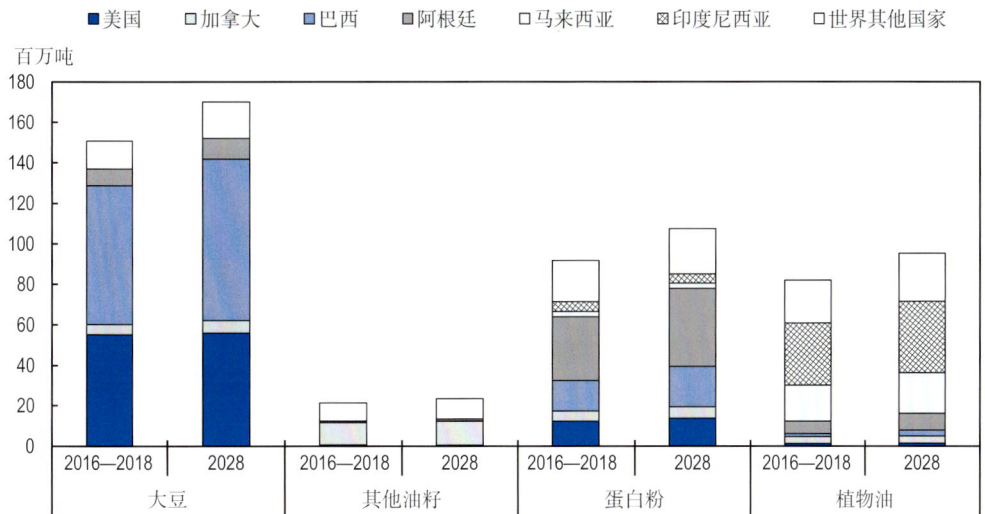

资料来源：经合组织／粮农组织（2019年），《经合组织－粮农组织农业展望》，经合组织农业统计（数据库），http://dx.doi.org/10.1787/agr-outl-data-en。

以美洲为主的世界大豆贸易增长预计在未来10年将大幅放缓，这一发展直接与中国压榨进口大豆的预期增长放缓有关。与此同时，巴西将巩固其作为世界最大的大豆出口国的地位。

美国和巴西扩大大豆生产和出口将取决于中美正在进行的贸易谈判的结果。印度尼西亚和马来西亚增加棕榈油产量的范围将越来越取决于开展再植活动和随之而来的产量提高（而不是面积扩大），鉴于该部门的利润率较低，印度尼西亚公共再植计划的规模有限，近年来产量提高缓慢，马来西亚劳动力成本上升。可持续性问题还影响到棕榈油产量的增长，因为发达国家的需求倾向于与森林砍伐无关的石油，并要求对用作生物柴油原料的植物油以及越来越多地用于进入食物链的植物油进行可持续性认证。

价格

植物油实际价格处于13年来的最低点，预计将开始上涨。随着全球对植物油的食品和油脂化学需求不断扩大，加上国内对植物油作为生物柴油原料的新需求，特别是印度尼西亚将降低其目前处于10年高位的库存，价格将有所回升。同时，主要棕榈油生产国的生产紧张将阻碍未来10年供应的任何大幅度增长，从而巩固植物油实际价格的上涨趋势。

大豆、其他油籽和蛋白质膳食的实际价格将略有下降，因为预计需求增长将略快于全球供应增长。但实际价格仍将高于历史低点（图4.2）。按名义价格计算，油籽和油籽产品的价格预计中期内会上涨，但预计不会达到先前的高点。

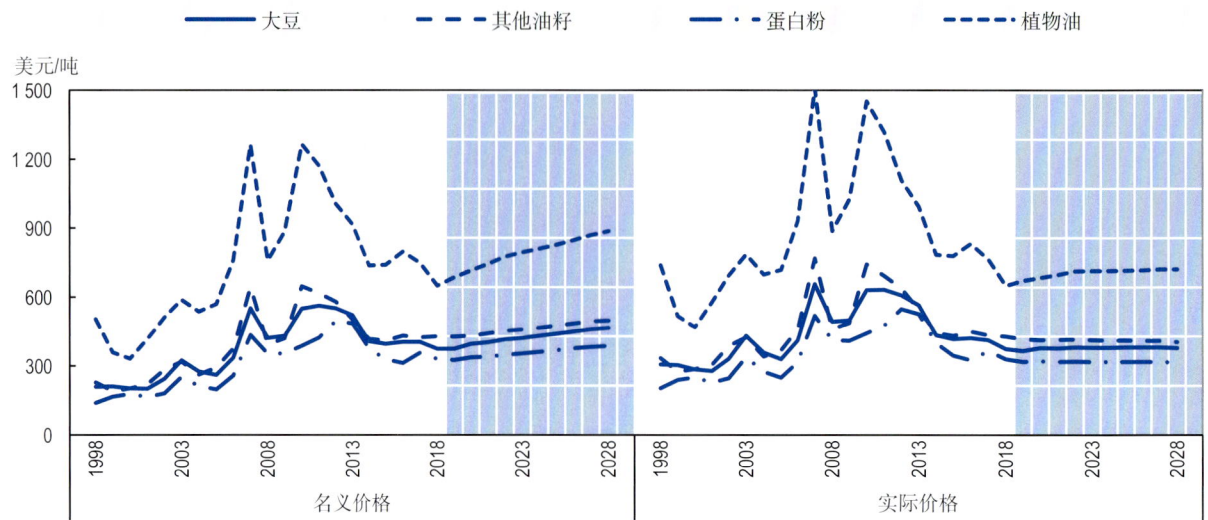

图 4.2　世界油籽价格变化

注：大豆：美国，鹿特丹到岸价；其他油籽：油菜籽，欧洲，汉堡到岸价；蛋白粉：大豆粉、葵花籽粉和油菜籽粉按产量加权后的平均价格，欧洲口岸；植物油：棕榈油、大豆油、葵花籽油和油菜籽油按产量加权后的平均价格，欧洲口岸。实际价格是美国GDP平减指数调减后的世界名义价格（2018=1）。

资料来源：经合组织/粮农组织（2019年），《经合组织－粮农组织农业展望》，经合组织农业统计（数据库），http://dx.doi.org/10.1787/agr-outl-data-en。

油籽产量

大豆产量预计每年增长1.6%，而过去10年每年增长4.4%。其他油料种子（菜籽、葵花籽和花生）的产量增长速度将低于大豆，为每年1.4%，而过去10年为每年3.1%。其他油料种子的增长以单产提升为主，单产提升量将占产量增长的64%，而大豆单产提升量则占总产量增长的46%。

预计巴西和美国在未来10年内的大豆产量达到类似水平（2016—2018年约为1.20亿吨），但在未来10年，巴西的预计增长率（每年1.8%）应大于美国（每年1.2%），主要是因为有可能扩大种植面积，主要通过大豆与玉米复种的作物集约化种植方式。此外，假设中国最近对美国大豆征收的附加关税仍然有效，巴西大豆将在全球最大的进口市场上享有竞争优势。总体而言，拉丁美洲的大豆产量将继续强劲增长，到2028年，阿根廷和巴拉圭的大豆产量将分别为6 200万吨和1 300万吨（图4.3）。在中国，大豆产量在过去10年下降后有望恢复增长，部分原因是对谷物种植的政策支持减少。预计印度、俄罗斯、乌克兰和加拿大的大豆产量也将增长。

中国（主要生产油菜籽和花生）和欧盟（主要生产油菜籽和葵花籽）是其他油

料种子最重要的生产国，预计 2028 年产量分别为 3 200 万吨和 3 000 万吨。然而，预计这两个地区的产量增长有限（中国每年 1.0%，欧盟每年 0.6%），因为谷物的竞争价格将对不断减少的耕地产生强有力的竞争。加拿大是另一个主要的油菜生产国和最大的油菜出口国，预计其产量将以每年 1.2% 的速度增长。相比之下，与黑海地区农业部门的持续扩张相一致，预计乌克兰和俄罗斯的其他油籽产量将更快增长。在印度，随着印度政府继续支持生产，以满足国内对植物油和蛋白粉的需求，其他油籽产量在未来 10 年内将快速增长。

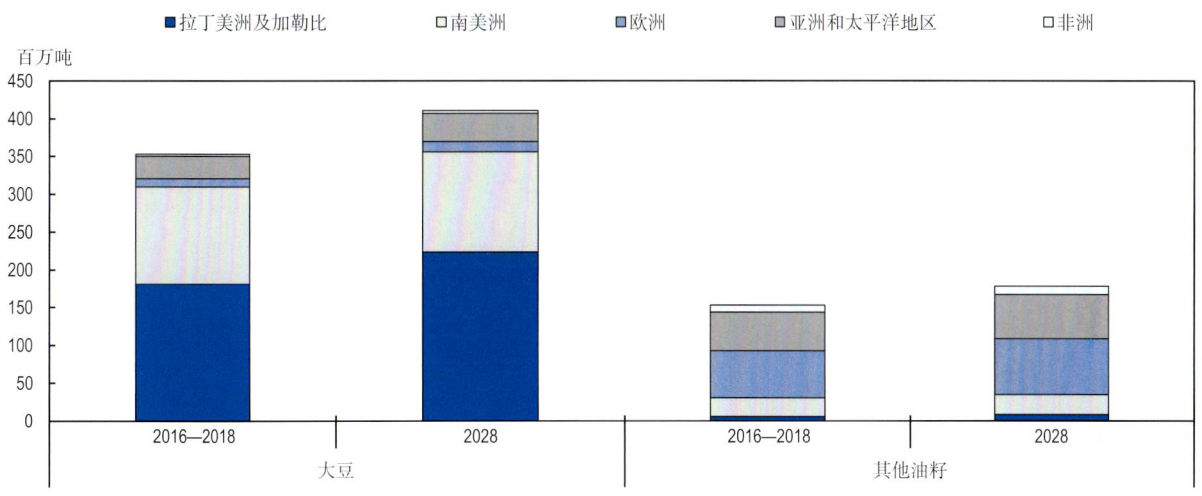

图 4.3 各区域油籽产量

资料来源：经合组织 / 粮农组织（2019 年），《经合组织 – 粮农组织农业展望》，经合组织农业统计（数据库），http://dx.doi.org/10.1787/agr-outl-data-en。

大豆库存预计将保持不变，这意味着世界库存使用率将从 2016—2018 年的 12.3% 下降到 2028 年的 10.7%。鉴于油籽生产逐步向少数主要生产国集中的全球趋势，库存使用率下降可能导致价格波动加剧。

油籽压榨及植物油和蛋白粉生产

从全球来看，大豆和其他油籽压制粗粉（粉饼）及榨油仍是油籽的主要用途。压榨需求量增速仍将快于其他用途，特别是大豆、花生和葵花籽食用消费以及大豆直接饲喂动物。总体而言，2028 年，世界大豆产量的 90% 和世界其他油籽产量的 86% 将用于压榨生产。压榨区域的分布取决于许多因素，包括运输成本、贸易政策、对转基因作物的接受度、加工成本（如劳动力和能源）以及基础设施（如港口和道路）。

从绝对值来看，大豆压榨量在展望期内增长了 6 100 万吨，远低于前 10 年的 1.11 亿吨。预计中国大豆压榨量将增加 1 900 万吨，约占世界大豆压榨量的 31%，其中大部分将使用进口大豆。中国的经济增长虽然很大，但预计将大大低于前 10 年。与大豆相比，其他油籽的压榨预计会随着产量的增长而增长，而且压榨地点也更接近于种植地点。这意味着其他油籽的贸易份额远低于大豆。

全球植物油的生产依赖于油籽的压榨和多年生热带油料植物的生产，特别是油棕。过去10年，全球棕榈油产量超过了其他植物油的产量。然而，预计棕榈油的地位在预测期内将略有减弱（图4.4）。棕榈油的生产主要集中在印度尼西亚和马来西亚，这两个国家加起来占世界植物油产量的1/3以上。

预计印度尼西亚棕榈油产量将在预测期内每年增长1.8%，而前10年为每年

图4.4 按类型划分的蛋白粉和植物油生产

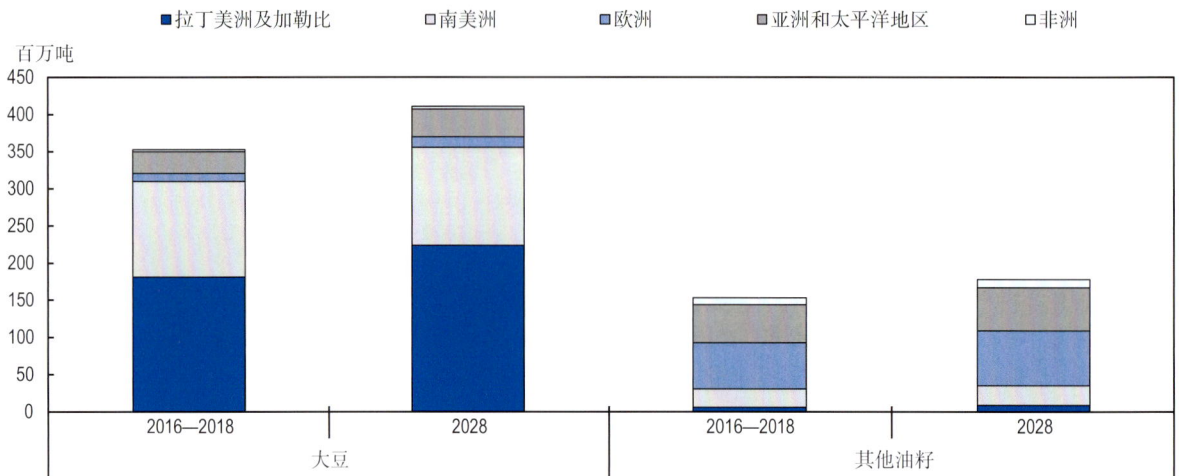

资料来源：经合组织/粮农组织（2019年），《经合组织－粮农组织农业展望》，经合组织农业统计（数据库），http://dx.doi.org/10.1787/agr-outl-data-en。

6.9%。棕榈油主要进口国日益严格的环境政策和可持续农业规范（例如2030年可持续发展议程规范）预计将减缓马来西亚和印度尼西亚棕榈油地区的扩张。这意味着产量的增长将越来越多地来源于生产力的提高，包括加快再植活动。预计其他国家的棕榈油产量将从低基数快速增长，主要用于国内和地区市场。例如，泰国预计到2028年将生产2.90亿吨，哥伦比亚200万吨，尼日利亚120万吨。在中美洲的某些国家，利基棕榈油生产从一开始就在发展，并获得了全球可持续性认证，使该地区最终进入更广泛的出口市场。在全球范围内，棕榈油供应量预计将以每年1.8%的速度增长。

除了棕榈油和此前分析的油籽压榨油之外，植物油还包括棕榈仁油、椰子油和棉籽油。棕榈仁油与棕榈油同时生产，产量增长的趋势也很类似。椰子油主要产自菲律宾、印度尼西亚和大洋洲岛屿。棕榈仁油和椰子油有着重要的工业用途，随着棕榈油产量的不断增长，棕榈仁油已经逐渐占据主导地位。棉籽油是棉花的副产品，全球产量主要集中在印度、美国、巴基斯坦和中国。总体而言，预计全球植物油产量将以每年1.7%的速度增长，这一增长率高于本展望所涵盖的大多数农产品。

全球蛋白粉产量预计将以每年1.6%的速度增长，到2028年达到400吨。世界蛋白粉生产集中于少数国家，大豆粉占蛋白粉总产量的2/3以上（图4.4）。预测显

示，到 2028 年，阿根廷、巴西、中国、欧盟、印度和美国产量将占全球产量增量的 75%。在中国和欧盟，大部分蛋白粉的生产来自进口油籽的压榨，主要是来自巴西和美国的大豆。

植物油消费

人均食用植物油消费量预计每年增长 0.9%，远低于 2009—2018 年的 2.0%。中国（人均 30 千克）和巴西（人均 24 千克）的食用植物油人均可获得量将达到与发达国家相当的水平，其中食用植物油消费增长将稳定在人均 27 千克，年增长率为 0.4%（图 4.5）。

图 4.5　选定国家的人均植物油供应量

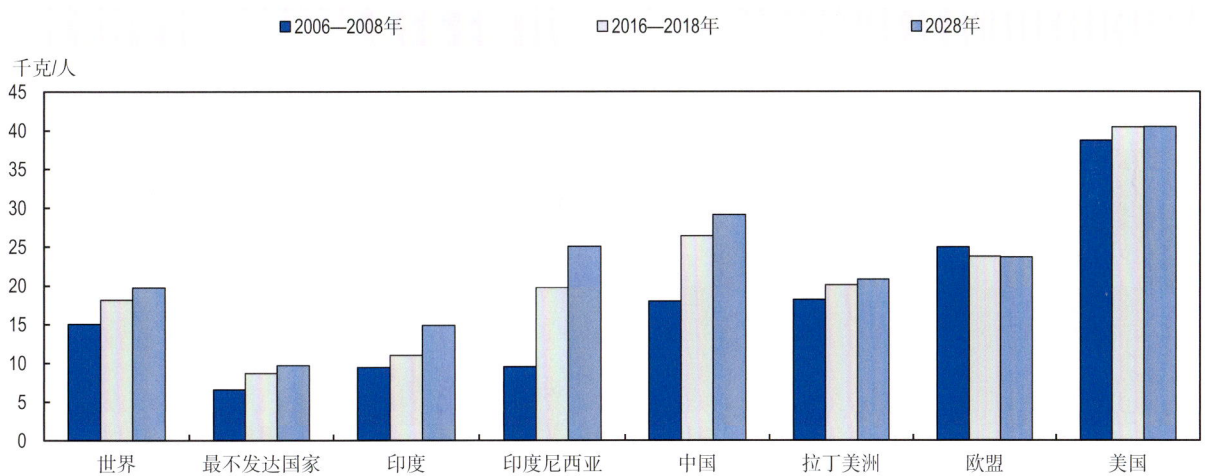

资料来源：经合组织 / 粮农组织（2019 年），《经合组织 – 粮农组织农业展望》，经合组织农业统计（数据库），http://dx.doi.org/10.1787/agr-outl-data-en。

印度是世界第二大植物油消费国和第一大植物油进口国，预计到 2028 年，印度的人均消费量将保持每年 3.1% 的高增长率，达到人均 15 千克。这一大幅增长将是其国内生产扩大（来源于扩大油籽种植）和主要从印度尼西亚和马来西亚进口棕榈油进一步增加的结果。最不发达国家的人均植物油供应量预计将每年增加 1.2%，到 2028 年达到人均 10 千克。

未来 10 年，植物油作为生物柴油原料的吸收量将保持不变，而在过去 10 年中，当生物燃料支持政策生效时，植物油的年增长率为 8.5%。总的来说，国家强制生物柴油消费目标的增幅预计将低于往年。此外，由于具体的政策，废油、牛脂和其他原料在生物柴油生产中所占的份额正在增加（有关生物燃料的更多详情，见第九章）。阿根廷有望保持以出口为导向的生物柴油产业（生产的生物柴油一半以上出口）。到 2028 年，阿根廷生物柴油工业的植物油吸收量预计为 320 万吨，相当于国内植物油消耗量的 75%（图 4.6）。印度尼西亚、巴西和泰国的生物柴油产量在过去

10年中实现了强劲增长，但预计在未来10年将逐渐减少，但预计将超过植物油的总体粮食需求增长，部分原因是支持措施刺激了国内生物柴油消费。

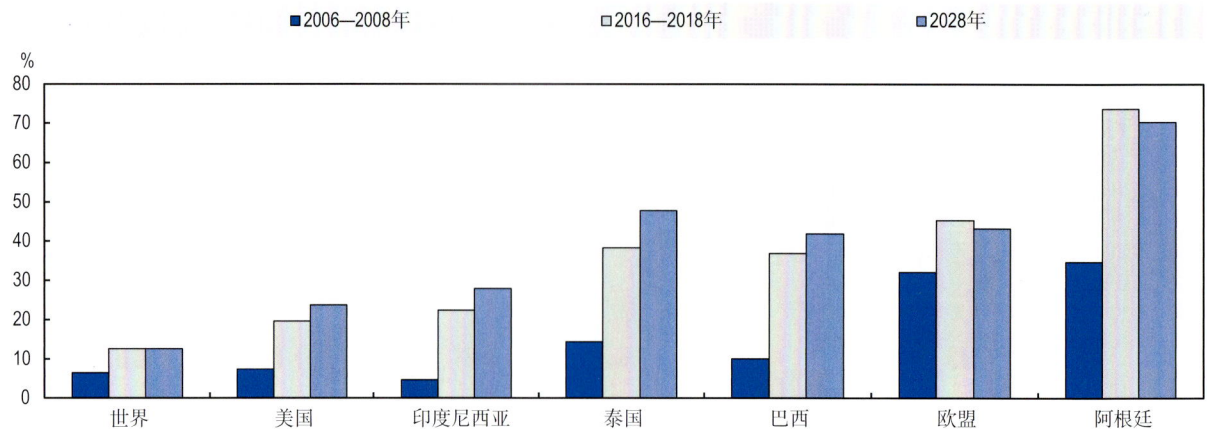

图 4.6　用于生物柴油生产的植物油比例

资料来源：经合组织/粮农组织（2019年），《经合组织－粮农组织农业展望》，经合组织农业统计（数据库），http://dx.doi.org/10.1787/agr-outl-data-en。

蛋白粉消费量

蛋白粉消费量预计将继续以每年1.6%的速度增加，远低于过去10年的4.2%。蛋白粉消费量的增加与饲料需求量增加密切相关，因为蛋白粉仅用作饲料。动物生产与蛋白粉消费之间的联系与一个国家的经济发展程度有关，小农生产是低收入生产者的特征，工业生产是高收入经济体的标准（图4.7）。由于发展中国家更多地转

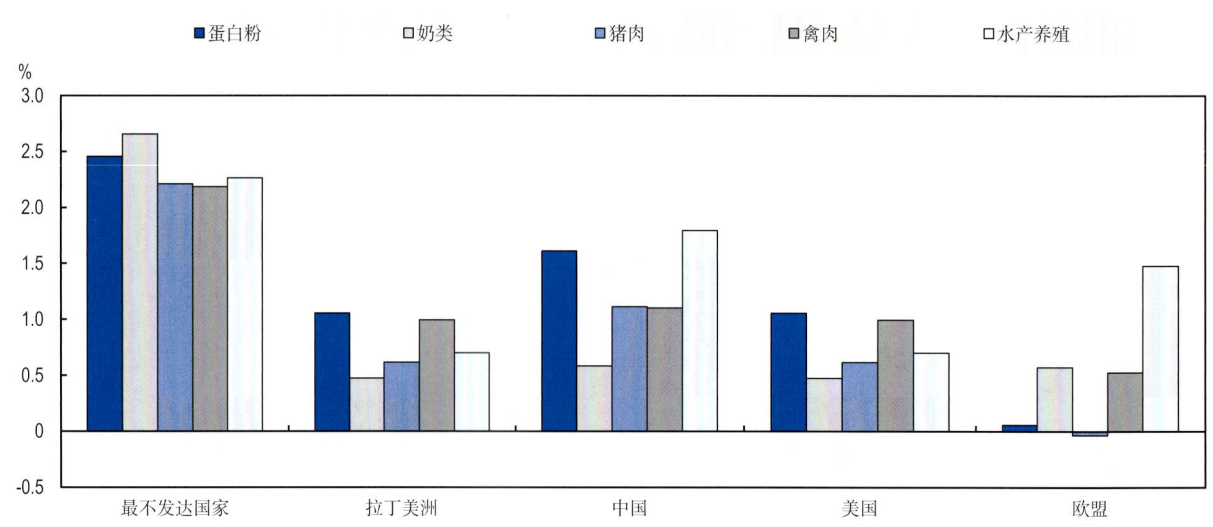

图 4.7　蛋白粉消费和动物产量增加情况（2019—2028年）

资料来源：经合组织/粮农组织（2019年），《经合组织－粮农组织农业展望》，经合组织农业统计（数据库），http://dx.doi.org/10.1787/agr-outl-data-en。

向饲料密集型生产系统，蛋白粉消费量的增速往往超过畜牧业。最不发达国家的蛋白粉消费量仍然很低，预计随着商业饲料的广泛使用，畜牧业生产的集约化将继续进行。单位畜牧业生产需要的蛋白粉消费量将会大大增加，从而导致这些国家的总需求快速增长。在美国和欧盟等大多数畜牧业生产都以复合饲料为主，蛋白粉消费量增速与畜牧业产量增速相当。

中国的蛋白粉消费增长预计将从过去10年的每年6.3%下降到每年1.6%。由于动物生产增长率下降以及目前复合饲料生产所占份额较大，预计中国复合饲料需求的增长将萎缩。此外，中国复合饲料中的蛋白粉含量在过去10年里猛增，远远超过目前美国和欧盟的水平。为了解决这一问题，中国政府最近支持对饲料口粮中的推荐蛋白质含量进行修正以降低含量，而该含量最初是由一个行业协会提出的。

贸易

全球大豆贸易量占全球大豆产量的40%以上，与其他农产品相比，这一比例很高。与过去10年相比，在展望期内世界大豆贸易增长预计将大幅减速。该动向与中国大豆压榨量预计增速放缓直接相关。

中国大豆进口量预计仅以每年1.5%的速度增加，到2028年约为1.13亿吨，约占世界大豆进口量的2/3。大豆出口主要来自美洲；2028年，美国、巴西和阿根廷将占世界大豆出口总量的87%。尽管历史上美国是全球最大的大豆出口国，但巴西的出口量却稳步增长。到2028年，巴西将占全球大豆出口总量的42%。中国对从美国进口的大豆加征25%的关税，有利于这一发展。预计这些关税将在整个展望期内保持不变。

其他油籽贸易量占产量的比例远远低于大豆，约为世界产量的14%。到2028年，重要出口国加拿大、澳大利亚和乌克兰将占世界出口量的75%以上。加拿大和澳大利亚一半以上其他油籽（油菜籽）用于出口（图4.8）。

占全球植物油产量41%的植物油出口仍由少数国家主导。在展望期内，印尼和马来西亚将继续占植物油出口总额的近2/3。阿根廷预计将成为第三大出口国（主要是豆油），2028年将达到世界植物油出口的7.9%。预计这三个国家的出口将占国内植物油产量的2/3以上。然而，由于国内对食品、油脂化工产品，特别是生物柴油的需求增长预计将超过出口，预计印度尼西亚和马来西亚该比例将略有减少。印度预计将以每年3.7%的速度继续强劲增长，2028年将达到2 200万吨，约占世界植物油进口的1/4。

在展望期内，世界蛋白粉贸易的增长率为每年1.5%左右，低于过去10年每年3.6%的增长率，其特点是全球生产贸易份额下降。预计这一转变是因为全球肉类生产的增加将集中在主要的油籽加工国家，在这些国家，当地生产的蛋白粉的使用量将增加，因此贸易只会略有增加。

阿根廷仍将是最大的粗粉出口国，因为它是主要蛋白粉生产国中唯一确定出口

图 4.8 前三大出口国油籽和油籽产品出口量占总产量的份额

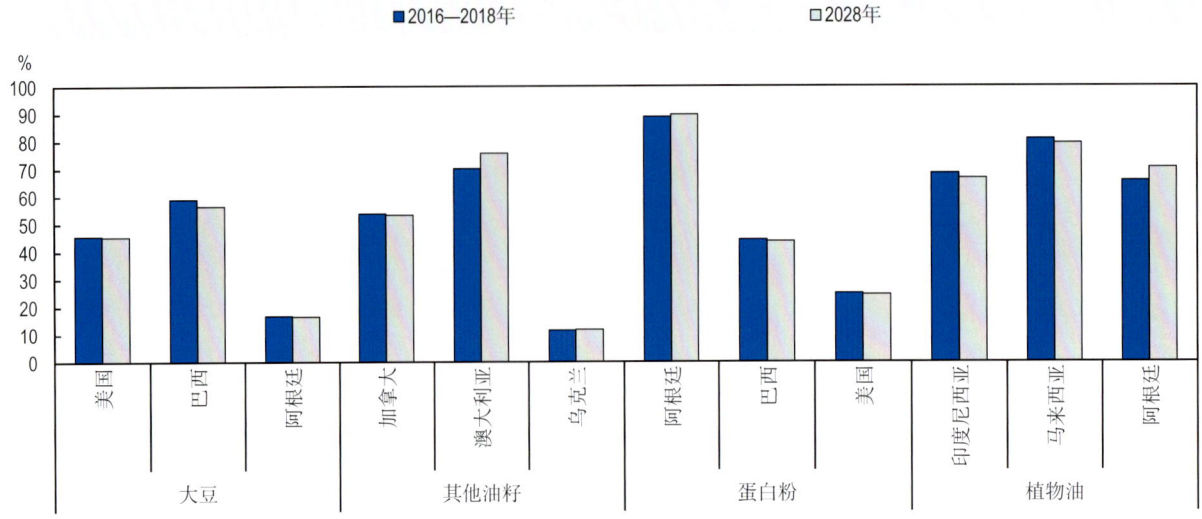

注：该数字仅显示直接出口份额，不包括加工产品出口，计算加工产品后出口份额将会扩大。
资料来源：经合组织/粮农组织（2019年），《经合组织－粮农组织农业展望》，经合组织农业统计（数据库），http://dx.doi.org/10.1787/agr-outl-data-en。

导向型蛋白粉生产的国家。最大的进口地区是欧盟，预计 2028 年的进口量将保持在 2 810 万吨左右。全球 18 亿吨蛋白粉新增进口量的一半以上将来自亚洲，特别是越南、巴基斯坦和泰国。预计这些国家的国内破碎能力将赶不上蛋白粉需求，因此，畜牧业的扩张将需要进口饲料来满足生产要求。

主要问题和不确定性

大多数大宗商品的共同不确定性（例如宏观经济环境、原油价格和天气条件）适用于油籽和产品。由于生产集中在世界少数地区，气候变化对油籽和棕榈油综合体的生产影响比其他主要作物市场更为明显。

美国和巴西大豆产量的增加将取决于中美正在进行的贸易谈判的结果，这可能导致巴西扩大大豆种植，以满足中国的需求，并同时实现美国大豆种植区和玉米种植区的转变。这种谈判的演变还可能影响对其他来源的油料种子的需求、替代效应以及中国的粗粉和油脂进口量。

消费者对大豆的担忧源于转基因种子在大豆生产中所占比例很高。特别是在欧盟，以不含转基因产品的饲料为基础的动物产品认证计划正在火热进行，并可能将饲料需求转移到其他蛋白质来源。环境问题也在增加，特别是在巴西和阿根廷毁林与增加大豆产量之间的潜在联系方面。这些担忧促使私营部门鼓励使用已经清理的土地，以便进一步扩大面积。如果成功的话，这些自愿性举措应该会阻止大豆生产者进一步清理土地。

印度尼西亚和马来西亚棕榈油产量增长的空间将越来越取决于再植活动和随之

而来的单产提高（而不是面积增加），鉴于棕榈油行业的盈利能力较低，近年来产量增长缓慢，印度尼西亚公共再植计划规模有限，马来西亚劳动力成本上升。可持续性问题还影响到棕榈油产量的增加，因为发达国家的需求倾向于无森林砍伐的油，并要求对用作生物柴油原料的植物油以及越来越多地用于进入食物链的植物油进行可持续性认证。

认证计划、标签和环境立法可能会抑制主要棕榈油生产国的面积扩张及主要进口商的购买，这最终会影响供应增长。这些因素制约了油棕榈种植园的进一步扩大及其对马来西亚和印度尼西亚的出口。

2000年，当一些国家首次实施国内生物燃料政策时，植物油作为生物柴油原料的需求开始迅速增长，现在这种需求已经趋于平稳。在美国、欧盟和印度尼西亚，鉴于全球约12%的植物油供应用于生物柴油生产，这些政策仍然是植物油行业的重大不确定性来源。在欧盟，政策改革和第二代生物燃料技术的出现可能会促使人们放弃使用以作物为基础的原料。在印度尼西亚，鉴于最近提议的使生物柴油混合率达30%的规定可能会造成中期供应限制，其可实现性仍有待观察。影响生物柴油生产盈利能力的矿物油价格的发展，仍然是植物油行业不确定性的主要来源。

蛋白粉与配合饲料中的其他成分直接竞争，因此谷物价格的任何变化都会对其产生影响。此外，饲养习惯的改变，特别是养牛业，可能改变蛋白粉的需求量。例如，中国国内谷物价格的持续调整将影响其配合饲料的成分，目前中国配合饲料中蛋白粉的比例高于发达国家和其他主要新兴经济体。

第五章

糖 类

市场形势

全球食糖产量在经历 2017 销售年度（2017 年 10 月至 2018 年 9 月）创纪录的高产之后，预计 2018 年度盈余较小。产量收紧主要是由于天气条件不利对印度、泰国、欧洲等主要产区的产量产生了负面影响。在过去两年中，印度已超过巴西成为世界上最大的食糖生产国。尽管中国国内产量有所增加，但其仍然是主要的食糖进口国。

尽管近年来由于世界人口增速下降，以及人们越来越关注过量食糖消费对健康的潜在影响，导致食糖需求增长放缓，但是由于许多发展中国家人均消费水平相对较低，糖摄入量的增长依然强劲。印度食糖库存由于丰产而增加，而欧盟和美国正进行去库存化，从而使全球库存使用率维持相对稳定。

在 2017 销售年度的大部分时间内，由于供应过剩导致世界食糖名义价格十分低迷，跌至 10 年前的水平。如果巴西没有将甘蔗从食糖生产转向乙醇生产，食糖价格将跌至更低。但是由于美元升值，印度、墨西哥和澳大利亚等食糖出口国 2018 年度出口价格有所上涨。

预测要点

以实际美元价格计价的原糖和白糖价格从相对较低的水平起步，预计将在未来 4 年出现反弹，随后在 2028 年度呈现小幅下跌趋势，回落到 285 美元 / 吨。在油价保持不变的情况下，高度机械化的糖产业盈利能力预计将随着时间的推移而下降。食糖名义价格将呈现温和上涨趋势（平均上涨 1.3%）。2018 销售年度白糖溢价相对较紧（白糖和原糖价格之差），预计将在预测期内小幅增加到 88 美元 / 吨，但仍低于过去 10 年的平均值（93 美元 / 吨）。

如果天气条件正常，预计甘蔗和甜菜的产量将继续增加，这是因为与其他作物相比收益可观以及有政策支持糖料作物用于乙醇生产。甘蔗仍将是主要产糖作物（约占 86%），其种植主要集中在非洲、亚洲、拉丁美洲及加勒比地区的热带和亚热带国家。预计甘蔗产量增长将高于甜菜，而两种作物种植面积增速相同。

未来 10 年，全球食糖产量预计将增长 14%，从基期（2016 年 9 月至 2019 年 10 月）的 1.78 亿吨增加到 2028 年的 2.07 亿吨，预计新增产量的 85% 都来自于发展中国家。预测所依据的经济假设是指巴西糖的出口价格仍具有足够的吸引力，从而促使整个糖产业链的生产力实现增长。尽管油价相对较低，但由于巴西国家生物燃料政策（RenovaBio）（2017 年 12 月采用）支持未来 10 年的乙醇生产，预计糖产业面临的来自使用甘蔗进行乙醇生产的竞争将日益激烈。预计巴西将重新夺回印度近两年度世界最大食糖生产国的地位，巴西占世界食糖产量的比重将稳定在 1/6（10 年前为 1/4）。从绝对值来看，与基期相比，全球产量发生较大变化的主要包括：印度产量将增加 570 万吨，泰国将增加 300 万吨，中国将增加 290 万吨，巴西将增

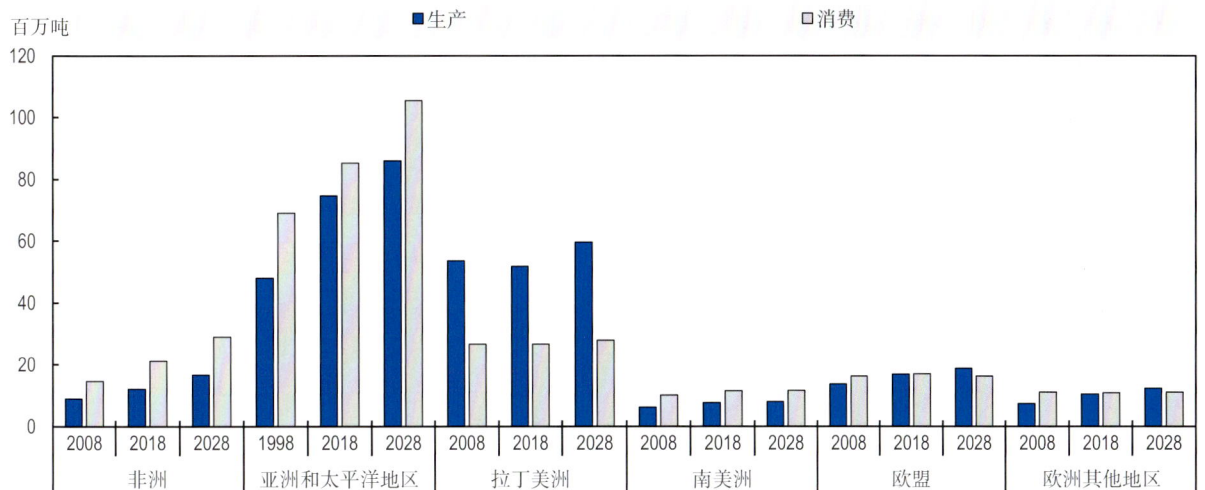

图 5.1 按区域分列的食糖供给量和需求量

资料来源：经合组织/粮农组织（2019年），《经合组织-粮农组织农业展望》，经合组织农业统计数据库（数据库），http://dx.doi.org/10.1787/agr-outl-data-en。

加 250 万吨。在全球范围内，预计未来 10 年食糖产量年均增长率将略低于过去 10 年，特别是在经合组织国家和亚洲主要生产国。

预计 2028 年全球食糖需求量将增加到 2.03 亿吨，比基期增加 3 200 万吨，主要是由于亚洲、中东和北非食糖消费量增加。但是按人均消费量计算，预计这些地区将出现放缓，高消费国也将出现下滑。主要替代热量甜味剂、高果糖浆的消费量预计将增加 160 万吨，到 2028 年达到 1 500 万吨。食糖和高果糖浆将继续占甜味剂市场的 80% 和 10%。在一些发达国家和某些发展中国家（如巴西、埃及、墨西哥、巴拉圭、南非和土耳其），高水平的糖消费已引发健康问题（肥胖、糖尿病和其他相关健康问题），从而引起政策行为，如对高热量甜味剂（食糖和高果糖浆）征税。税收政策只有当其成为更广泛的公共卫生战略框架的一部分时效果才会显现，其中包括均衡膳食和身体锻炼。尽管如此，政府仍然从较高的税收中获益，并在过去几年中开始引入这些税收政策，包括在亚洲。

全球政策变化和政府间自由贸易协定将带来世界贸易新动态。巴西将继续主导世界食糖贸易，其市场份额近年来有所下降，预计将在 21 世纪 20 年代初反弹。但泰国仍将是其主要竞争对手，弥补非洲、中东和亚洲市场供应缺口。大出口国之间的贸易紧张局势将继续主导市场，向 WTO 提出的关于补贴和其他形式支持的申诉可能会持续存在。

价格

实际食糖价格在展望期初期处于低位水平，并且接近 2006 年、2014 年和 2017

年丰产期间出现的历史低位。预计价格将在4年左右小幅反弹，产量将在当前的水平上缓慢恢复。在展望期的剩余时间内，价格将出现下降趋势，预计2028年与目前价格水平相当。价格下降是由于未来10年需求量增长预期放缓（即使在人均消费量低于世界平均水平的国家），而食糖供应十分充足。预计库存量不会大幅增加，库存使用率将平稳回归至48%的长期平均水平之下。

未来10年实际食糖价格均价将低于过去20年的平均价格，但名义价格高于过去20年的平均价格。到2028年，世界原糖名义价格预计为350美元/吨（15.9美元/磅），白糖名义价格为438美元/吨（19.9美元/磅）（图5.2）。目前白糖溢价较低，因为欧盟白糖交付量较高且中东国家和阿尔及利亚的食糖精炼能力有所提升。在展望期末期，名义价格溢价将缓慢上升至88美元/吨。

图 5.2　世界食糖价格演变趋势

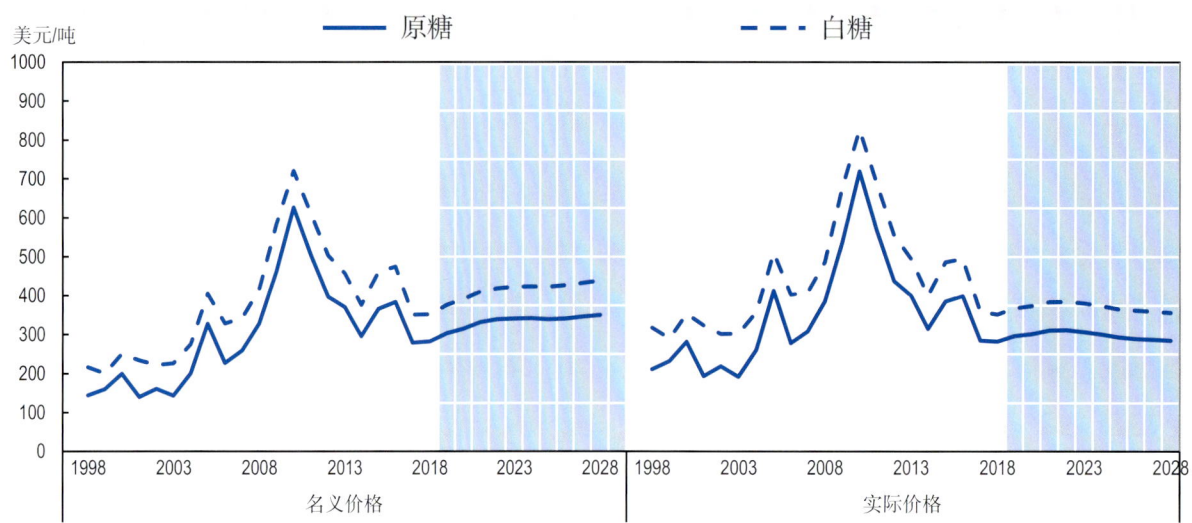

注：世界原糖价格，洲际交易所，第11号合约，近期期货价格；精制糖价格，泛欧交易所，伦敦国际金融期货交易所，第407号期货合约，伦敦。实际食糖价格是指经美国国内生产总值平减指数调减后的世界名义价格。

资料来源：经合组织/粮农组织（2019年），《经合组织–粮农组织农业展望》，经合组织农业统计数据库（数据库），http://dx.doi.org/10.1787/agr-outl-data-en。

由于一些主要食糖市场逐步取消了扭曲贸易的食糖支持政策，食糖价格同比变化势头将会被抑制。近期供给侧政策变化包括：2017年10月欧盟取消了食糖配额制度；2017年年底泰国取消了生产配额和价格支持；美国和墨西哥之间重启食糖贸易协定谈判，并于2017年6月完成，为市场注入了稳定剂。尽管如此，鼓励食糖出口的支持计划（如印度、巴基斯坦）对价格产生巨大负面影响。需求侧改革似乎对价格影响较小，因为消费者行为的改变很少会立即发生。总体来看，这些改革涉及对含有热量的含糖软饮料征收食糖税，征税旨在解决一些国家出现的肥胖和其他健康相关问题。

生产

预计世界许多地区糖料作物种植将会扩张，因为由于糖料作物的特殊优势，使糖厂可以根据收益价格在食糖和乙醇生产之间转换。甘蔗约占糖料作物的86%，甜菜占剩余部分。甘蔗是一种多年生作物，主要生长在热带和亚热带地区。同一棵作物可以多年收获，尽管产量下降，但是它们比一年生作物更难以替代。除了食糖和乙醇，甘蔗还可以生产副产物，如电（通过剩余蔗渣）和生物塑料。但是甘蔗仍然是喜水作物。相反，甜菜是一年生作物，主要种植在温带地区。甜菜的所有部分可用于生产多种产品，包括食物（糖）、饲料、工业用生物基产品（药品、塑料、纺织品和化学品）和乙醇。

在展望期内，这两种糖料作物的产量将有所增加，主要是由于单产的提高而非面积扩大。主要糖料作物甘蔗产量预计将增加1.3%，略低于过去10年，全球产量变化的44%来自于巴西。甜菜的市场前景不那么稳健：与过去10年（年增长2.4%）相比，甜菜产量增长较低（年增长1%）（图5.3）；预计埃及、土耳其、欧盟、中国、俄罗斯和乌克兰产量预计略有增加。但是由于欧盟禁止使用几种新烟碱类物质的禁令在2019年1月1日生效，这将导致几年内甜菜产量有所降低，直至采用可接受的做法以及使用抗虫性更强的种子。美国大力支持食糖业，两种糖料作物均有种植，投入品成本的增加将抑制甜菜产量的增长，但由于甘蔗是多年生作物较为稳定，预计甘蔗产量将有所增长。

与基期相比，用于食糖生产的甘蔗所占比重预计将下降4%，而甜菜将保持基本持平。这意味着用于乙醇生产的世界糖料作物的比重将从基期的18%增加到2028年的21%。巴西将继续成为食糖和甘蔗乙醇的主要生产国，到2028年甘蔗产量将占全球产量的37%，将被用于生产全球18%的食糖和88%的甘蔗乙醇（基期分别为19%和91%）。

在展望期内，世界食糖产量增速预计将减缓至年均1.5%，而过去10年为每年1.7%。新增产量将主要来自于发展中国家，到2028年占全球食糖产量的77%（基期间为75%）。主要的生产区域是亚洲和拉丁美洲。亚洲占全球食糖产量的份额预计将从基期的39%增加到2028年的42%。此外，拉丁美洲在全球生产中的作用预计将会减弱，占全球产量的比重将从基期的31%下降到2028年的29%。拉丁美洲产量下滑主要是由于最大供应国巴西的贡献有所降低。巴西食糖业将继续受到挑战，因为一半以上的甘蔗将被用于乙醇生产。在展望期内，巴西将保持其作为世界最大的生产国和出口国的主导地位。在展望期末，巴西的食糖产量预计将达到3 600万吨（与基期相比增加250万吨，较印度预计新增产量少330万吨）。

世界第二大食糖生产国印度的产量预计将会稳步增加，部分归结于对食糖业支持的重新增加。由于国内需求强劲，预计未来10年产量将增加570万吨，到2028年将达到3 400万吨。泰国将保持其世界第四大生产国（欧盟是第三大产区）的市场地位。但与近些年相比，其甘蔗产量增速预计将会放缓，主要是由于

图 5.3 世界糖料作物

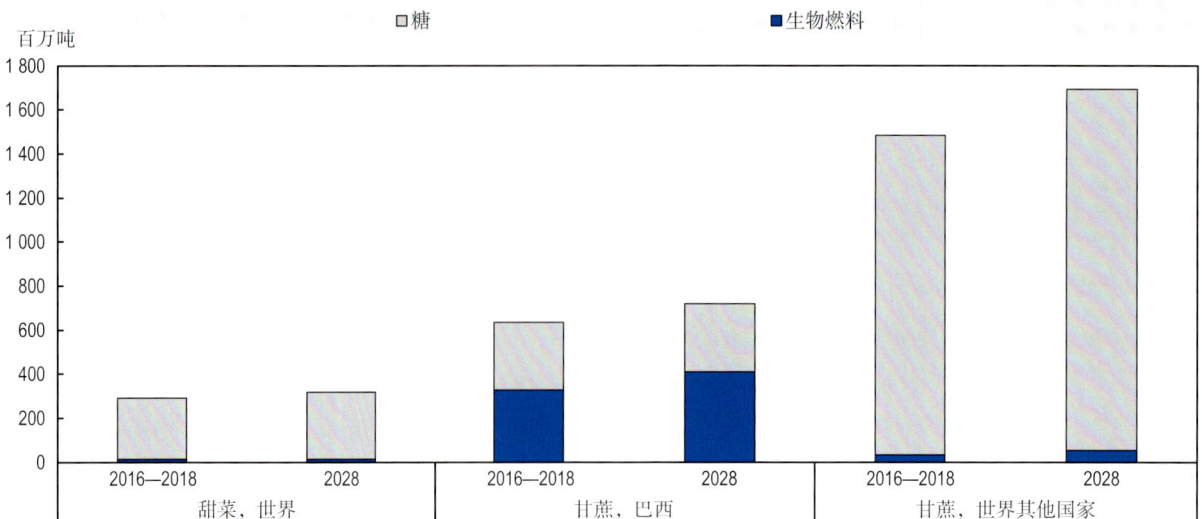

资料来源：经合组织/粮农组织（2019年），《经合组织－粮农组织农业展望》，经合组织农业统计数据库（数据库），http://dx.doi.org/10.1787/agr-outl-data-en。

自 2018 年 1 月起价格支持被取消，且甘蔗新增产区不太适宜生产。2028 年泰国甘蔗产量预计将达到 1560 万吨。在 2015—2020 国家计划支持下，在展望期的前几年，中国甘蔗和甜菜产量预计将加速增长，但生产成本与邻国相比仍将保持高位。为了限制竞争性进口，政府在 2017 年 5 月将某些特定国家的配额外税率从 50% 提高到 95%，并自 2018 年 8 月 1 日将其延伸至所有原产地。2028 年中国食糖产量将增加到 1 330 万吨。巴基斯坦政府仍将继续通过农民保障价格大力支持食糖生产，预计产量将有所增加，但年增长率低至 2%，而过去 10 年为 6.5%，到 2028 年将达到 780 万吨。

非洲产量增加将得益于食糖内需强劲以及贸易机会充足。在农场和糖厂投资的支撑下，撒哈拉以南非洲国家的食糖产量将会增加，到 2028 年将达到 1 670 万吨，与基期相比增长 48%。尽管产量增加，但非洲大陆仍将仅占世界市场的一小部分（2028 年占比 8%）。

在过去 10 年中，发达国家占全球食糖产量增量的近 1/3，但展望期内这一比重将降至 15%（图 5.4）。虽然发展中国家的产量增长预计为每年 1.7%，但发达国家仅为 1.0%。与基期相比，发达国家新增产量将来自于南非（增加 110 万吨）、欧盟（增加 110 万吨）、俄罗斯（增加 60 万吨）、乌克兰（增加 40 万吨）和美国（增加 30 万吨）。欧盟将保持其世界第三大产区的地位，由于甜菜产量下降，预计在展望期的前几年食糖产量增长将会放缓。南非产量将进一步增加，主要是由于进口税的增加（从 566 美元/吨增加到 2018 年 8 月的 680 美元/吨），但由于投入成本增加以及工厂与工人之间的关系长期紧张，将抑制产量的进一步扩张。俄罗斯虽然正努力实现产业现代化，提高生产和日加工能力，且未来几年仍将进行一定程度的整合，但是该国生产仍将取决于天气状况。美国将不会发生太大变化，因为食糖业仍然主要受到政府支持国内生产政策的影响，这些政策包括针对糖农的食糖贷款政策、强制或鼓励生产者实现85%的国内消费的食糖营销配额计划、将过量食糖生产转移到乙醇生产而不是被美国农业部商品信贷公司没收的原料灵活性计划以及限制进口的贸易壁垒（通过关税配额、区域协定和针对墨西哥的出口限制）。

图5.4 按作物分类统计的食糖产量

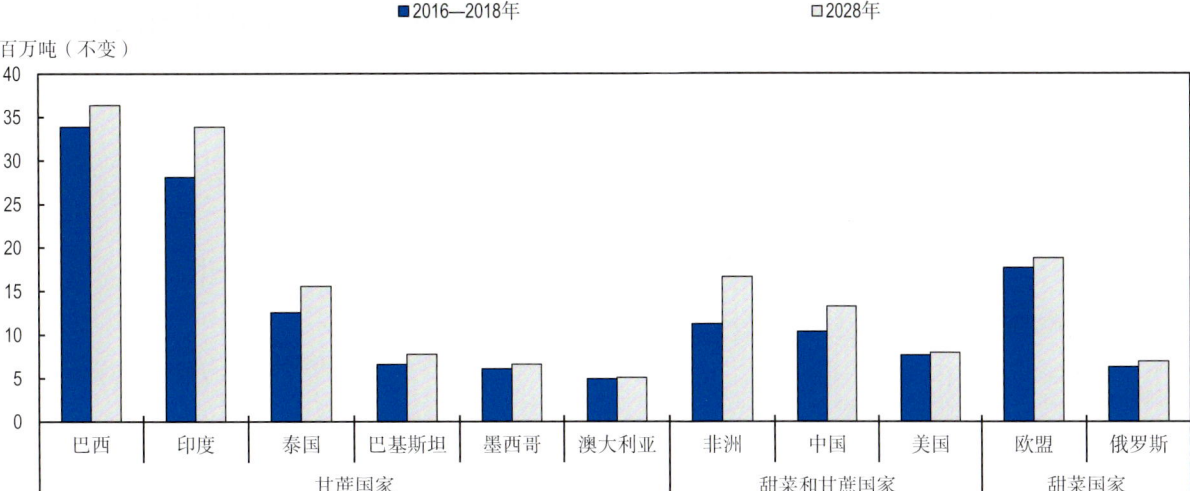

资料来源：经合组织／粮农组织（2019年），《经合组织–粮农组织农业展望》，经合组织农业统计数据库（数据库），http://dx.doi.org/10.1787/agr-outl-data-en。

世界食糖库存水平在展望期初期相对较高，主要是由于印度供应充足，即便是欧盟和美国在2018年释放了一些库存。未来10年，全球食糖库存量预计将略有增加，库存使用率将从基期的47.3%下降到2028年的43.6%。

消费

全球食糖消费量预计将以每年1.6%的速度增加，2028年将达到2.03亿吨。食糖消费将受到人口增长放缓、全球经济增长乏力以及对食糖食用过量潜在影响担忧加剧的影响。在展望期内，尽管地区和国家之间存在重大差异，但世界人均食糖消费量将从22.7千克增加到24.2千克（图5.5）。

未来10年，全球食糖消费量的增加将主要来自发展中国家，发展中国家将占新增需求量的98%。新增需求主要集中在亚洲（69%）和非洲（27%）两个缺糖地区。随着对加工产品、富含糖的糖果和软饮料需求的增加，消费水平低于其他地区的亚洲和非洲国家城镇地区的食糖消费增长前景看好。相反，拉丁美洲食糖消费水平已经很高，预计消费量增幅不大。

在亚洲，预计印度的食糖消费量增幅最大，其次是中国、印度尼西亚和巴基斯

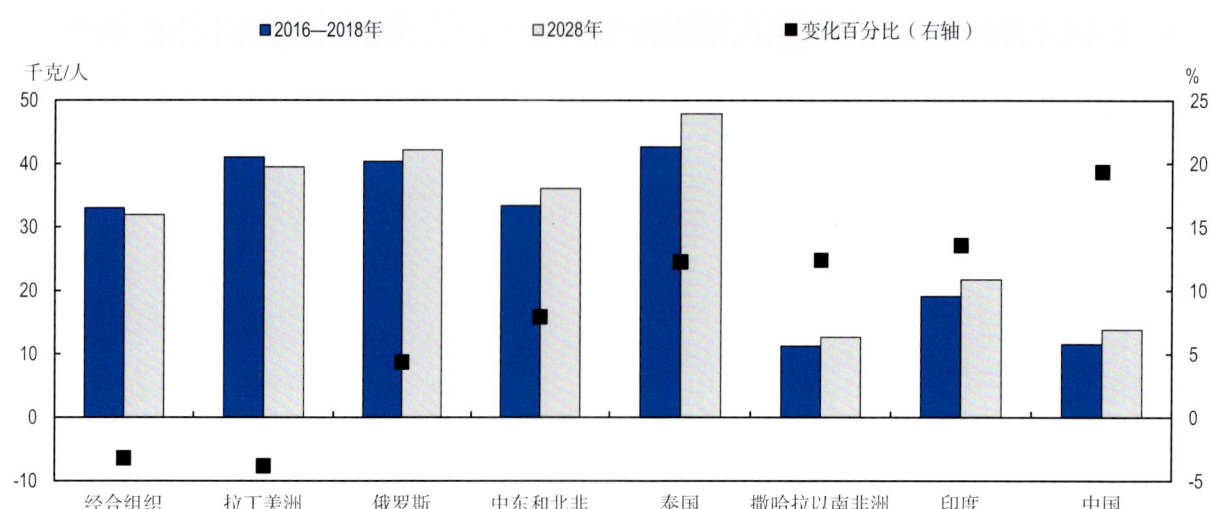

图 5.5 主要国家和地区人均食糖需求量

资料来源：经合组织／粮农组织（2019 年），《经合组织－粮农组织农业展望》，经合组织农业统计数据库（数据库），http://dx.doi.org/10.1787/agr-outl-data-en。

坦。中国和亚洲最不发达国家的人均消费量非常低，基期内每年不足 10 千克，但与过去 10 年相比，由于不偏好甜食以及饮食习惯变化缓慢，预计这些国家年增长率变化不大。在非洲，预计埃及和撒哈拉以南的一些国家总消费量增幅最大，但撒哈拉以南非洲最不发达国家和尼日利亚的人均年消费量预计将保持在 11 千克以下。

相比之下，许多发达国家的人均食糖摄入量将继续降低，因为人们越来越关注过量食糖消费对健康的负面影响：不健康的体重上升会增加糖尿病、心脏病和蛀牙的发病风险。部分国家对热量含糖食品征税，试图减少食糖消费；墨西哥在 2014 年成为第一个实行的国家。为了免受征税影响，一些跨国公司已设法减少糖含量，降低热量甜味剂的用量或用等量的人造甜味剂代替食糖，后者的味道更甜但卡路里比糖更低。预计发达国家中欧盟食糖消费量下降最为强劲，因为其食糖市场也将面临糖类代用品（高果糖浆）的竞争，这种淀粉类甜味剂生产在 2017 年 9 月之前是受限制的。然而，美国情况恰恰相反，即使甜味剂消费也将保持稳定，但食糖在人均甜味剂消费中所占份额将从基期的 62% 增加到 2028 年的 64%。在美国，高果糖浆对健康带来的潜在危害更大这一观点仍然存在争议。相反，在俄罗斯，即使当地实施了减少酗酒、软饮料和热饮的法规，但酒精饮料（朗姆酒和伏特加）市场前景依然看好，预计食糖需求将继续增加。关于对糖征税的辩论仍在进行中。

由于高果糖浆在生产含糖软饮料方面的竞争力，预计到 2028 年，高果糖浆消费量（干重）将增加 12%（160 万吨）。全球消费量仍将限于少数几个国家。与食糖相似，总热量糖消费较高的国家人均高果糖浆消费量将会下降，而中国将成为消费增长的主要动力来源。作为世界上最大的淀粉生产国，中国将加大高果糖浆的供应量以满足不断增长的国内需求。原预测在 2017 年欧盟取消高果糖浆配额后，欧盟食糖短缺国家的高果糖浆消费量将出现增加，但是由于与食糖相比高果糖浆价格相对较高，因此预计实际增幅不如最初预测的明显。墨西哥高果糖浆消费增幅也将小幅增加。在展望期内，墨西哥高果糖浆在甜味剂需求量中所占份额预计会略有增加，因为公司倾向于在软饮料中用低糖替代糖，而高果糖浆和食糖价格存在竞争性。相反，在高果糖浆最大的生产国美国，高果糖浆需求量在全球甜味剂总消费量的比重预计将从基期的48%继续下降到2028年的38%。需求量下降的直接原因是碳酸软饮料市场萎缩以及一些消费者希望避免使用该甜味剂。

贸易

未来10年，食糖出口预计仍将高度集中（图5.6），巴西将保持其主要出口国的地位（占世界贸易总量的38%）。在展望期内，巴西货币相对于美元的疲软将有助于维持其产业竞争力，但食糖市场将受到乙醇生产的强劲挑战。因此，与基期相比，巴西食糖出口量预计将仅增加200万吨。在世界第二大糖出口国泰国，甘蔗很少直接用于乙醇生产（不到3%），而是用糖蜜或木薯代替。泰国作为已建立的亚洲竞争对手将受益于产量的稳定增长，预计市场份额将继续扩大，到2028年出口量将达到1 200万吨，占世界食糖出口量的比重将从基期的14%增加到2028年的18%。在澳大利亚，随着灌溉投资的不断增加、甘蔗面积的扩大和压榨能力的提高，产量预计将有所增加，并在展望中期刺激出口。

图5.6 主要消费国人均高果糖浆在甜味剂消费中的比重

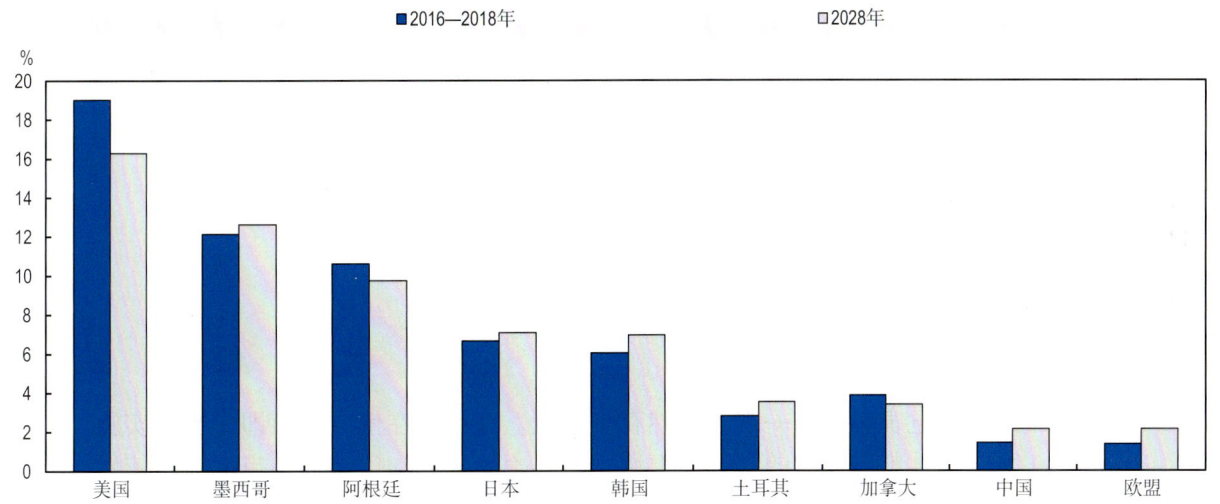

资料来源：经合组织/粮农组织（2019年），《经合组织－粮农组织农业展望》，经合组织农业统计数据库（数据库），http://dx.doi.org/10.1787/agr-outl-data-en。

1968年欧盟引入了糖和糖类代用品生产配额以保证生产和价格。该配额于2017年废除，导致国内价格下降，且出口免受WTO出口补贴的限制。在展望期内，即使白糖存在溢价，与基期相比优质白糖出口量也将增加33%。出口目的地是中东和北非地区的主要缺糖国，但欧盟也将面临来自中东和北非地区传统炼糖商的竞争。

图 5.7 主要国家和地区食糖出口量

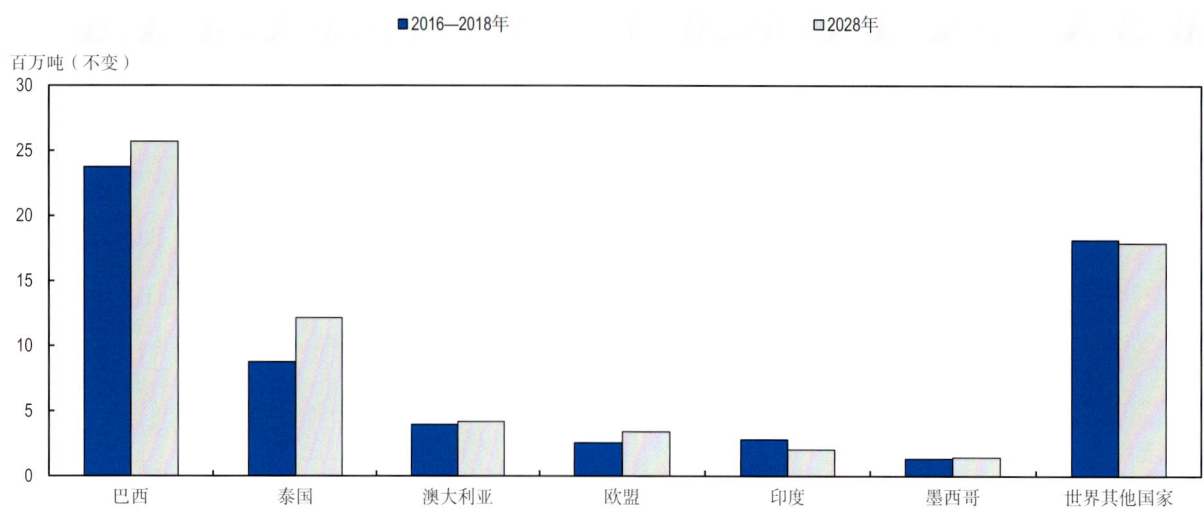

世界食糖进口比出口更加分散（图 5.7）。根据展望预测，亚洲和非洲将食糖需求量增长将最为强劲，这将影响这些地区的进口增长。在基期内，中国和印度尼西亚是主要进口国，其次是美国、马来西亚、印度和韩国。印度和中国产量增加将引起未来 10 年进口市场的再分配，期间印度尼西亚有望成为主要的食糖进口国，其次是中国、美国、马来西亚和韩国（2028 年将分别为 770 万吨、680 万吨、250 万吨、240 万吨和 210 万吨）。由于食糖配额取消，尽管存在一些区域贸易协定，但欧盟对允许向其运输食糖国家的吸引力在下降，预计未来 10 年欧盟食糖进口量将减少

图 5.8 主要国家和地区食糖进口量

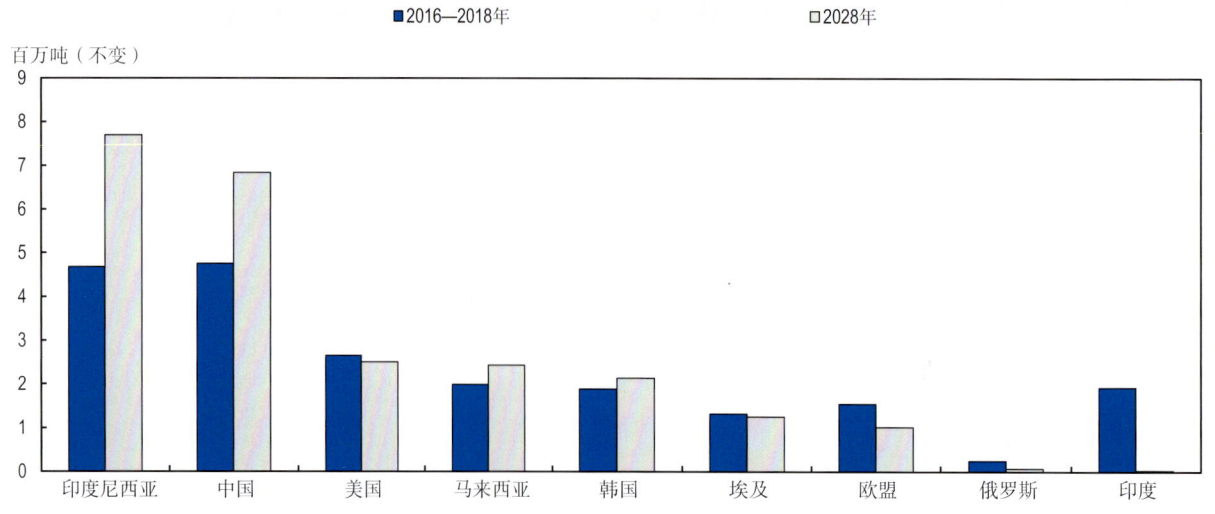

61%，年均进口量预计为 100 万吨，而过去 10 年为 260 万吨。欧盟高果糖浆贸易量将不会出现显著变化，因为 2017 年后的新增产量将主要用于满足内需。

传统食糖短缺国美国将继续受国内政策影响，政策倾向于刺激国内生产并限制进口。展望期内预计低迷的食糖价格对扩大食糖生产的刺激有限。这将导致进口继续受世界贸易组织和自贸区协定的免关税配额以及美国商务部针对墨西哥对美市场准入出台的出口限制政策的影响。鉴于美国糖价相对较高，墨西哥将继续主要对美出口食糖。作为回报，墨西哥将进口美国高果糖浆（到 2028 年增加 9% 或增加 9.3 万吨）以满足其对甜味剂的需求。

主要问题和不确定性

本《展望》的预测假定宏观经济和天气条件稳定，并对原油价格做出具体假设。国内食糖市场受到国内政策的保护，即使在价格相对较低的情况下也能促进生产。对上述任何一个变量的冲击都可能造成市场的重大变化，因为主要生产者集中在少数国家。

由于金融整合仍在持续进行，对巴西的预测存在不确定性。这些结果是基于巴西雷亚尔预测的，而销售是以美元为主计价的，巴西货币升值可能会降低农民收益。巴西生物燃料政策和价格变化也可能间接影响食糖市场。此外，两年前获得商业化生产批准的转基因甘蔗种植面积的增加，可能会对 2020 年以后的甘蔗产量带来影响，进而改变副产品的生产水平。

泰国前景相当乐观，得益于近年来对食糖产业的较大投资。但是，本报告假设泰国只将其原糖的一小部分用于乙醇生产。如果这一份额由于两种产品盈利能力不同而有所增加，可能会对世界市场带来一定不稳定性，因为泰国对世界食糖出口贡献很大。

国际食糖市场贸易扭曲将持续存在，这将带来更多不确定因素。即使世界某些食糖市场经历了一系列改革和结构调整（欧盟和泰国近期取消食糖配额，印度自 2013 年向农民支付公平价格），国际食糖价格变化并没有完全传递给国内食糖生产者和消费者。许多国家继续利用贸易政策工具来保护国内市场，例如：高配额外关税（中国自 2017 年 5 月起对来自主要生产国的进口食糖实施了为期三年的保障措施，并在 2018 年 8 月放宽至所有来源地）；南非于 2018 年 8 月将进口关税从 560 美元/吨提高至 680 美元/吨；世界贸易组织关税配额调整和针对墨西哥的出口限制（美国）；运输补贴刺激食糖出口和支持国内食糖价格（巴基斯坦、印度）；征收高额进口关税（欧盟、俄罗斯、美国）；区域贸易协定（《北美自由贸易区协定》《欧洲经济伙伴关系协议》和"除武器之外的一切产品"倡议）。

脱欧对英国食糖市场带来了额外不确定性。如果该国能实现新的自由贸易协定谈判，英国炼糖商（欧洲的主要炼糖商）可在别国进口其原糖产品免征关税中获益。但是种植甜菜的农民在向欧盟出口时将面临高额关税。预计英国对全球食糖市场的影响依然疲弱。

食糖的需求前景尚不明确。食糖消费过量对人类健康造成不利影响的证据日益增多，未来消费水平可能下降。为了对抗肥胖和其他健康问题，一些政府已经对热量甜味剂征税来降低消费。尽管食品行业采取积极行动可能会起到减缓作用，例如调整产品配方、使用替代甜味剂或减少分量，但食糖消费量下降的趋势在未来10年可能有所加剧。

第六章

肉 类

市场形势

2018年世界肉类总产量增长1.0%，达到3.27亿吨，牛肉、猪肉和禽肉产量增加，羊肉产量增长相对缓慢。世界肉类产量增长主要来自澳大利亚、欧盟、俄罗斯和美国，其他主要贡献国家包括阿根廷、印度和墨西哥。世界最大肉类生产国中国和巴西的产量略有下降，导致全球整体增速放缓。肉类产量增加的主要原因是生产力提高，尤其在澳大利亚和欧盟，干旱导致了较高的屠宰率。中国肉类增长放缓主要是由于非洲猪瘟暴发导致猪肉产量下降，巴西产量下降是因为出口市场减少，尤其是俄罗斯食品安全问题引发了进口禁运。

根据粮农组织肉类价格指数，2018年月平均值较2017年低2.2%，主要原因是猪肉和禽肉价格下降，牛肉价格保持稳定。尽管羊肉价格上涨，但产量较小，对指数影响有限。非洲猪瘟蔓延和进口限制打压了国际猪肉报价，进口需求低迷导致禽肉价格下跌。国际牛肉市场需求强劲，供应充足，价格稳定。强劲的进口需求以及大洋洲的供应有限是羊肉价格强劲的原因。

2018年世界肉类总出口量3 400万吨，比2017年增长1.5%。2018年肉类出口增长主要来自澳大利亚、阿根廷、泰国和美国出口量的增加，巴西和印度出口下降。中国是世界上最大的肉类进口国，对肉类需求持续上升，由于国内猪肉产量萎缩，预计中国肉类进口将大幅增加。

预测要点

相对于基期（2016—2018年平均值），本报告预计展望中期肉类价格将下降，主要是由于消费增长放缓，供应增加，但将受到过去10年较低饲料粮价格支撑。虽然饲料成本预计会缓慢上升，但肉类和饲料的价差会维持在历史水平。

到2028年牛肉和羊肉的实际价格将分别下降至3 336美元/吨（胴体重量当量）和3 493美元/吨（胴体重量当量），而猪肉和家禽价格预计将降至1 311美元/吨（胴体重量当量）和1 453美元/吨（胴体重量当量）。按名义价值计算，到2028年所有肉类（除羊肉外）价格都将小幅上涨，目前羊肉价格已处于历史较高水平（图6.1）。中国羊肉进口需求强劲，但澳大利亚干旱引起的鸡群减少，大洋洲供应受到限制，因此早期的羊肉价格预计保持高位。一旦干旱结束，澳大利亚绵羊库存量增加，预计将降低预测期第二段时间的羊肉价格。

未来10年全球动物蛋白需求增长放缓。随着收入持续增长，2028年全球人均肉类消费量将增加至35.1千克（零售重量当量），较基期相比增加0.4千克（1.2%）。

从历史上看，较低的产品价格是禽肉成为首选肉类的原因之一，特别是对发展中国家。在展望期内随着收入增长，禽肉将占全球人均消费额的最大份额。肉类消费将多样化，将增加更多昂贵肉类蛋白质消费，如牛肉和羊肉。到2028年全球人均肉类消费量将继续增加。在展望期内人均猪肉消费量预计减少，因为它并不是某些发展中国家饮食的重要部分。

图6.1 世界肉类价格

注：美国精选肉用公牛，1 100~1 300磅分割胴体重，内布拉斯加州。新西兰小羊肉价格分割胴体重，各等级平均值。美国巴罗斯和小母猪，国家基础瘦肉率51%~52%分割胴体重。巴西：鸡肉出口单位价格（离岸价）产品重量。

资料来源：经合组织/粮农组织（2019年），《经合组织–粮农组织农业展望》，经合组织农业统计数据库（数据库），http://dx.doi.org/10.1787/agr-outl-data-en。

未来10年将继续扩大肉类供应。与基期相比，2028年全球肉类产量预计将增加13%，发展中国家将占增长的绝大部分，生产过程中密集型饲喂系统的广泛应用将增加家畜胴体重。

过去几年全球牛库存增加。尽管牛的屠宰政策存在不确定性，但阿根廷、巴西和美国等美洲主要出口国以及印度的库存扩张，仍将在展望期初为市场提供更多供给。由于澳大利亚持续干旱，短期内牛肉供应仍然紧张。

受2018年世界各地暴发的非洲猪瘟疫情影响，2019年全球猪肉产量将减少。中国是猪肉最大的生产国，受到严重影响。本展望假设从2021年开始，全球猪肉产量将稳步回升。此外，由于中国禽流感暴发的影响在展望期早期有所减少，世界禽肉产量增长将有望回升至历史水平。在展望期内禽肉将成为肉类增长的主要动力，在肉类总产中的份额增加，增速低于过去10年。

与过去10年相比，羊肉产量将低速增长，亚洲（尤其是中国）将成为增长主要动力，非洲产量预计也将出现较大增长。大洋洲主要出口国（尤其是新西兰）由于牛肉和乳制品行业的持续竞争，预计产量略有增加。

在展望期内全球肉类贸易量占总产量的比例将略有增加。发展中国家的肉类产量增长仍将不足以满足其需求增长，特别是在非洲，展望期内将保持强劲进口需求。

全球范围的动物疾病暴发（如非洲猪瘟）、卫生限制和贸易政策等将成为世界肉类市场演变和动态变化的主要因素。在展望期内，现有或未来贸易协定有关的不确定性（例如英国退出欧盟）可能会影响并丰富肉类贸易模式。其他可能影响肉类前景的因素包括消费者偏好和对健康、环境和全球温室气体排放的考虑。

价格

从名义价格和实际价格来看，肉类价格已经从峰值逐渐下降（图6.1）。在展望期内，由于肉类消费增长放缓，以及饲料粮价格相对较低所带来的供应增加，肉类实际价格将继续呈下降趋势。发展趋势因肉类种类不同而存在差异。

从短期来看，由于牛肉库存快速增加，阿根廷、巴西和美国等主要生产国的牛肉供应充足，牛肉实际价格将下降得更快。但随着牛群的减少和产量增速放缓，名义价格增速放缓。

在展望期内，猪肉将出现周期性波动，导致实际价格下降。全球猪肉产业的运行将会影响这一走势。巴西和美国的猪肉供应量和进口量均增加，特别是中国猪肉产量将受非洲猪瘟的影响。

2017年中国禽流感传播得到遏制，但较低的种畜供应限制了在展望期内首年鸡肉产量。预计全球禽类产量将缓慢增长，饲料成本将上升（图6.2），展望期早期禽肉价格温和上涨。

2020年羊肉实际价格将保持高位，主要原因是由于羊群减少导致供应减少，澳大利亚和新西兰两个主要出口国贸易受限。由于2018年中国发生非洲猪瘟导致肉蛋

图6.2　饲料成本指数和肉类饲料价格比

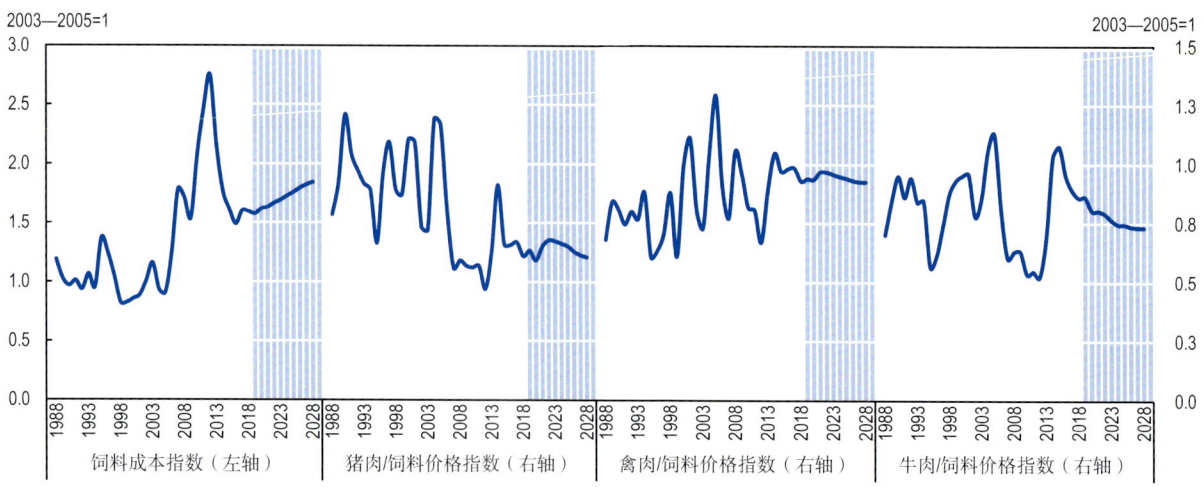

资料来源：经合组织/粮农组织（2019年），《经合组织－粮农组织农业展望》，经合组织农业统计数据库（数据库），http://dx.doi.org/10.1787/agr-outl-data-en。

白的持续进口，进口需求的增长预计将在展望初期消退。

生产

在展望中期肉类生产将得益于有利的饲料价格（图6.2）。生产系统的内在差异意味着某些肉类生产从良好肉料比中受益更多。例如，家禽和猪肉生产者是生产系统中使用饲料最密集的，而牛肉生产者在密集使用和广泛使用饲料之间可选择的灵活性更大。羊肉产量主要来自牧场，生产者从较低的肉料比中获益较少。

在展望期内，美洲羊群和鸡群的扩张以及该地区生产力的提高有利于供应驱动型市场。禽肉仍然是肉类增长的主要动力。低生产成本、高饲料转化率和低产品价格使禽肉成为生产者和消费者的首选肉类。

预计到2028年，肉类总产量将增加超过40万吨，达到364万吨。大部分肉类产量增长来自发展中地区，占产量增加的74%，产量增加因地而异（图6.3）。各种肉类的供应情况短期仍受来自中国家禽和生猪的疾病以及澳大利亚天气引起的羊群减少的影响。2021年这些因素将稳定下来，不同肉类产量将每年不断增加。

图6.3 按区域和肉的类型统计的肉类产量增长情况

2028年 vs 2016—2018年

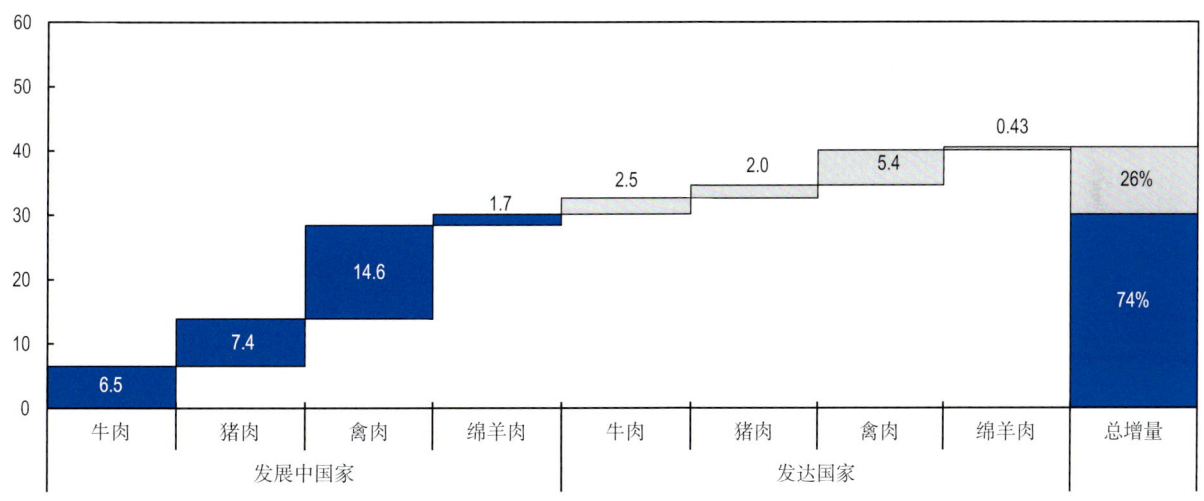

资料来源：经合组织／粮农组织（2019年），《经合组织–粮农组织农业展望》，经合组织农业统计数据库（数据库），http://dx.doi.org/10.1787/agr-outl-data-en。

某些发展中国家生产力日益增长，肉类产量不断提升，主要得益于每个牲畜单位胴体重量的提高和饲料利用率的提高。然而，最不发达国家的生产率预计不会以同样的速度提高，因为畜牧部门的小农结构和投资缺乏将继续限制技术进步和商业化生产。

肉类生产仍旧以巴西、中国、欧盟和美国为主。巴西畜牧业的产量增长得益于丰富的自然资源、饲料、草地供应、生产力提高以及雷亚尔贬值。随着小规模生产单位发展成为更大规模的商业化企业，中国肉产品产量增长将更加得益于不断增长的规模经济。新环境法的出台导致许多小型农场消失，大型综合生产商则日益壮大，并不断扩大其市场份额。非洲猪瘟的暴发可能加速这一过程，小规模生产者可能因疫情暴发而遭受更多的生物安全措施。美国肉类产量将受益于强劲的国内需求和更高的屠宰量，欧盟肉类产量将保持相对稳定。欧盟不同肉类的比重将取决于消费者偏好、出口潜力和盈利能力。就牛肉而言，乳制品行业变化将发挥重要作用。

其他可能对肉类有较大需求的发展中国家包括阿根廷（受中国出口机会和国内禽肉消费增加的刺激）、澳大利亚（牧草季节性条件改善）、印度（在"合同农业"条件下组织小型家禽生产者）、墨西哥（基础设施现代化，纵向一体化，改善遗传和生物安全）、巴基斯坦（应对该地区不断增长的出口机会）、菲律宾和越南（由于国内需求快速增长）（图6.4）。最后，俄罗斯实施的截至2019年年底的肉类进口禁令加上其货币贬值，将导致国内价格上涨，这将继续刺激国内肉类生产。

图6.4 按不同肉类统计的肉品生产增量占比最大的国家

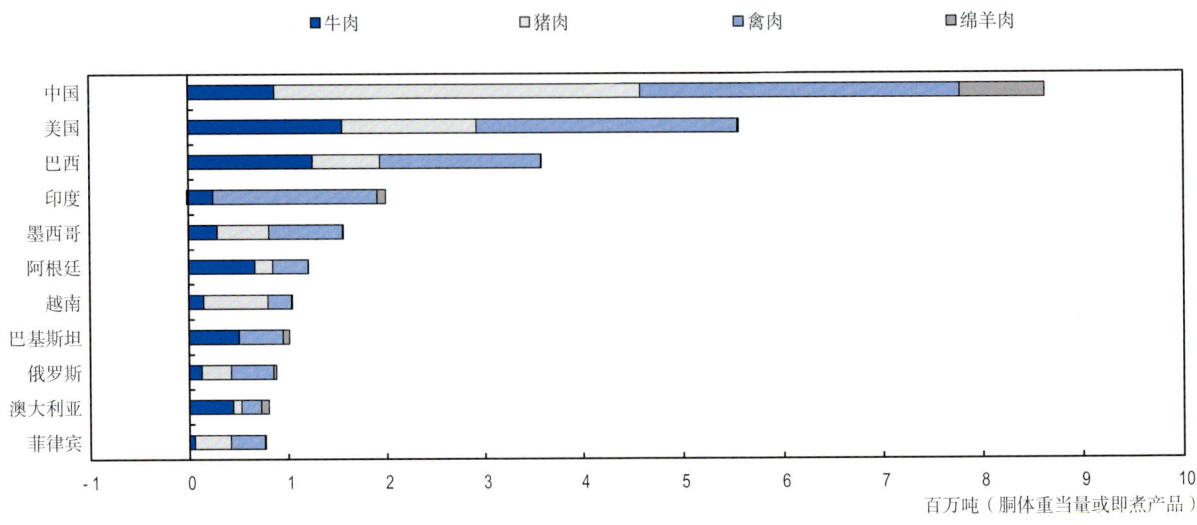

资料来源：经合组织/粮农组织（2019年），《经合组织-粮农组织农业展望》，经合组织农业统计数据库（数据库），http://dx.doi.org/10.1787/agr-outl-data-en。

在展望期内，牛肉主产国的产量将继续增长（图6.5）。2028年，发展中国家牛肉产量相对于基期将增加17%，发展中国家将占新增牛肉的72%，这一增量的大部分将由阿根廷、巴西、中国、墨西哥、巴基斯坦和南非提供。到2028年，发达国家牛肉产量相对于基期预计将增加8%，主要得益于较高生产率，如美国。在短期内，由于饲料成本低和品种改良，导致胴体重量得到提升，再加上多年来多个产区畜群重建致使牲畜数量增加，进而又导致屠宰数量增加，这两方面原因都将提高牛肉产量。美国肉牛总产量预计将在2021年增加至峰值。美国国内的人均牛肉消费量将在未来10年的后期下降，据此可预计美国牛群将在2021年后进入下降周期。

图 6.5 美国牛肉存栏量

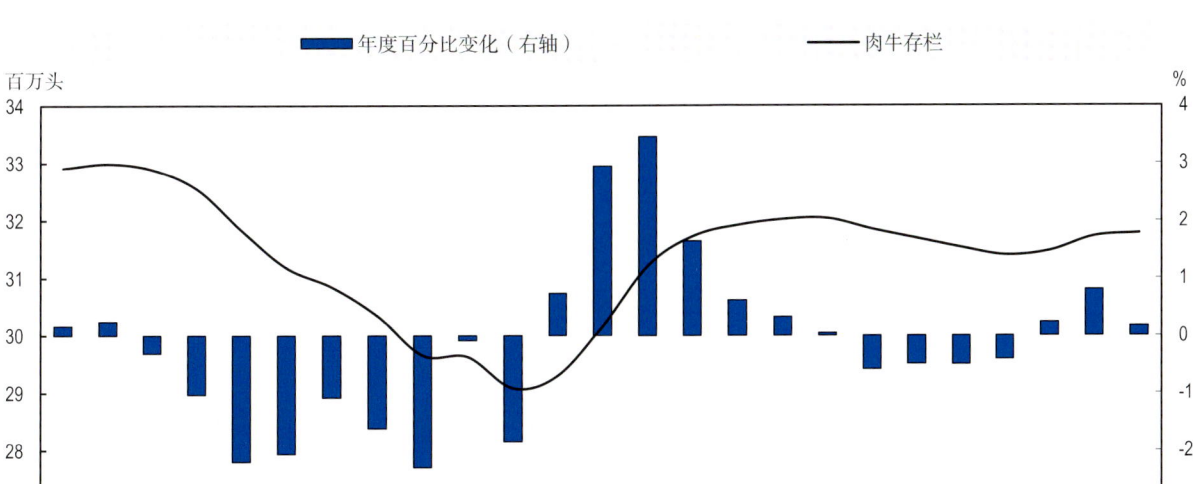

资料来源：经合组织/粮农组织（2019年），《经合组织–粮农组织农业展望》，经合组织农业统计数据库（数据库），http://dx.doi.org/10.1787/agr-outl-data-en。

虽然美国牛群扩张的周期即将结束，但其他国家（如阿根廷、巴西、印度和墨西哥）的畜群扩张周期依然强劲，在展望后期放缓。此外，尽管阿根廷对牛肉征收临时出口税，但预计较高的库存量将使牛肉产量在展望中期内回升至历史水平。由于屠宰政策不确定，印度产量相对于过去10年预计有所增长。欧盟牛肉产量将下降，因为在牛奶生产率提高后，占牛肉供应量约2/3的奶牛品种将有所减少。其他因素会限制牛肉行业在欧盟的增长潜力，包括低盈利能力、出口市场竞争加剧以及国内需求下降，预计将会转向加工肉类和即食食品。进口商品的价格将对英国牛肉产量构成压力，预计产量在展望期内呈下降趋势。

全球猪肉产量的增长将在未来10年放缓，主要是由于猪肉并不是许多发展中国家饮食的重要组成部分。全球猪肉产量的增长将继续受到亚洲地区的影响，其中中国产量的增长预计将占全球产量增量的一半。在展望期内，预计巴西、美国和越南也将为满足国内市场需求而提升产量。欧盟猪肉产量将略有下降，主要是由于环境和公众对粪便管理的担忧将限制产量扩张。

2007—2008间中国首次成为猪肉主要进口国，主要原因是猪繁殖与呼吸障碍综合征流行病减少了国内供应。2018年非洲猪瘟疫情的暴发对中国产量增长产生了类似的影响，在预测期内前景不明。本展望报告假设2019年该产量将受到负面影响（下降5%），预计到2020年中国猪肉的生产和消费将回到2018年水平，并在展望期内逐步恢复增长。因此，中国将面临猪肉供应短缺，预计进口量在2019年将增加至近200万吨。随着美国猪肉出口关税的增加，预计巴西、加拿大和欧盟将受益于中国进口需求的增加。

禽肉在各类肉品中的地位将继续加强，未来10年禽肉将占所有新增肉品产量的一半。禽肉生产周期较短，这使生产者能够对市场信号作出迅速响应，同时能够快

插文 6.1　中国对非洲猪瘟的预测

农业农村部市场预警专家委员会于 2019 年 4 月 20 日发布了《中国农业展望报告（2019—2028）》，对农产品市场进行预测，考虑了非洲猪瘟疫情和环境保护法对其可能产生的影响，环境保护法旨在提高市场上猪肉生产的可持续性。该报告预计，在展望期前两年猪肉产能将大幅下降，到 2020 年进口量将达到 210 万吨，比 2018 年增加 75% 以上，以弥补缺口。这将使中国在世界进口中的份额从 2018 年的 17% 增加到 2020 年的 23%。预计增加的进口猪肉主要来自巴西、加拿大和欧盟。该报告假设猪肉产量从 2021 年开始恢复，到 2024 年产量与 2018 年相同（图 6.6）。

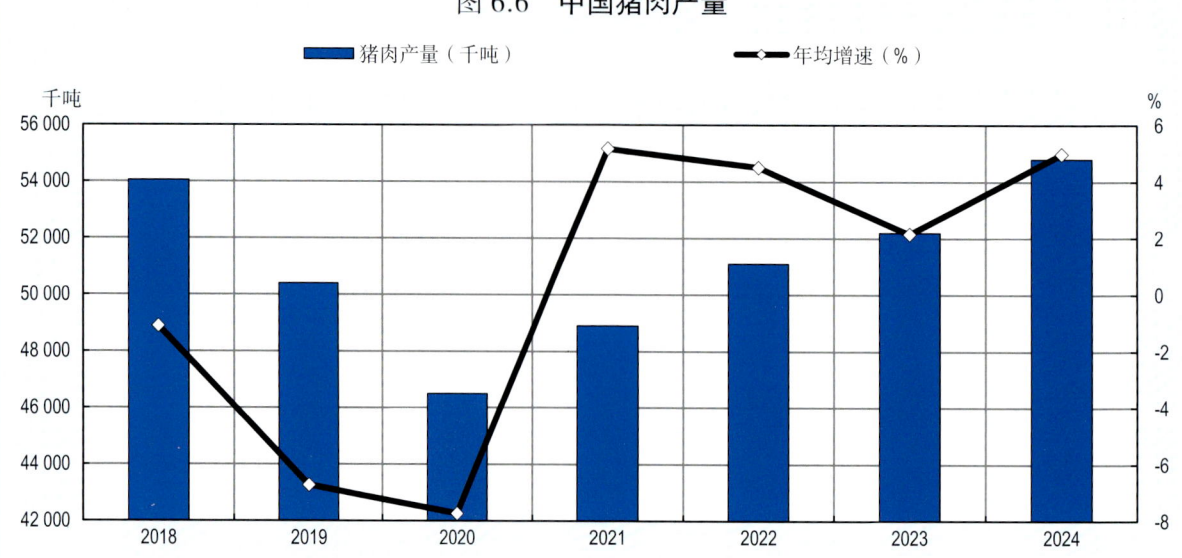

图 6.6　中国猪肉产量

资料来源：农业农村部市场预警专家委员会（2019），《中国农业展望报告（2019—2028）》。

非洲猪瘟将导致中国消费者转向其他动物蛋白的替代产品，预计禽肉增产将满足国内需求的增长。尽管禽肉产量有所增加，但整个饲料原料需求的增长将在展望期前几年放缓，例如在预测期的前两年，随着中国猪肉产量将下降，玉米需求的增长也将下降。这主要是因为生产一定数量猪肉所需的饲料粮要大于家禽所需。《经合组织－粮农组织农业展望》和《中国农业展望报告 2019—2028》均表明猪肉生产将在 2028 年达相似水平。

速改良基因，加强动物卫生，改进饲养方法。饲料粮产量盈余的国家将迅速增加禽肉生产，如巴西和欧盟，特别是匈牙利、波兰、罗马尼亚和美国的生产力将持续增长，投资也将迅速增加。亚洲禽肉行业预计 2019 年以后也将迅速扩大，其中包括中国（假设禽流感疫情的影响将继续减弱，库存量有望增加）、印度、印度尼西亚、泰国和土耳其。

全球羊肉市场供应依然受限，主要原因是澳大利亚羊群减少，英国产量停滞不前。预计这种情况至少会持续到 2019 年，虽然全球羊肉产量将在 2020 年左右恢复，但这一展望并未预示大量羊群扩张,澳大利亚可能除外。中国生产商将根据当前的高价格增加供应量,并且随着国内需求的持续增长,将有40%以上的新增产量。欧盟的产量将在目前水平的基础上略有增加,羊场的盈利能力增加,并在主要的产奶成员国实施自愿联合支持。尽管会受到一些国家城市化、荒漠化和饲料供应的影响,但非洲在全球羊肉生产中的份额将缓慢增加。

消费

在展望期内,肉类消费将继续增长,尤其是亚洲,增速将低于过去10年。全球人均肉类消费量与基期相比将增加0.4千克。肉类需求增加主要来源于收入和人口增长,特别是在拥有大量中产阶级的亚洲和拉丁美洲国家。

发达地区的肉类消费水平通常较高,由于一些国家的肉类价格变得越来越便宜,肉类需求将继续增加,美国尤为明显,美国人均肉类消费量和肉类价格将恢复到10年前的水平。一些国家的肉类消费量将呈下降趋势,发达国家消费增速通常低于发展中国家(图6.7)。

图6.7 世界各区域人均肉类消费量

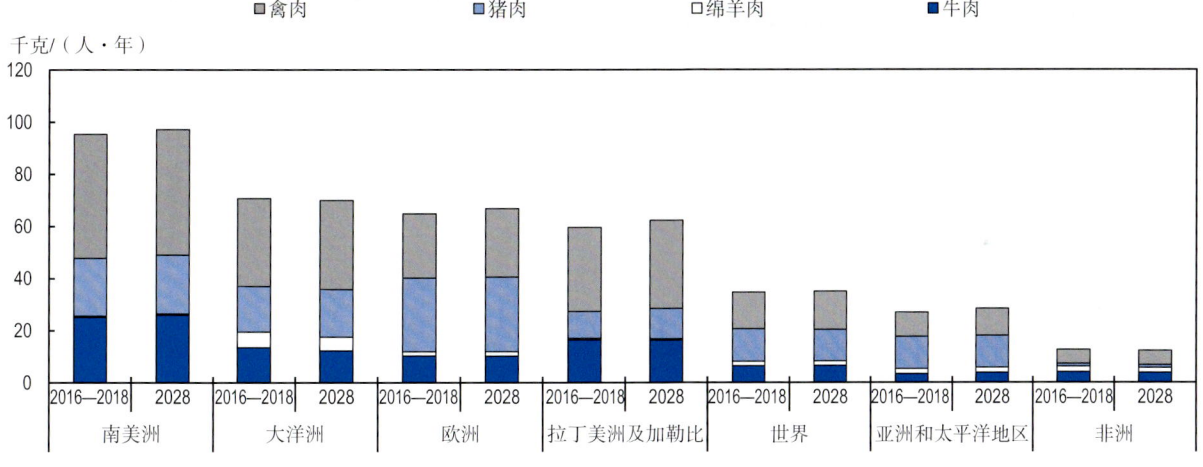

注:人均值以零售重量计算。
资料来源:经合组织/粮农组织(2019年),《经合组织–粮农组织农业展望》,经合组织农业统计数据库(数据库),http://dx.doi.org/10.1787/agr-outl-data-en。

由于发展中国家人口总量和增量都较高,肉类消费增量是发达国家的近4倍,但人均消费增长仍然较少,特别是在收入增长较少的地区,非洲尤为明显,尽管人均收益有限,但总消费增速快于其他任何地区。非洲的进口需求也将以最快的速度增长,从数量来看,全球肉类进口新增的一半来自亚洲,其强劲的消费增长源于人口增长、人均消费增长和收入增加。

较低的产品价格使得禽肉和猪肉成为发展中国家的最佳选择,但收入水平的提高使这些消费者逐渐将肉类消费多样化,更多选择昂贵的肉类品种,如牛肉和羊肉。

除收入水平和相对价格外,其他因素也将影响肉类消费趋势,包括宗教信仰、文化规范、城市化、环境、道德和健康问题。

未来10年,牛肉和水牛肉的消费量将逐渐增加。与发达国家相比,发展中国家人均牛肉消费量仍然较低,约为发达国家的1/3。亚洲牛肉消费量增长主要是亚洲消费者饮食西化,中国消费者认为牛肉更健康而且没有疾病,哈萨克斯坦、韩国、土耳其和越南的牛肉消费量将增加。

在展望期内,全球人均猪肉消费量将略有下降,大多数发达国家的消费量将达到饱和。发展中国家人均猪肉消费量存在区域差异。过去几年拉丁美洲消费增长迅速,未来仍将继续。由于猪肉相对价格的优势使其成为受欢迎的肉类之一,另一种受欢迎的肉类是禽肉,为了满足中产阶级不断增长的需求,该行业不断获得投资,不断扩张和垂直整合。经济条件较好且传统上习惯消费猪肉的几个亚洲国家,如中国、日本、韩国和越南等人均消费水平持续增长。但由于人口结构变化对饮食结构的影响,欧盟将更倾向于禽肉消费,对猪肉的消费将会下降。

全球各收入水平人群的禽肉消费呈增加趋势。除沙特阿拉伯外,发展中地区禽肉消费增长率较高,沙特阿拉伯下降的主要原因是油价下跌导致收入增长疲软,大量外籍家庭成员离职,以及禁止在家禽生产中用电使动物失去行动力的操作,这一系列因素都大大提高了禽肉的零售价格。中国禽肉消费已经成功战胜禽流感疫情,本展望假设禽肉消费将于2019年恢复并回到历史水平,未来10年禽肉消费将占全部新增肉类消费的一半。

全球羊肉产品消费类型丰富,但通常仍然在许多饮食中被用作独特而优质的食材。在展望期内预计全球人均羊肉消费量略有增加。非洲、北美洲、拉丁美洲以及大洋洲的人均羊肉消费量将略有下降,但在一些亚洲国家羊肉消费量将继续扩大,如中国消费者认为羊肉是高质量的肉类且营养价值高,随着中国家禽和猪肉行业疾病的暴发,羊肉作为替代动物蛋白,其需求在过去两年中显著增加,预计到2028年中国将消费新增羊肉的40%。传统上消费羊肉的中东国家,人均消费量会略有下降,该地区羊肉的需求增长与石油市场紧密相关,石油市场将严重影响中产阶级的可支配收入和政府支出模式。

贸易

2028年,全球肉类(不包括活体动物和加工产品)出口量较基期将增加18%,这意味着肉类贸易增长放缓至年均1.4%(前10年是3%),全球市场肉类贸易量占总产量的份额将略有增加。

到2028年,由于发展中国家出口增长较快,尽管发达国家肉类出口将占全球的一半以上,但其相对于基期的份额将稳步下降。在展望期内,肉类出口将日益集中,两大肉类出口国巴西和美国的贸易量将增加43%左右,占全球肉类出口增长一半以上。欧盟进入亚洲市场的机会来临,但来自北美和南美的竞争将妨碍欧盟充分利用扩大的市场准入机会。拉丁美洲地区的肉类传统出口国将在全球贸易中保持较高份额。受益于货币贬值，阿根廷和巴西肉类出口在世界上的份额将有所增加。

亚洲将继续在全球肉类进口中占据主导地位，预计占全球贸易的56%。肉类进口增幅最大的菲律宾、日本、马来西亚和越南等全面与进步跨太平洋伙伴关系协定（CPTPP）成员国家，经济增长有利于促进消费和进口增长，将超过其国内产量扩张（图6.8）。在展望期内，尽管中国进口量不会大幅增加，但仍将处于基期高位。除亚洲外，非洲是另一快速增长的进口地区。考虑俄国2014年进口禁令对肉类的长期影响，尽管该禁令将在2019年年底取消，可刺激国内生产和肉类进口水平，但预计仍将低于禁运前。

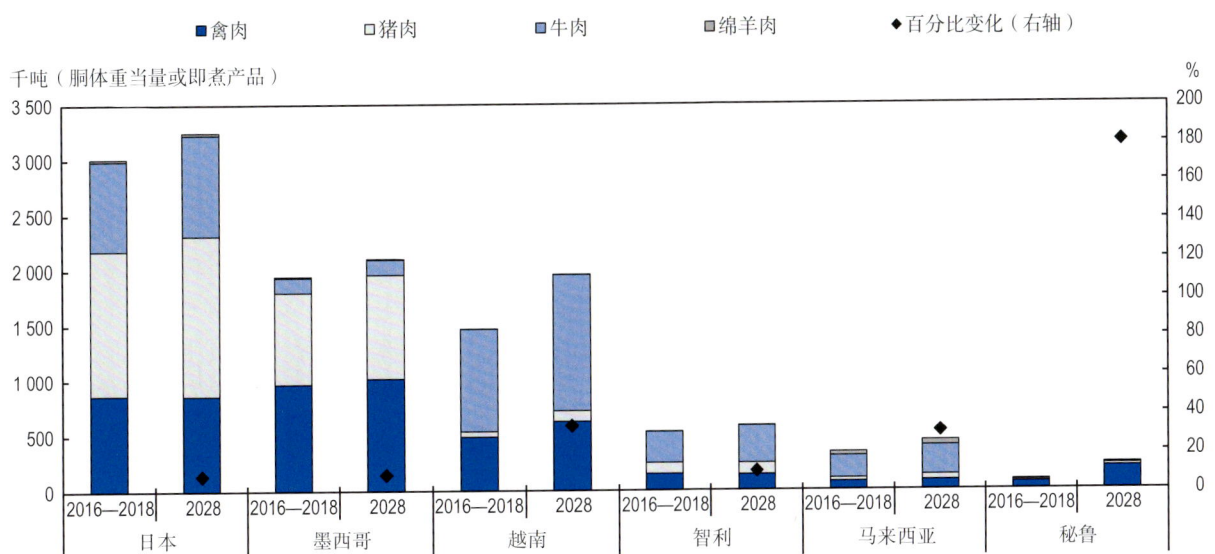

图6.8 选定的跨太平洋伙伴关系全面和进步协定国家的肉类进口

资料来源：经合组织/粮农组织（2019年），《经合组织–粮农组织农业展望》，经合组织农业统计数据库（数据库），http://dx.doi.org/10.1787/agr-outl-data-en。

未来10年，进口增长将主要由家禽和牛肉组成，家禽是最大的贡献者。总之，这两种肉类预计将占亚洲和非洲肉类进口量的大部分。

全球猪肉进口量将占肉类进口增长的16%。其中，拉丁美洲的进口量迅速增长，低收入消费者将猪肉和家禽作为牛肉的低成本替代品，到2028年将增加猪肉进口需求的33%。发达国家将供应大部分增加的猪肉出口。

澳大利亚和新西兰的羊肉出口主要得益于全球强劲需求，羊肉仍然在许多饮食中被用作独特而优质的食材。2018年羊肉主要出口到美国、中国和中东三大市场，打破以往纪录。目前，羊肉供应无法满足中国的强劲需求，中国以前是羊肉市场，但目前是羔羊肉的主要目的地。因此，澳大利亚以牺牲羊肉生产为代价继续增加其羔羊肉生产。随着绵羊养殖场转而养殖奶牛，新西兰的出口增速将放缓。

主要问题和不确定性

贸易政策仍然是影响世界肉类市场动态的主要因素。因此,展望期内各类贸易协定的实施可显著丰富或加强肉类贸易。多边贸易协定(例如《跨太平洋伙伴关系全面和进步协定》)对肉类市场的影响难以量化,这将给双边贸易协定创造空间。

单边和/或始料未及的贸易政策决定是展望的另一个风险因素。例如,2017年俄罗斯为了应对经济制裁,禁止来自美国、澳大利亚、挪威、加拿大和欧盟的食品进口延长至2019年年底,这项禁令导致肉类进口大幅下降,生产价格波动加剧,消费价格上涨。国内政策对肉类生产者的竞争力也产生了影响。例如,阿根廷于2018年针对肉类和其他出口产品推出了临时出口税,这将对阿根廷在世界肉类市场上竞争力产生负面影响,并在短期内阻碍其出口机遇。正在进行的关于欧盟主要肉类生产国英国退出的谈判也将影响肉类市场。

动物疾病过去曾扰乱家禽、牛肉和其他牲畜市场,并有可能在未来10年内再次发生。目前影响牲畜生产的流行病是非洲猪瘟,尽管它不会影响人类,但对猪和野猪是致命的。2018年8月中国报告了国内首例非洲猪瘟。与此同时,在亚洲和欧洲的其他国家也发现了这种疾病。该疾病对全球猪肉生产的中期影响尚不确定。遏制疫情的措施被认为会在短期内适度抑制全球猪肉产量,但由于这些措施能否成功并不确定,该病的中期影响可能会比目前预期的更为严重。

不断变化的消费者偏好也将对肉类产生影响,例如素食或纯素生活方式的兴起,担心肉类生产会对环境产生负面影响等社会关切,以及宗教或文化习俗等其他多种社会文化因素。消费者越来越关注对待动物的方式以及肉类是如何生产出来的(他们越来越偏爱自由放养的肉类和无抗生素的肉类产品),这些是难以估量的相对较新因素。如果越来越多的人接受这种喜好,它们可能会影响全球肉类市场,但消费者愿意并能够为此类商品支付溢价的程度仍不能确定。

第七章

奶和乳制品

市场形势

2018年世界奶产量（牛奶占81%，水牛奶占15%，山羊、绵羊和骆驼奶共占4%）增长1.6%，达到8.38亿吨。印度作为全球最大的牛奶生产国，产量增加了3.0%，达到1.74亿吨，但这对世界乳制品市场影响不大，因为印度只进行少量的牛奶和乳制品交易。

2018年三大乳制品出口国均实现了产量增长，欧盟（0.8%）、新西兰（3.2%）和美国（1.1%）的产量增长得益于奶牛单产增加，新西兰良好的草地发挥了重要作用。因此，新鲜乳制品[①]和出口加工产品供应增加。世界上最大的乳制品进口国中国2018年牛奶产量4年来首次增长1.1%，2018年年底中国修正了过去10年的牛奶产量数据，将其下调了15%。

国际奶价格是指乳制品的价格，因为未经加工的奶实际上没有交易。黄油可以作为乳脂的参考，而脱脂奶粉可作为其他乳固体的参考。乳脂和其他乳固体共占牛奶重量的13%，其余为水。2018年黄油价格与2017年最高水平相比有所下降，但在年中左右显著增加。由于北美和欧洲对奶油、黄油和其他全脂奶制品的需求强劲，2018年牛奶脂肪价格（黄油）与其他脱脂奶粉的价格走势相反。由于欧盟大幅减少库存，并从2016年开始每当价格低于每吨1 698欧元的设定门槛时就执行购买，导致其他固态奶的价格从2018年年底低位恢复。

预测要点

未来10年，世界奶产量预计增长1.7%（到2028年为981万吨），增速快于大多数其他主要农产品。与过去10年相比，牛群增长率（1.2%）将高于预期平均水平（0.4%），主要是由于低产量国家牛群增长更快。未来10年，印度和巴基斯坦（重要奶生产国）将提供世界奶量增长一半以上，占2028年世界产量30%以上。由于只有小部分产品出口，而国内需求仅略有增长，第二大牛奶产国欧盟的增速将低于世界平均水平。

奶是一种极易变质的产品，需要在收集后立即加工，它的存储时间不能超过几天。然而，大多数乳制品是以新鲜乳制品的形式消费的，这些乳制品没有或只是略微加工。由于收入和人口增长的推动，发展中国家的需求增长强劲，未来10年，新鲜乳制品在世界消费中的份额将增加，世界人均新鲜乳制品消费量将增长1.0%。未来10年，由于人均收入增长，尤其是印度，人口收入增速快于过去10年。欧洲和北美人均新鲜乳制品的需求正在下降，但需求构成已连续几年转向乳制品脂肪。奶酪消费是固态奶中第二重要的乳制品，欧洲和北美人均消费量将继续增加。

[①] 新鲜乳制品包含加工产品中不包括的所有奶制品和牛奶（黄油、奶酪、脱脂奶粉、全脂奶粉和某些酪蛋白及乳清）。单位为牛奶当量。

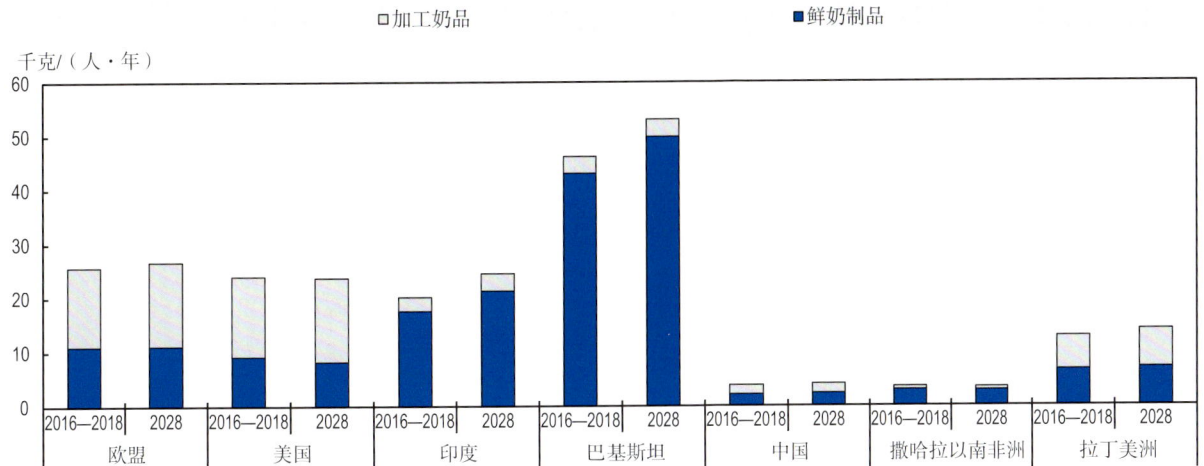

图 7.1 加工和新鲜乳制品人均消费量

注：乳固体通过将每种产品的脂肪和非脂肪固体数量相加进行计算；加工产品包括黄油奶酪、脱脂奶粉和全脂奶粉。
资料来源：经合组织/粮农组织（2019年），《经合组织–粮农组织农业展望》，经合组织农业统计数据库（数据库），http://dx.doi.org/10.1787/agr-outl-data-en。

奶的国际贸易主要是以加工乳制品的形式进行。尽管中国人均乳制品消费较少，但中国是最重要的乳制品进口国，特别是全脂奶粉进口。日本、俄罗斯、墨西哥、中东和北非是乳制品的其他重要净进口国。为进一步促进贸易增长，国际贸易协定（如全面与进步跨太平洋伙伴关系协定、欧盟–加拿大综合性经济贸易协定以及日本与欧盟之间的优惠贸易协定）对乳制品（例如关税配额）均有具体规定。

2015年以来，黄油价格远高于脱脂奶粉的价格。与国际市场上其他乳固体相比，乳脂需求增加，并被认为是未来10年的主要消费品。

贸易环境的改变或极大改变乳制品的贸易流。例如，大量的奶酪和其他乳制品在欧盟和英国之间进行交易，这可能会受到英国脱欧的影响，美墨加三国协议将影响北美的乳制品贸易流。到目前为止，大型乳制品消费国印度和巴基斯坦尚未融入国际市场，他们更多参与国际贸易可能对世界市场产生重大影响。

价格

乳制品的国际参考价是指大洋洲和欧洲主要出口商的加工产品价格。乳制品的两个主要参考价格是黄油和脱脂奶粉。2015年以来，与国际市场上的其他乳固体相比，乳脂需求增加，黄油的价格比脱脂奶粉的价格上涨幅度大，这也被认为是未来10年趋势（图7.2）。

脱脂奶粉价格目前处于较低水平，在展望期内将有所增加。欧盟较高的库存使这一价格上涨受限，但在2018年下半年和2019年年初上涨较多。黄油年均价格在2017年达到历史最高水平，此后一直下降。在展望期内，与大多数其他农产品相比，黄油价格将略微下降。全脂奶粉和奶酪的世界价格将作为黄油和脱脂奶粉价格走势的参考，与脂肪和非脂肪固体的情况一致。

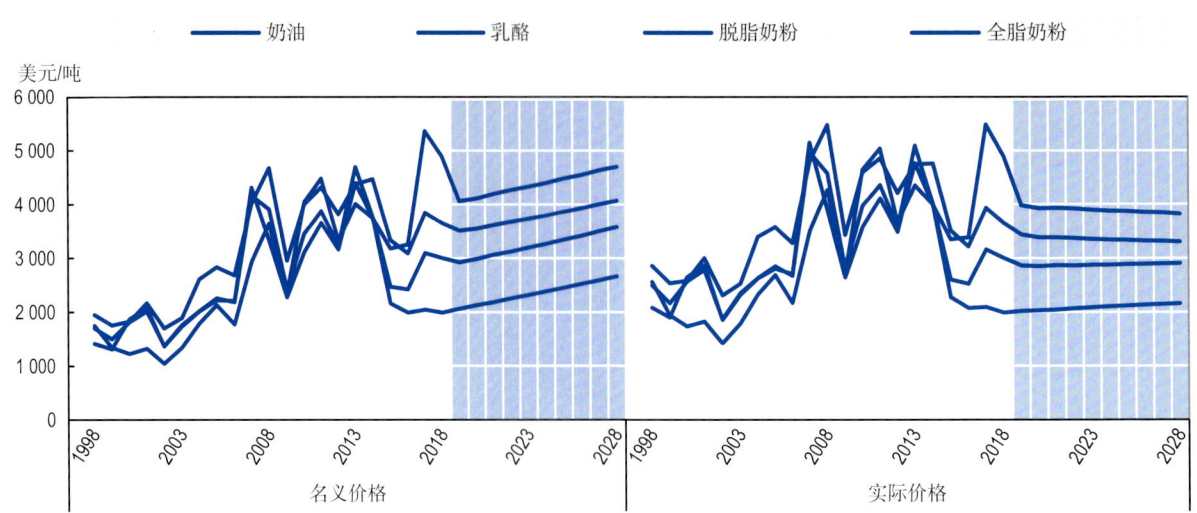

图 7.2 乳制品价格

注：黄油：离岸价，脂肪含量 82%，大洋洲；脱脂奶粉：离岸价，脂肪含量 1.25%，大洋洲；全脂奶粉：离岸价，脂肪含量 26%，大洋洲；奶酪：离岸价，车打芝士，水分含量 39%，大洋洲。实际价格是指美国国内生产总值平减指数调减后的世界名义价格（2010 年 =1）。

资料来源：经合组织/粮农组织（2019 年），《经合组织 – 粮农组织农业展望》，经合组织农业统计数据库（数据库），http://dx.doi.org/10.1787/agr-outl-data-en。

国际乳制品价格剧烈波动是因为其较小的贸易份额（约占世界奶产量的 8%）、少数出口商和进口商的主导地位以及限制性的贸易政策环境等。新鲜乳制品是消费主力，只有小部分牛奶得到进一步加工，大多数国内市场与这些价格的关联度并不高。

生产

未来 10 年，世界奶产量将增长 1.7%（到 2028 年为 981 万吨），增速快于大多数其他主要农产品。几乎世界所有地区的单产增长对产量增长的贡献大于畜群数量增长的贡献（图 7.3）。我们观察到世界畜群平均增长（1.2%）高于产量平均增长（0.4%），这是因为产量相对较低的国家畜群的增长较快。

印度和巴基斯坦是奶的重要生产国，未来 10 年，世界奶产量增长的一半以上将来自这两个国家，2028 年将占世界产量的 30% 以上。未来产量将主要集中在少数奶牛或水牛群中，其产量将快速增长。这两个国家绝大多数产品在国内消费，很少有新鲜奶产品和乳制品在国际上进行交易。

预计第二大生产国欧盟的产量增速将低于世界平均水平。欧盟的中期增长是由于国内需求（奶酪、黄油、奶油和其他产品）的小幅增长以及全球乳制品需求的增加。欧盟牛奶产量的增长将来自牛奶单产增加，牛奶单产将增长 1.1%。未来 10 年，由于取消了牛奶配额，奶牛群将先增加后下降（–0.5%）。欧盟奶的生产是草场和喂养系统相结合,越来越多的奶生产将是有机的。目前超过 10% 的奶牛在奥地利、瑞典、拉脱维亚、希腊和丹麦的有机环境生长,欧盟约 3% 的奶产量来自有机农场,产量相对较低,但奶的价格相当可观。

图 7.3 2019—2028 年奶牛存栏量和单产年度变化情况

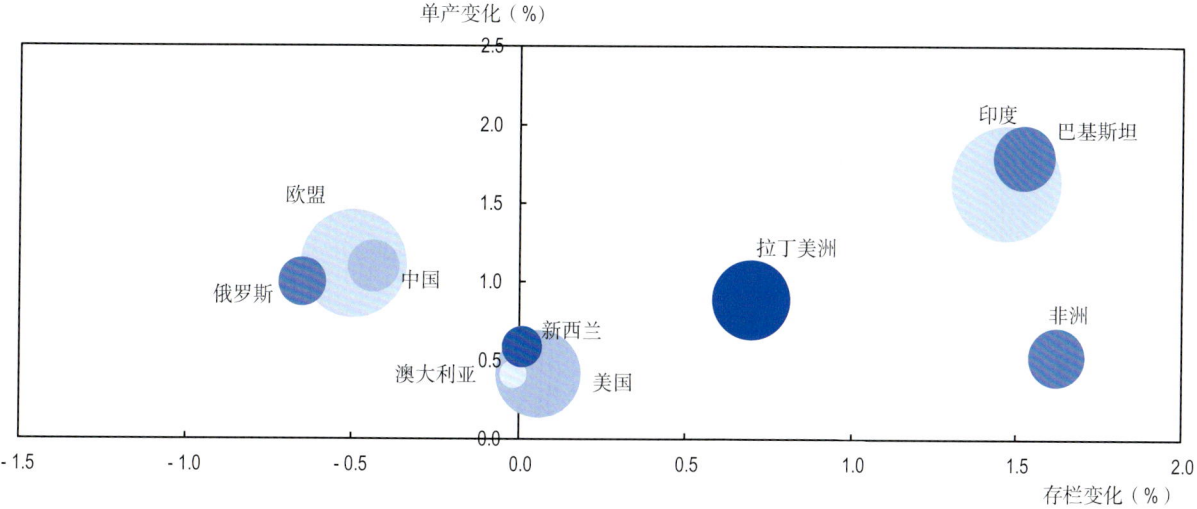

注:圆圈大小代表 2016—2018 年机器总产奶量多少。
资料来源:经合组织 / 粮农组织(2019 年),《经合组织 – 粮农组织农业展望》,经合组织农业统计数据库(数据库),http://dx.doi.org/10.1787/agr-outl-data-en。

预计奶单产最高的是北美,因为草场生产比例低,饲料会带来较高产量(图 7.4)。美国和加拿大的牛群基本保持不变,产量增长源于较高单产的进一步增加。随着国内市场饱和,乳脂需求持续增加,美国出口将以脱脂奶粉为主。

图 7.4 选定国家和区域的乳制品产量及单产

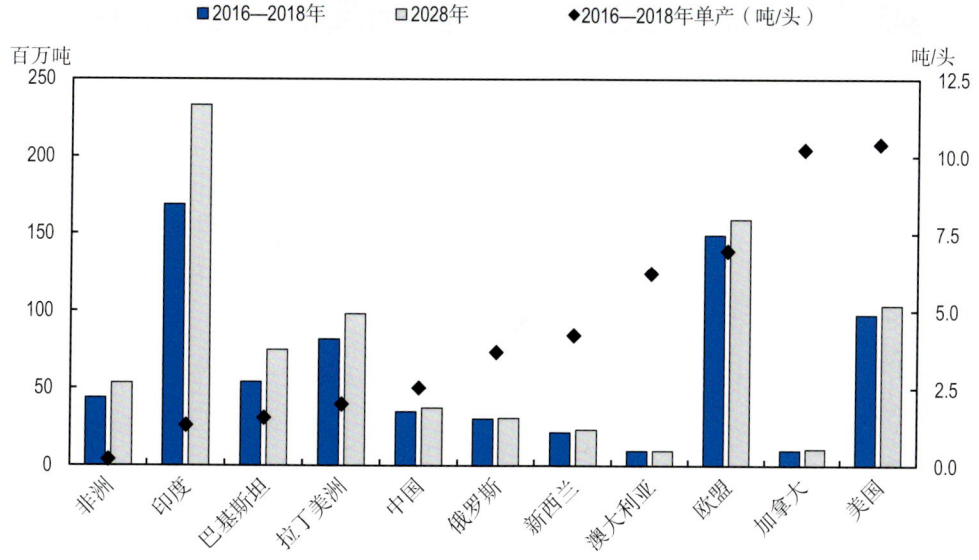

注:单产是根据不同产奶动物计算得到的(主要是奶牛,也包括水牛、骆驼、绵羊和山羊)。
资料来源:经合组织 / 粮农组织(2019 年),《经合组织 – 粮农组织农业展望》,经合组织农业统计数据库(数据库),http://dx.doi.org/10.1787/agr-outl-data-en。

新西兰是以出口为导向的生产国，奶产量大幅增长，生产以草场为主，产量远低于北美和欧洲，但草场管理效率和全年放牧使新西兰具有竞争力。其增长的主要制约因素是土地减少和不断增加的环境限制，但不会改变基于饲料的生产模式。

非洲产量预计增长强劲，主要原因是畜群的增加，它们单产通常较低，但相当大比例的奶源来自山羊和绵羊。大多数放养的奶牛、山羊和绵羊将被用于其他目的，如肉类生产、农耕等。在展望期内，预计世界上大约有 1/3 的畜群分布在非洲，占世界奶产量的 5%。

不到 30% 的牛奶将进一步加工成黄油、奶酪、脱脂奶粉、全脂奶粉或乳清粉等产品。黄油和奶酪具有相当大的直接食用需求，尤其是奶酪，目前它们在欧洲和北美的牛奶固体消费中占比很大。脱脂奶粉和全脂奶粉的交易量很大，主要用于贸易，两者都用于食品加工领域，特别是在糖果、婴儿配方和烘焙产品。

黄油产量将增长 1.9%，比世界奶产量增速更快。脱脂奶粉将增长 1.3%，而奶酪和全脂奶粉将增长 1.2%，奶酪增长放缓是由于欧洲和北美减缓食品市场的增长。

消费

大多数乳制品是以新鲜乳制品形式消费。印度和巴基斯坦需求增长强劲，受收入和人口增长推动，未来 10 年全球鲜乳制品消费份额将增加，世界人均鲜乳制品消费量将增长 1.0%，增速快于过去 10 年。

按人均乳固体计算的牛奶消费量在世界范围内差别很大（图 7.1）。一方面是与人均收入有关，另一方面是区域偏好的影响。例如，印度和巴基斯坦的人均摄入量会很高，但在中国却很低，各国的加工乳制品在乳固体总消费中的份额与收入密切相关。

过去 10 年欧洲和北美的鲜乳制品人均需求正在下降，而乳脂需求不断增加，如全脂饮用牛奶和奶油。这在很大程度上是近期研究认为乳脂消费更健康，消费者对乳脂及其加工食品的口味偏好日益增加。

奶酪消费是乳固体产品中第二重要乳制品，欧洲、北美和大洋洲的奶酪人均消费量将继续增加。脱脂奶粉和全脂奶粉主要用于制造业，特别是糖果、婴儿配方奶粉和烘焙产品。

虽然像印度和巴基斯坦等地区实现了自给自足，但在非洲、东南亚和中东等地区消费增长将快于生产增长，导致乳制品进口量增加。由于液态奶的交易成本较高，需求将通过添加水或进一步加工的奶粉满足。

贸易

由于牛奶的易腐烂性和高含水量（超过 85%），全球仅 8% 的奶在国际上交易。

近年来中国从欧盟和新西兰进口的液态奶大幅增加，全脂奶粉和脱脂奶粉的贸易份额高达世界产量的40%以上，这些产品通常被用于储存和贸易。

新西兰、欧盟、美国和澳大利亚是在展望基期内四大乳制品出口国，到2028年四国出口总量占奶酪的75%、全脂奶粉的78%、黄油的79%、脱脂奶粉的81%（图7.5）。阿根廷是全脂奶粉主要出口国，到2028年占世界出口的5%。近年来白俄罗斯成为重要出口国，主要出口到俄罗斯市场。

新西兰仍然是国际市场上黄油和全脂奶粉的主要来源，到2028年市场份额将分别达到39%和53%。由于全脂奶粉的主要进口国中国采购量大幅减少，预计未来10年新西兰的产量增长率将低于年均0.3%（过去10年增长率为6.9%），新西兰将丰富和微增奶酪生产。

图 7.5　各地区乳制品出口情况

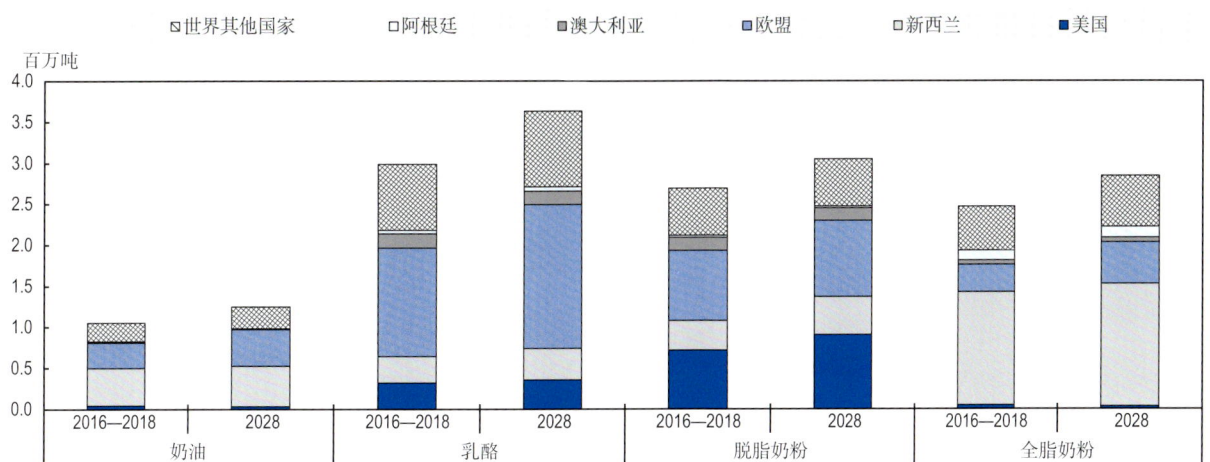

资料来源：经合组织/粮农组织（2019年），《经合组织－粮农组织农业展望》，经合组织农业统计数据库（数据库），http://dx.doi.org/10.1787/agr-outl-data-en。

欧盟将继续成为世界主要的奶酪出口国，其次是美国和新西兰。到2028年欧盟在世界奶酪产量中的份额将在48%左右。2019年欧盟批准双边贸易协定，通过《欧盟－加拿大综合性经济贸易协定》将增加对加拿大和日本的奶酪出口。

与出口相比，各国的进口量较为分散，所有乳制品的主要目的地是中东、北非、发达国家、东南亚和中国（图7.6）。中东和北非的进口主要来自欧盟，而美国和大洋洲将成为东南亚奶粉的主要供应国。

中国将继续成为世界主要乳制品进口国，特别是全脂奶粉的进口。尽管近年来欧盟向中国出口黄油和脱脂奶粉，但中国大部分乳制品的进口来自大洋洲。中国也是鲜乳制品的主要进口国，在展望基期净进口量约70万吨，在展望期内预计将增加2.7%。

发达国家进口奶酪和黄油的数量分别占2016—2018年世界进口量的55%和39%，2028年情况预计与其相似。2028年，英国、俄罗斯、日本、欧盟和中国将成为世界前五大奶酪进口国。预计这个顺序将会发生一些变化，但大部分主要奶酪进口国是发达国家，这些国家往往也是奶酪出口国，国际贸易将增加消费者在奶酪方面的选择机会。

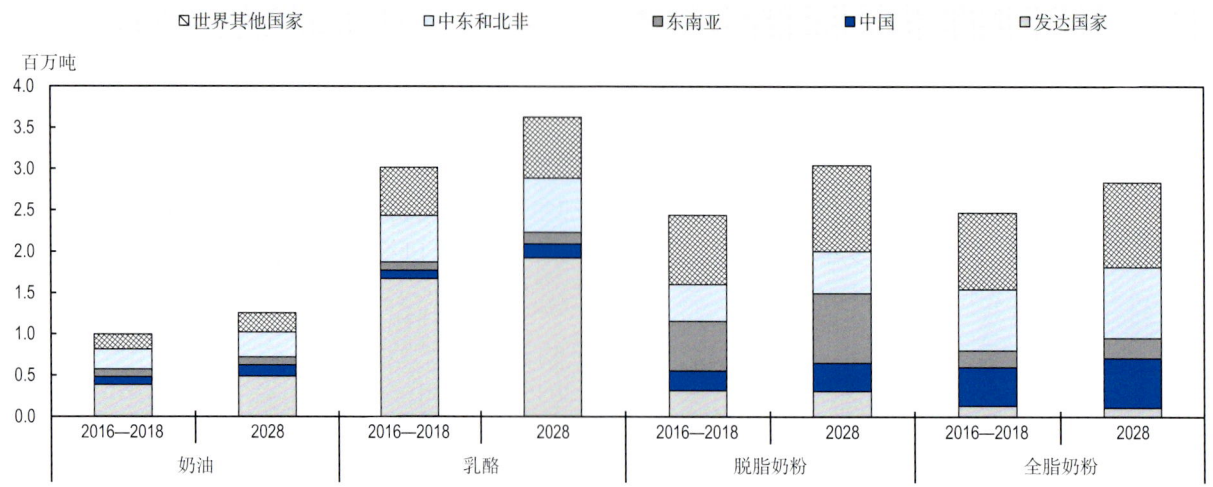

图 7.6 各地区乳制品进口情况

注：东南亚包括印度尼西亚、马来西亚、菲律宾、泰国和越南。
资料来源：经合组织 / 粮农组织（2019 年），《经合组织 – 粮农组织农业展望》，经合组织农业统计数据库（数据库），http://dx.doi.org/10.1787/agr-outl-data-en。

主要问题和不确定性

由于天气事件不可预见，世界产量可能受到制约，这会影响全球放牧，进而影响奶的生产。气候变化增加了干旱、洪水和疾病威胁的可能性，这可能以多种方式影响乳制品行业（价格波动、产奶量、奶牛库存调整）。

基于草场的奶生产模式呈季节性，导致国际价格季节性变化，约在每年中期达到峰值，对黄油来说尤其如此。这种情况在近年来黄油价格保持高位的时期较为明显。

环境立法可对乳制品生产的未来走向产生重大影响。某些国家（如新西兰和爱尔兰）奶类相关活动产生的温室气体占总排放量的比重较高。相关政策的任何变化都可能影响乳制品生产，用水和粪污管理等相关政策也将影响乳业发展。

2015 年 4 月牛奶配额取消，欧盟乳制品生产更加专业化且布局发生调整。一些国家（荷兰、德国、丹麦、法国和意大利）因担忧环境问题，可能会限制奶产量的增加。

动物疫病也会对产奶产生很大影响。乳腺炎是全世界奶牛和所有类型农场中最常见的传染病。从经济角度看它也是最具破坏性的，对牛奶产量和牛奶质量都有显著影响。未来对这种疾病的认识、鉴定和治疗的发展可以显著增加奶产量。

为了控制包括乳腺炎在内的许多疾病，通常使用基于抗微生物剂的治疗。这引起了对抗菌药物过度使用和抗菌药物耐药性的担忧，将降低现有治疗方法的有效性，并需要开发新的治疗方法。这一过程的演变仍然是未来10年的不确定因素。

对于某些用途和目的而言，乳脂相对较高的价格可能导致植物脂肪（如脂肪填充的粉末和其他乳制品）代替乳脂，这将增加乳脂和非脂乳固体估量的不确定性。

近年来多个地区的植物乳制品替代品（如大豆、杏仁、大米和燕麦饮料）在流体乳中的作用显著增加，如北美、欧洲和东亚。原因是乳糖不耐症、乳制品对健康和环境的可能影响。尽管植物乳制品增长率较高，但也有质疑植物乳制品替代品的环境影响和有益健康的结论。因此，这将对乳制品需求的长期影响产生不确定性。

国内政策的变化也仍然存在不确定性。加拿大脱脂奶粉出口预测具有不确定性，世界贸易组织的《内罗毕决定》取消2020年以后农业出口补贴。欧盟近年来以固定价格干预脱脂奶粉和黄油的购买，这对脱脂奶粉产生了相当大的市场影响。

贸易环境的变化可能会大大改变乳制品贸易流。迄今为止，乳制品消费大国印度和巴基斯坦尚未融入国际乳品市场，预计其国内产量将迅速扩大以应对需求。

贸易协定的变更或创建将影响乳制品需求和贸易流。如大量奶酪和其他乳制品在欧盟和英国之间进行交易，这可能会受到英国脱欧的影响，美墨加三国协议将影响北美的乳制品贸易流。俄罗斯对主要出口国的几种乳制品的禁运将在2019年结束，进口量将小幅增加，但可能不会恢复到禁止前水平。

第八章

鱼品和海产品

市场形势

从总体来看,2018年捕捞和水产养殖业进一步扩大,生产、贸易和消费都达到了历史最高点。产量增长的原因是捕捞渔业(主要是南美洲秘鲁鳀)和水产养殖产量的持续增长,每年增加3%~4%。

鱼品[①]价格在2018年上半年有所增长,因为需求量增长高于一些主要品种的供应量,但在下半年由于供应增加以及美国和一些欧洲市场消费需求疲软,鱼类价格走弱。粮农组织鱼品价格总指数在2018年3月创下历史新高(从2002—2004年基期的100上涨至165),此后开始小幅回落。但是,大多数种类和产品的鱼品价格仍高于2017年水平。2018年,高价格以及持续的贸易量,导致鱼品和渔产品贸易总额达到1 660亿美元,比上一年增加了7%。

预测要点

由于生产限制将阻止价格下跌到与潜在肉类替代品(如家禽)相同水平,展望期内鱼品实际价格将保持相对平稳。预计年均增长率将在±1%之内,捕捞鱼类、世界贸易鱼类和鱼粉价格略有下降,水产养殖鱼类和鱼油略有上涨。与过去10年(2009—2018年)相比,价格年均增速将会放缓或保持负增长。在过去10年许多农产品价格居高不下的情况下,鱼粉和鱼油价格一直处于历史高位,预计高价位将在未来继续延续。水产养殖鱼类加权平均实际价格的增长速度超过了玉米等低蛋白质饲料价格。这可能是盈利的一个积极信号,因为低蛋白饲料是许多水产养殖鱼类生产的主要投入品。鱼品名义价格预计将会逐渐提高。

世界鱼品产量将继续增加(年均增长1.1%),但增速低于过去10年水平(年均增长2.4%)。中国"十三五规划"(2016—2020年)是导致增速放缓的主要因素,影响了捕捞量和水产养殖产量,并且中国下调了2009年以来的生产数据[②]。水产养殖的重要性日益突显而且将继续延续(图8.1),本《展望》预计,水产养殖业的增长(年均2.0%)将成为全球鱼品总产量增长的主要驱动力。预计到2028年,水产养殖业的鱼品产量将超过捕捞业800万吨。虽然渔业治理不足和库存枯竭将继续成为全球关注的问题,但捕捞鱼品产量预计将在展望期内略有增加(年均0.2%),部分归因于一些地区管理条件的改善将继续带来红利。

鱼品产量预计将主要用于食用消费(2028年达178万吨),其中只有9.4%用于非食用消费(主要是鱼粉和鱼油)。食用鱼品消费中来自水产养殖的比重预计将从52%(2016—2018年平均值)增加到2028年的58%。世界鱼品产量增长放缓

---

① "鱼品"及"鱼品和海产品"表示鱼类、甲壳类动物、软体动物和其他水生无脊椎动物,但不包括水生哺乳动物和水生植物。所有数量以活重当量计算,鱼粉和鱼油除外。
② 此修订是依据农业普查数据进行的,影响中国捕捞和水产养殖数据。

意味着鱼品食用消费量将大幅下降，年均增速仅为1.3%，而过去10年年均增速达2.7%。世界表观①鱼品人均食用消费量将从2016—2018年的20.3千克增加到2028年21.3千克。虽然预计撒哈拉以南非洲人均消费量会略有下降，但非洲总体上仍然保持不变，拉丁美洲和欧洲增长率应该是最高的。

图8.1 水产养殖对各区域鱼品和海产品产量的贡献

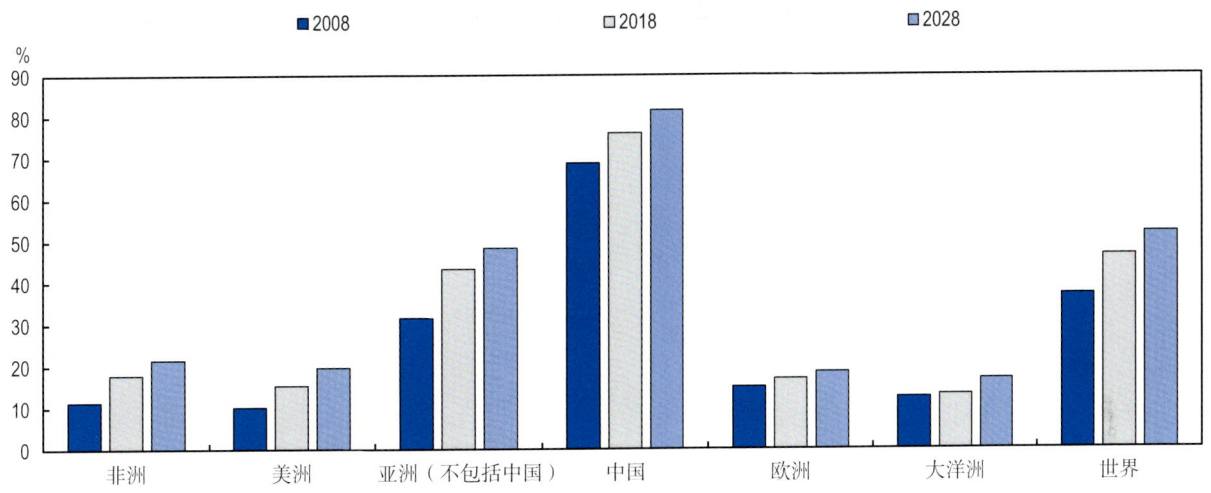

资料来源：经合组织/粮农组织（2019年），《经合组织–粮农组织农业展望》，经合组织农业统计数据库（数据库），http://dx.doi.org/10.1787/agr-outl-data-en。

　　鱼和鱼产品（供人类食用的鱼品和鱼粉）是世界上交易量最大的产品之一。预计到2028年，鱼和鱼产品的出口量将占总产量的36%左右（不计欧盟内部贸易为31%）。供人类消费的世界鱼品贸易将在未来10年继续增长（年均增长1.1%），但增速放缓，低于过去10年增长水平（年均增长1.9%）。长期趋势是亚洲国家供人类消费的世界鱼品贸易量比重将稳步增加，预计到2028年将占世界出口量的52%，而2016—2018年为49%。在经历了过去10年下降态势后，预计在展望期内世界鱼粉贸易将有所增长，因为由于从鱼类废物中回收的数量更多且捕捞量略有增加，鱼粉产量随之增加。

　　本《展望》的预测是在特定的经济和政策假设下，最有可能发生的条件情景假设。渔业和水产养殖部门未来的发展状况，受环境条件变化、渔业部门治理以及贸易政策和市场准入的影响，可能会产生多种不确定性。因此，上述不确定性的影响取决于与假设条件的差异程度以及行业内的应对能力。

---

① 术语"表观"是指可供食用量，不等于可食用的人均食物摄入量。该数量依据产量+进口量–出口量–非食用消费量+/–库存变化量计算得来，均以活重当量表示。

价格

在展望期内，鱼品实际价格将保持相对稳定，预计 2028 年鱼品价格与基期相比将小幅下降。预计捕捞鱼品价格下降幅度最大（下降 6.5%），其次是鱼粉（下降 4.0%）、参与贸易鱼品（下降 3.0%）和水产养殖（下降 2.2%），而鱼油价格预计会小幅上涨（提高 1.8%）（图 8.2）。

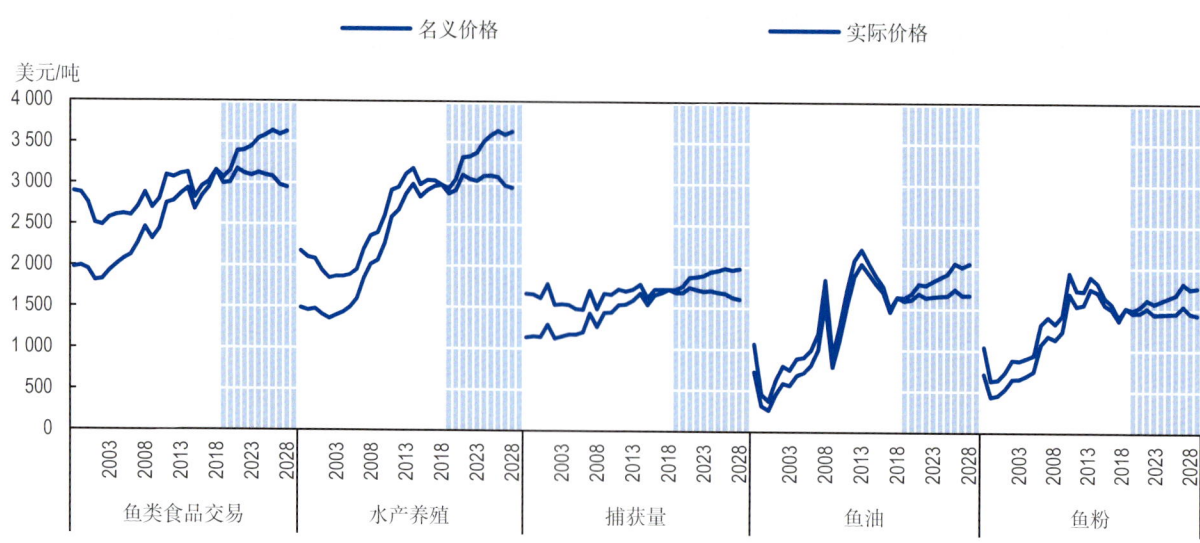

图 8.2 世界鱼品价格

注：参与贸易的鱼品：供人类消费的鱼品世界单位贸易额（出口和进口总和）。水产养殖：粮农组织水产养殖鱼品产量世界单位价值（以活重计）。捕捞：粮农组织估计值，捕捞渔业产量世界渔船外价值，不包括减除值。鱼粉：蛋白质含量 64%~65%，德国汉堡。鱼油：欧洲西北部地区。实际价格：美国 GDP 平减指数，基准年 = 2018 年。

资料来源：经合组织 / 粮农组织（2019 年），《经合组织 – 粮农组织农业展望》，经合组织农业统计数据库（数据库），http://dx.doi.org/10.1787/agr-outl-data-en。

如 2018 年《展望》报告所述，中国"十三五规划"（2016—2020 年）将再次成为本《展望》中鱼品和海产品的最重要的假设。由于农业普查使得中国下调了 2009 年以来的生产数据，导致渔业和水产养殖产量大幅减少。产量减少导致中国价格上涨，同时猪瘟持续暴发导致猪肉产量下降和鱼品需求增加，进一步推动了价格上涨。中国占全球水产养殖总量的 59%（2016—2018 年平均值），因此其相对重要性与人口和收入增长拉动全球鱼品需求强劲相结合，有助于抑制鱼品价格在世界范围内的下跌程度。

虽然鱼粉实际价格将略有下降，主要是由于处于历史最高水平，预计到 2028 年价格仍将比 2005 年（大幅增长开始前一年）的价格高 53%。这种情况对于鱼油而言更为突显，2028 年的实际价格预计比 2005 年高 83%。综合考虑，在其他所有条件保持不变的情况下，这表明在展望期内将捕捞鱼品和鱼类废物转化为鱼粉和鱼油仍将产生丰厚利润。

从长远来看，由于较强的替代性，预计世界鱼粉和鱼油价格总体上仍将继续跟随油籽产品的价格。然而，预计鱼粉价格相对于油粕价格将缓慢上涨，因为在厄尔尼诺年供给增加有限，而需求在不断增加，由于其营养特性，用于不断扩大的水产养殖生产和畜牧饲养（主要是猪和家禽）等。在假设 2012 年发生的结构性变化得以持续的情况下，鱼油与油籽油价格比将保持在高位。结构性变化的发生主要是由于人类饮食中对富含 Omega-3 脂肪酸的鱼油需求有所增加。

饲料是大多数集约化水产养殖生产者的主要支出，由于植物成分在饲料配给中的重要性日益增加，使得水产养殖和玉米价格之间的比率成为水产养殖潜在盈利能力的良好指标。预计该比率在本展望期内将保持高位，这表明大多数年份水产养殖业都是有利可图的。

生产

预计到 2028 年，世界鱼品总产量将达到 1.963 亿吨，比基期（2016—2018 年平均值）提高 14%，绝对数量上将增加 2 410 万吨鱼品和海产品（图 8.3）。虽然总产量保持增长，但增长速度和新增产量都将不断下降。从绝对值来看，在本展望期内鱼品和海产品总产量的增长速度预计为过去 10 年的 51%。

世界鱼品和海产品产量的增长将主要来自水产养殖业，预计到 2028 年年均增加 200 万吨产量，达到 1.022 亿吨，在展望期内增加 28%。虽然到 2027 年首次突破 1 亿吨对于水产养殖业来说将是一个里程碑事件，但是未来 10 年水产养殖年增长速度将继续放缓，预计不到过去 10 年的一半（2.0% 对 4.6%）。主要原因是中国修订了数据，以及中国当前的五年计划限制其水产养殖业产量的增长。预计未来 10 年中国水产养殖产量将增加 24%，为过去 10 年 54% 的一半。在基期（2016—2018 年平均值），中国占全球水产养殖产量的 59%，但预计到 2028 年将下降至 57%，尽管同期水产养殖占中国鱼品和海产品总产量的比重将从 75% 增加到 82%（图 8.3），捕捞渔业产量下降 14%。在世界范围内，由于环境法规和最佳生产地点的减少，预计水产养殖产能下降也将导致产量增速减缓。

与近年来相对平稳的情况相反，预计捕捞渔业产量将有所增长，在展望期期末世界捕捞渔业产量将达到 9 420 万吨，与基期（2016—2018 年）相比产量将提高约 170 万吨，增加 1.9%。产量增长的驱动力是部分地区管理水平提高以及鱼品价格相对较高，尽管中国捕捞渔业产量将会下降。由于捕捞渔业产量的增加，水产养殖业产量预计不会超过捕捞渔业产量（包括用于非食品用途的产量）直至 2022 年，而情况预计将在 2021 年发生变化。假设 2021 年和 2026 年出现厄尔尼诺现象，而这些定期的环境事件将对南美洲国家的远洋渔业产生重大影响，将会导致世界捕捞渔业产量在这两年出现下降。

分品种来看，所有品种水产养殖产量都将继续增加，但不同品种之间的增长速度有所不同，因此从世界产量来看，不同品种的重要性将随之发生改变。到 2028 年，鲤鱼和软体动物仍将是最重要的水产养殖品种，到 2028 年两者之和将占总产

第八章　鱼品和海产品

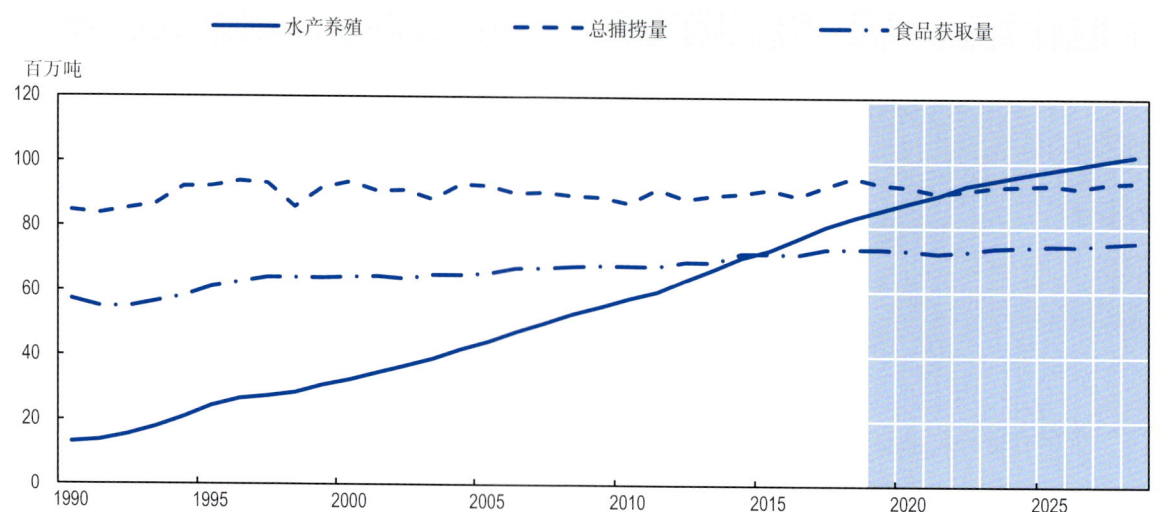

图 8.3　世界水产养殖和捕捞渔业

资料来源：经合组织/粮农组织（2019年），《经合组织–粮农组织农业展望》，经合组织农业统计数据库（数据库），http://dx.doi.org/10.1787/agr-outl-data-en。

量的 55%（分别占 35.8% 和 19.2%）。但是这两个品种的主导地位将继续减弱，特别是软体动物，由于其他品种产量增长超过了软体动物，因此其产量所占份额从 20 世纪 90 年代中期 77% 的最高点缓慢下降。这种趋势将在未来 10 年继续延续，预计罗非鱼、鲶鱼和多利鱼（其他淡水和洄游鱼类的一部分）增长速度最快，年均增长 3.4%（图 8.4）。

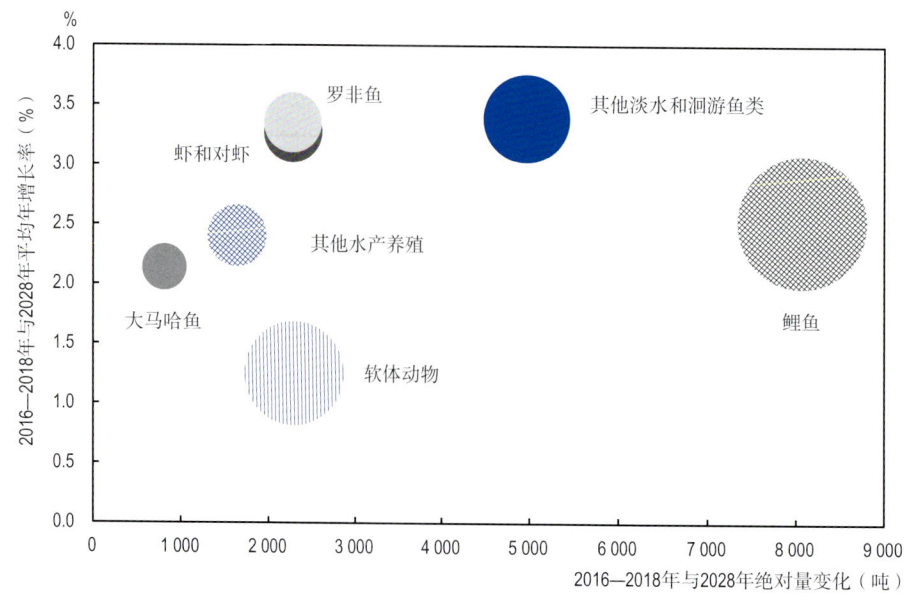

图 8.4　各品种世界水产养殖产量增加情况

注：气泡大小代表 2016—2018 年世界平均总产量（吨）。
资料来源：经合组织/粮农组织（2019年），《经合组织–粮农组织农业展望》，经合组织农业统计数据库（数据库），http://dx.doi.org/10.1787/agr-outl-data-en。

在经历了过去10年鱼油产量小幅增长和鱼粉产量下降后，与基期相比，2028年鱼油产量将增加3.9%、鱼粉增加10.6%。但是用于生产鱼粉和鱼油的捕捞渔业产量所占份额预计不会与当前的16%相差很大。而预计增长将来自于：用鱼类废物生产的鱼粉和鱼油比例将持续提高，价格相对较高；捕捞渔业产量的小幅增长。预计用鱼类废物生产的鱼粉比例将从2018年的25%增加到2028年的31%，而鱼油预计将从35%增加到40%。

消费

鱼品是多功能、异质性产品，涵盖了各种各样的品种，可以多种不同方式和形式满足食用或非食用用途的制备和消费。在不同大陆、地区和国家之间如何利用、加工和消费鱼品也存在差异。鱼类生产大部分用于人类消费，预计这一比重将从基期（2016—2018）的89%增加到2028年的91%。总体而言，预计到2028年用于人类消费的鱼品数量将增加2 500万吨，达到1.78亿吨。与2016—2018年平均值相比总体增长16%，与过去10年32%相比增速有所减缓，主要是由于可用新增产量减少、人口增长放缓以及部分国家特别是发达国家需求饱和，预计鱼品食用消费量几乎没有增长（到2028年年均增长0.6%）。

需求增长主要来自发展中国家（特别是亚洲），预计将占新增消费量的93%，到2028年发展中国家将占人类鱼品消费量的81%（2016—2018年年均为79%）。从总体来看，亚洲将占食用鱼品总消费量的71%（1.26亿吨），而大洋洲和拉丁美洲消费量最低。亚洲仍将占新增消费的大部分，2028年将占新增鱼品消费的71%。亚洲特别是东亚（除日本外）和东南亚消费的增长，主要受以下因素推动：国内产量特别是水产养殖业产量增加；收入水平提高；商业化程度提高；日益增长的大量城市人口将增加包括鱼品在内的动物蛋白的摄入，而减少植物性来源的食物消费。中国作为最大的鱼品生产国，仍将是世界上最大的鱼品消费国，预计到2028年将占全球总消费量的36%左右，人均消费量约为44.3千克，而基期为39.3千克。

从总体来看，需求增长还将受到饮食趋势变化的影响，继续向更加多样化的食物选择以及关注健康、营养膳食的方向发展。鱼品富含蛋白质和许多其他必需脂肪酸及微量营养素，对于多样化、健康饮食起到提供有价值和营养性食源的作用。贸易将在如下方面发挥重要作用：持续提升鱼品商业化，这将有助于进一步减少地理位置和国内生产有限的影响；为更多品种开拓市场；为消费者提供更多选择。预计进口将占欧洲鱼品食用消费量的69%，占北美食用消费量的71%（图8.5）。

除了非洲消费量预计将保持不变外，其他各大洲的人均鱼品消费量都将有所增加（图8.6）。撒哈拉以南非洲地区将出现小幅下降。尽管预计通过增加产量和进口量获得的食用鱼品供应总量将会增长（与基期相比，非洲增加30%，撒哈拉以南非洲增加31%），但仍不足以超过与其增速相似的非洲人口增长率，因此人均鱼品消费量将保持不变或呈下降趋势。整个非洲人均鱼品消费停滞、撒哈拉以南地区消费下降使人们对粮食安全问题感到震惊，主要考虑到世界范围内非洲食物短缺发生率

图 8.5 各地区进口占鱼品食用消费量的比重

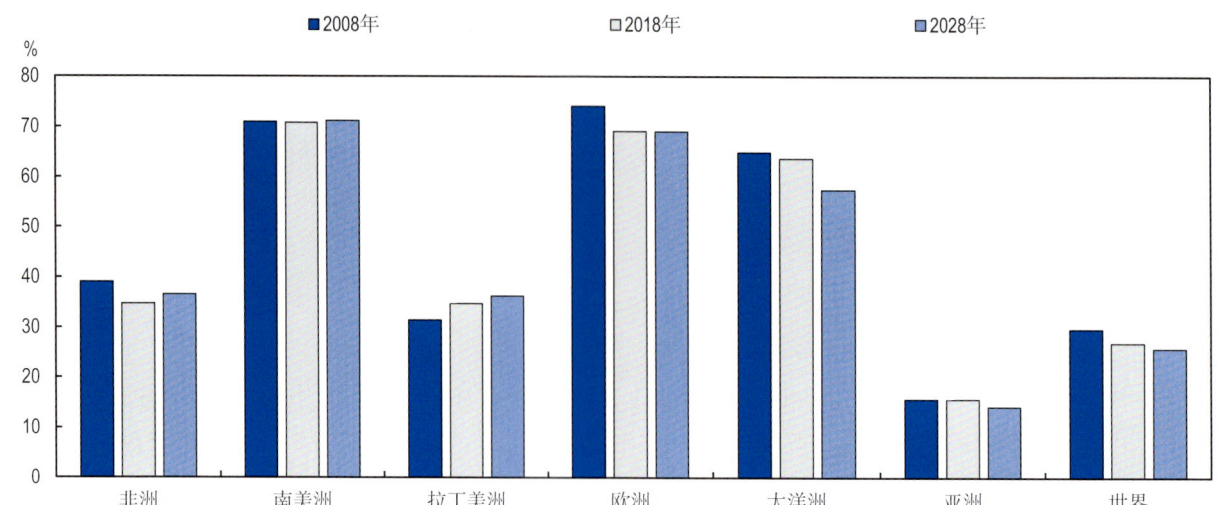

资料来源：经合组织/粮农组织（2019 年），《经合组织–粮农组织农业展望》，经合组织农业统计数据库（数据库），http://dx.doi.org/10.1787/agr-outl-data-en。

最高以及粮食安全形势在恶化，特别是在撒哈拉以南部分非洲地区。即使目前非洲人均鱼品消费量低于世界平均水平，鱼品仍在该地区发挥重要作用，提供有价值的微量营养素和蛋白质，其蛋白质含量高于世界平均水平。

预计用于非食用用途的鱼品不足鱼品产量的 10%。绝大部分是用于生产鱼粉和

图 8.6 各地区人均鱼品消费量增长情况

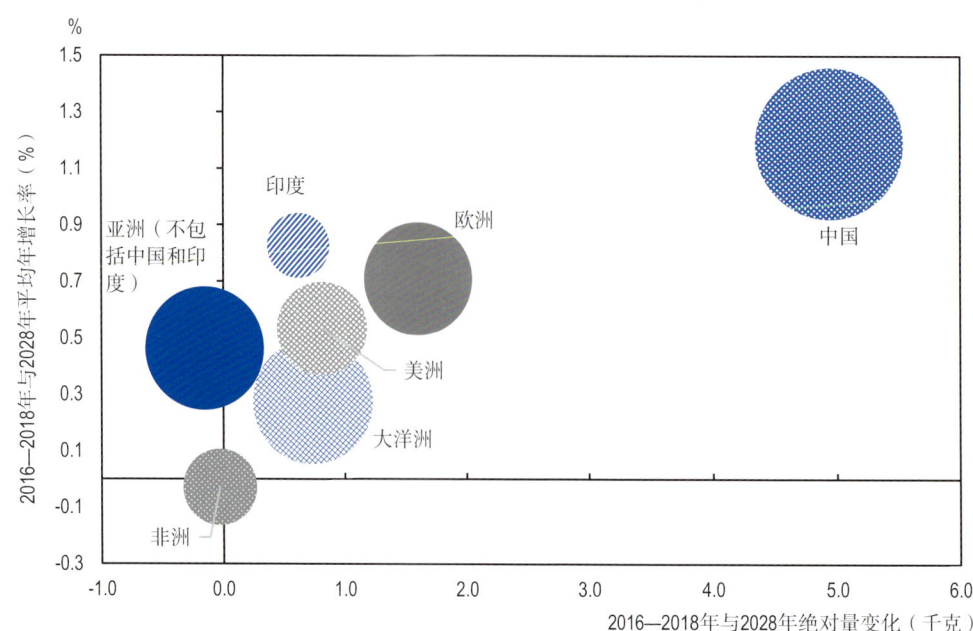

注：气泡大小代表 2016—2018 年世界平均总消费量（吨）。
资料来源：经合组织/粮农组织（2019 年），《经合组织–粮农组织农业展望》，经合组织农业统计数据库（数据库），http://dx.doi.org/10.1787/agr-outl-data-en。

鱼油，2%左右用于观赏鱼、养殖、仔鱼和鱼苗、诱饵、药物投入品，或直接用作水产养殖、牲畜和其他动物的饲料。鱼粉和鱼油可以由整鱼、鱼渣或鱼类副产品加工而成。鱼粉和鱼油主要用作水产养殖和牲畜饲养（特别是猪）的动物饲料，以及作为人类食用和食品工业成分的膳食补充剂。目前，约70%的鱼粉被用作水产养殖饲料，鱼油为75%。此外，约7%的鱼油被用作膳食补充剂[①]。除了受高价格影响用作膳食补充剂的鱼油份额可能增加外，预计未来10年不会发生重大变化。

由于产量增长有限加之高价格和创新发展，鱼粉和鱼油将被更频繁地用作促进鱼类或牲畜特定阶段生长的战略原料，因为鱼粉和鱼油被认为是鱼类和牲畜饲养中最具营养和最易消化的原料。其在水产养殖复合饲料中的含量呈现出明显的下降趋势，因为鱼粉和鱼油被更有选择性地利用且被价格较低的油籽粕代替（图8.7）。2028年，水产养殖中油籽粕用量预计将达到近900万吨，而鱼粉用量为440万吨。中国作为目前水产养殖主要生产国，将继续成为鱼粉的主要消费国，约占总消费量的38%，而挪威由于其鲑鱼产业仍将是主要鱼油消费国。

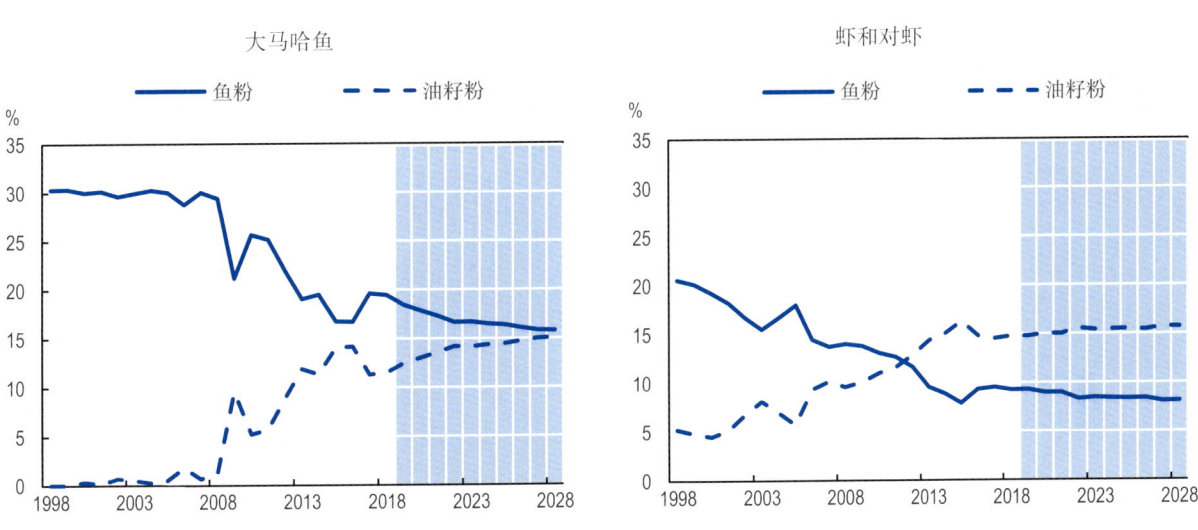

图8.7　鱼粉和油籽粉在饲料中的比重

注：世界加权平均数。
资料来源：经合组织/粮农组织（2019年），《经合组织–粮农组织农业展望》，经合组织农业统计数据库（数据库），http://dx.doi.org/10.1787/agr-outl-data-en。

贸易

鱼品和渔产品（用于人类消费的鱼品和鱼粉）贸易将在展望期内继续增长，但增速低于过去10年，反映出产量增长放缓以及中美贸易紧张局势。贸易仍将在捕捞和水产养殖中发挥重要作用，特别是在食物供应和粮食安全方面。在全球范围内，鱼品在动物蛋白总摄入量中所占份额呈上升趋势，部分归因于鱼品和渔产品贸易的发展。

---

① 资料来源：国际海洋原料组织（IFFO）。

2028年，供人类消费的世界鱼品贸易总量将达到4 580万吨（不包括欧盟内部贸易），比2016—2018年基期增长11%。在展望期内，供人类消费的鱼品出口将主要集中在较少的出口国中（图8.8）。中国、越南、挪威、欧盟（2028年将被印度尼西亚超过）和俄罗斯等前五大出口国的出口总量预计将从2016—2018年的平均水平45%增加到2028年的46%。在上述国家中，预计挪威增长速度最为缓慢，其出口趋势反映了生产趋势。预计印度尼西亚的增长速度最快，由于其产量扩大，2028年将成为供人类消费的鱼品第四大出口国，超过欧盟和俄罗斯，而基期排名在第10位。在其他规模较大的出口国中，预计智利和泰国增长强劲。然而，受美国和中国之间贸易紧张局势的持续影响，预计美国出口量将出现下降，这一影响将持续到2028年。

图8.8　2016—2018年至2028年主要出口国鱼品出口量

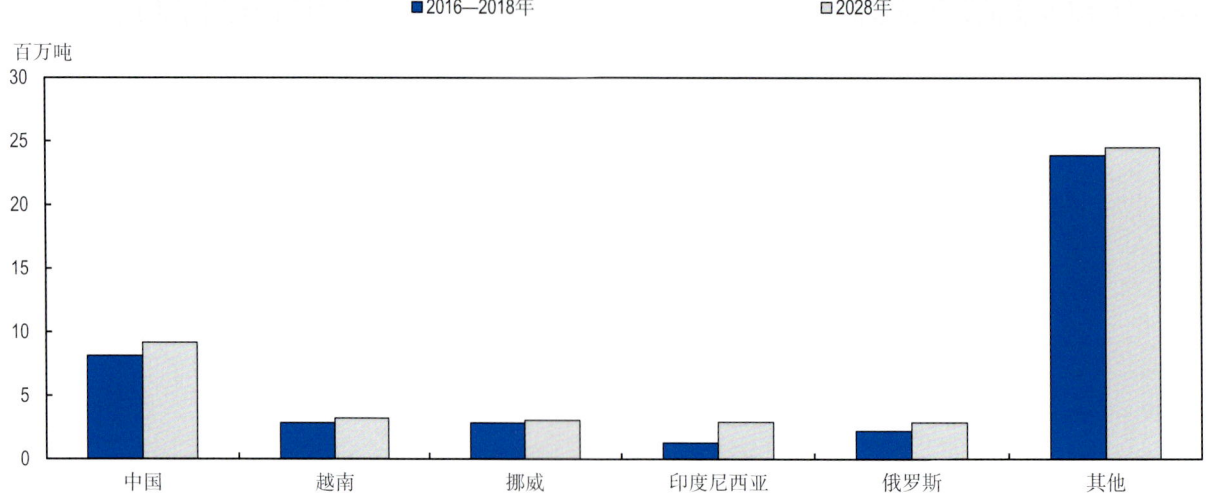

资料来源：经合组织/粮农组织（2019年），《经合组织－粮农组织农业展望》，经合组织农业统计数据库（数据库），http://dx.doi.org/10.1787/agr-outl-data-en。

相反，在展望期内进口的集中度将减弱。欧盟、美国、中国、日本和泰国仍将是供人类消费的五大鱼品进口国（图8.9）。然而，预计其占全球进口量的比重将从2016—2018年的56%下降至2028年的52%，表现为日本和中国进口量下降。日本部分鱼品消费来自进口，且将继续呈下降趋势，因为年轻一代偏好肉类而非鱼类。中国进口量将略有下降，因为水产养殖业品种更适应国内消费者的偏好。特别是海产品的进口量将在展望期内有所下降。从总体上看，预计亚洲占世界鱼品进口量的比重将从基期的40%小幅下降至2028年的39%。

预计未来10年鱼粉贸易量将增长9.8%，2028年贸易量将达到310万吨，表明产量除了2026年假设发生严重厄尔尼诺现象外均有增加。与2013—2016年相比，将呈现出增加的变化趋势，当时秘鲁捕捞配额严格并发生了厄尔尼诺现象。截至目前，秘鲁仍将是鱼粉的主要出口国，随后是欧盟和智利。中国仍将是鱼粉主要进口国，2028年将占进口总量的近一半，反映出水产养殖生产规模将扩大，因为鱼粉用于饲料生产。与上述相同原因的同一惨淡时期相比，预计到 2028 年鱼油贸易量将达到 90 万吨。欧盟和挪威是鱼油主要进口国，用于膳食补充剂和鲑鱼产业。

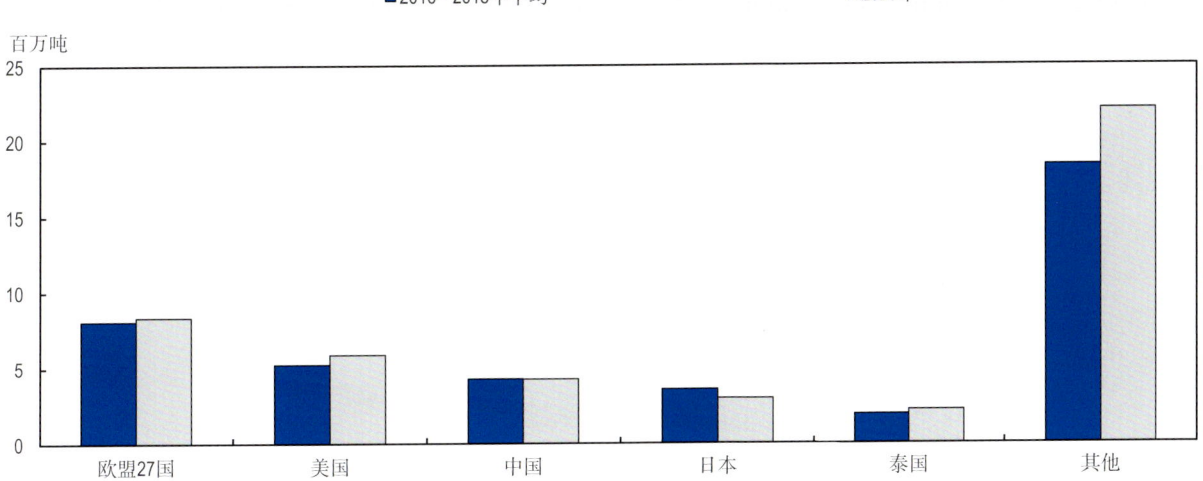

图 8.9　2016—2018 年至 2028 年主要进口国鱼品进口量

资料来源：经合组织 / 粮农组织（2019 年），《经合组织 – 粮农组织农业展望》，经合组织农业统计数据库（数据库），http://dx.doi.org/10.1787/agr-outl-data-en。

主要问题和不确定性

在本展望中的预测基于一系列经济、政策和环境假设。对任何一个变量的冲击都会导致不同的鱼品预测结果。在展望期内可能会出现许多不确定因素和潜在问题。其中一些已在上年的报告中进行了分析（如库存状况、污染、产业特定问题），且仍然存在。本节讨论一些具体的不确定性。

中国根据新的农业普查结果，修订了 2009—2016 年的捕捞和水产养殖生产数据。本《展望》考虑了中国数据下调以及"十三五"规划（2016—2020）实施的可能变化，导致中国鱼品产量远低于此前预测。但是，"十三五"规划的确切影响仍存在不确定性。由于中国是捕捞和水产养殖产品的主要生产国和出口国，基期的任何变化都可能对鱼品和海产品的总产量、贸易量和消费量产生重大影响。例如，如果规划得以全面实施，中国总产量将比本展望中的预测少 400 万 ~500 万吨。

气候变化、天气变化以及极端天气事件发生频率和程度的变化将破坏栖息地、改变鱼类迁徙模式和自然生产力，对鱼品和海产品的供给及贸易造成重大影响。然而，除了厄尔尼诺事件影响外，气候变化由于其复杂性并没有明确地包含在本展望的建模过程中，厄尔尼诺事件的影响已在上年展望建模过程（2021 年和 2026 年）中明确说明。随着鱼群转移到新的经济区，国际捕捞权可能会更加复杂。当进入新的领海时发生冲突以及各国适应新的迁徙路线的渔业管理政策暂时性缺口的可能性都将加大。随着鲭鱼群向冰岛和法罗群岛迁徙，鲭鱼管理方面存在分歧。冰岛和格陵兰没有批准欧盟、法罗群岛和挪威商定的配额提案。

本展望未考虑英国脱欧的影响。目前由于缺乏一致意见、持续存在的不确定性以及多种可能的结果,因此无法在基线中考虑这种情况。英国脱欧的潜在影响包括欧盟成员国进入英国水域的船只减少,以及英国生产商提高对欧盟出口鱼类的关税。欧盟是英国最重要的海产品出口市场,因此在进行鲜活或易极腐坏的新鲜产品交易时,关税或海关的相关延误可能会给生产者造成巨大损失,并可能导致贸易模式发生变化。

包括水产养殖和捕捞渔业在内的全球鱼品生产水平受到管理政策和执行情况重大影响。各国政府越来越意识到需要改进渔业管理框架。由于世界某些地区采取了更完善、更有效的资源管理做法,一些鱼类种群和渔业表现出复苏迹象,未来10年该状况预计将会继续。这将有助于通过增加一些鱼类和地区的捕捞量以维持并可能提高总捕捞量。尽管这将受一些不确定性影响,但也是潜在积极走向。遗憾的是,最终鼓励不可持续的捕捞水平和方法的政策,例如旨在支持收入或增加产量的政策,可能破坏可持续渔业的目标。为此,各国必须在联合国可持续发展目标框架下制定相关的具体目标,以恢复渔业可持续性并取消不利的支持政策。

未来取消不利的渔业支持政策的进程是捕捞渔业的另一个不确定因素。支持政策可能产生意想不到的负面影响,例如捕捞量超过预期水平或捕捞船队产能过剩,以及非法、不报告和无管制捕捞活动(IUU)对渔民更具吸引力。这些综合影响减少了渔民的利润和收入,导致消费者鱼类减少,并且危及海洋环境健康。经合组织最新研究[①]表明,对渔业部门进行支持并为渔民带来利益是有可能的,不会造成过度捕捞或产能过剩,例如,将现有对渔具、燃料、船只或其他投入品的补贴改为帮助渔民更好地经营其业务上,可以使渔民的年收入增加20亿美元,减少库存压力并使年捕捞量增加近50万吨。但是,这些变化取决于世贸组织的进展和国家渔业政策的修订。

中国和美国之间的贸易紧张局势导致中国在2018年年中对来自美国的所有渔业产品征收25%的关税,这已被纳入基线中。在贸易紧张局势未出现减弱迹象的情况下,整个展望期内都将保持较高关税。贸易紧张局势的影响总体上是有限的,因为中国应该能够从其他贸易伙伴国进口产品。同样,美国应该能够将部分产品转移到其他出口目的地。但是,目前尚不清楚高关税是否会在整个展望期内保持不变。这些关税的持续时间可能导致贸易量的降低和贸易模式的变化。

多哈回合市场准入谈判失败导致双边和区域贸易协定激增。在本展望中,明确考虑了以下7个贸易协定:美国–韩国(《美韩自由贸易协定》)、欧盟–韩国、加拿大–韩国(《加拿大–韩国自由贸易协定》)、中国–韩国、加拿大–欧盟(《欧盟与加拿大全面经济贸易协定》)、《欧盟–日本经济伙伴关系协定》和《全面与进步跨太平洋伙伴关系协定》。这些协定分别导致2012年、2013年、2015年、2017年、2018年和2019年鱼品及海产品降低关税。

[①] Martini, R. 和 J. Innes(2018年),《渔业支持政策相关影响》,经合组织食品、农业和渔业论文,第115号,经合组织出版社,巴黎,http://dx.doi.org/10.1787/bd9b0dc3-en。

第九章

生物燃料

市场形势

2018年，除阿根廷外，全球所有主要生产地区的生物燃料产量都有所增加，阿根廷的生物燃料产量降至4年来的最低水平，主要原因是出口机会不太有利。在2018年原油价格上涨的同时，由于供应充足，乙醇和生物柴油价格下降。生物燃料原料价格与2017年持平，但植物油价格降至历史低位。2018年，生物柴油的生物燃料与原料价格比率上升，从而增加了其盈利能力，而乙醇生产商的利润则略有下降。

对生物燃料的需求通过强制混合和由于能源价格持续低迷而不断增长的全球燃料总需求得以维持。生物燃料与传统燃料的价格比率下降，导致对非强制性使用生物燃料的需求增加，这种情况主要发生在巴西。在一些国家，2018年的政策如制定或宣布了任务增加、差别税收制度或补贴等发展动态对生物燃料有利。

预测要点

生物燃料的世界价格与原料价格（实际价格大多在下降）和原油价格（实际价格不变）的发展密切相关。因此，国际生物燃料名义价格预计将在展望期内上涨，而实际价格将继续下降。

未来生物燃料市场的发展将继续主要由国家支持政策推动。欧盟和美国这两个主要生产地区正越来越多地将支持的重点放在不以传统农产品为原料（第一代技术）的先进生物燃料上。国际能源机构的《世界能源展望》（该展望以自己的预测为基础）预测，这两个地区的燃料总需求都将下降，表明生物燃料消费增长有限（图9.1）。欧盟的生物柴油消费量甚至预计将低于当前水平，这是由于预计柴油总消费量将下降。相比之下，预计美国生物柴油消费量将持续增长，因为根据可再生燃料标准（RFS）规则，由植物油生产的生物柴油可视为先进的生物燃料，而且2019年和2020年，先进生物燃料的规定量和生物柴油规定量都在增加。

与美国和欧盟相比，巴西的总油耗预计将增加。在这一发展和旨在到2028年将燃料排放量减少10%的雷诺瓦比奥法的支持下，预计未来几年乙醇和生物柴油的消费量都将增加。预计生物柴油消费量将与柴油消费总量保持同步，而乙醇在汽油消费中的比重将略有增加。预计2028年巴西的乙醇消费量将达到370亿升，几乎比今天高出1/3。只有在中国的相对增幅才有望更高。2017年9月，中国政府宣布，到2020年将在全国范围内实施新的乙醇E10任务，目前正在建设大型乙醇生产厂。这一展望，不太可能在2020年前完成全部任务，到目前为止，混合率只有4%左右。不过，即使这样，中国乙醇消费量在未来10年也将翻一倍以上。

在阿根廷，生物柴油的使用量预计将达到10%的混合要求。在印度尼西亚，柴油使用总量和生物柴油消费份额预计将在展望期内增加，尽管需求不太可能达到预期的B20或B30目标。展望认为，到2028年，生物柴油的混合率将达到18%左

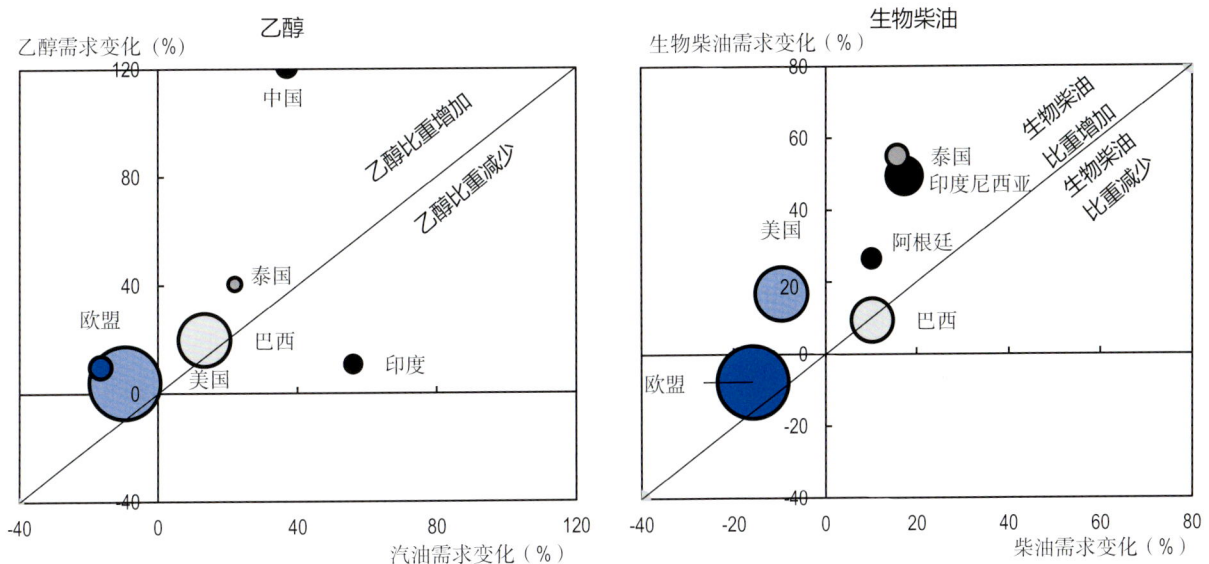

图 9.1 主要区域生物燃料需求发展情况

注：份额是根据按容量计的需求量计算。每个气泡的大小与 2018 年各自生物燃料的消费量有关。
资料来源：经合组织／粮农组织（2019 年），《经合组织－粮农组织农业展望》，经合组织农业统计数据库（数据库），http://dx.doi.org/10.1787/agr-outl-data-en。

右。在泰国，政府决定将乙醇和生物柴油的目标从 41 亿升减少到 26 亿升，这是基于向国内生物燃料行业供应木薯和糖蜜无法达到生产目标的假设。印度的乙醇消耗量增长预计不会与总燃料消耗量增长同步（在未来 10 年内几乎翻了一番），因为尽管乙醇燃料使用量预计会增加，但预计在预测期内乙醇混合会减少。

由于许多国家的生物燃料政策倾向于支持本国市场，国际贸易额相对较低。生物柴油和乙醇的全球贸易占总产量的比例（到 2028 年，生物柴油和乙醇分别为 440 亿升和 1 430 亿升）在过去 10 年中很少超过 10%，而且由少数国家主导。由于美国和欧盟供需增长快，世界生物柴油贸易预计将从目前水平下降，而乙醇贸易应保持稳定。出口方面，阿根廷生物柴油出口有望增加，印度尼西亚生物柴油出口有望减少。

生物燃料行业未来发展的主要风险和不确定性与政策环境有关。这一前景预期，生产的大多数生物燃料将以农业原料为基础。然而，最近的政策宣布似乎有利于生物燃料，重点是可再生燃料对运输部门（如欧盟或加拿大）减少温室气体排放的潜在贡献。目前尚不清楚这些宣布是否意味着加大对木质纤维素生物质、废物或非食品原料生产的先进生物燃料的研发投资。然而，考虑到生产工厂所需的投资，预计在展望中期之前，先进生物燃料不会大幅增加。

价格

受植物油市场发展的影响，生物柴油名义价格预计将以低于乙醇价格增长（2.4%）的速度增长（每年 0.8%）。按实际价格计算，预计生物柴油价格将在预测期内下降,而乙醇价格在2023年后将恢复下降趋势。乙醇名义价格比生物柴油表现更为强劲的主要原因是乙醇价格目前处于历史低点,预计预测期头几年将出现回升。然而,应当记住的是,国际和国内生物燃料价格往往脱节,主要原因是包括财政利益或支持性价格的政策。

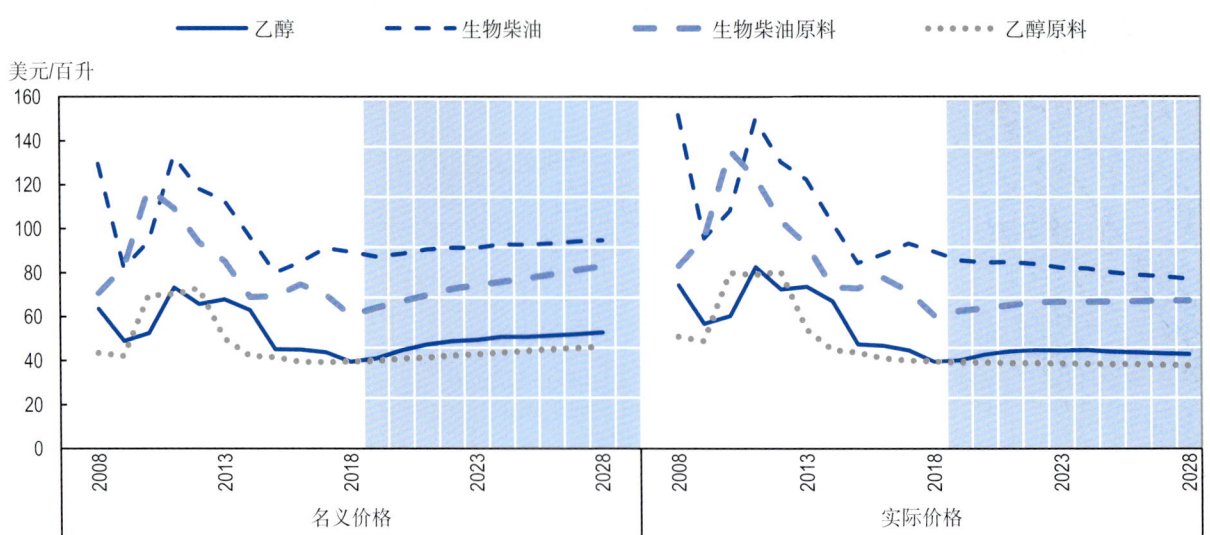

图9.2　生物燃料和生物燃料原料价格的变化

注:乙醇:批发价,美国,奥马哈;生物柴油:生产者价格,德国,扣除生物柴油关税和能源税。实际价格是根据美国国内生产总值平减指数计算的。作为生物柴油原料价格的替代,采用世界植物油价格,乙醇采用原糖和玉米之间的加权平均值。

资料来源:经合组织/粮农组织(2019年),《经合组织－粮农组织农业展望》,经合组织农业统计数据库(数据库),http://dx.doi.org/10.1787/agr-outl-data-en。

生产

推动全球生物燃料生产和使用的一个主要因素是全球运输部门的发展。国际能源机构《世界能源展望》的外部预测预计,在预测期内,全球汽油需求将保持在约1.12万亿升,而柴油需求预计将下降约8%,从7 620亿升下降到7 030亿升,尽管许多国家预计将继续面临不断增长的燃料总需求(图9.1)。

在全球范围内,《展望》预测生物燃料产量的增长速度将比前几十年慢得多。主要原因是美国和欧盟的政策正在减少对生物燃料部门的额外支持。考虑到运输车辆的预期发展以及有利于消费者一级和更高混合燃料需求的国内政策,预计主要发展中国家对生物燃料的需求将增长。

预计到2028年,全球乙醇产量将从基期的约1 220亿升增加到1 430亿升,而全球生物柴油产量预计将达到近440亿升,这主要是由于美国在预测期最初几年增加了生物柴油混合规定量。全球生物燃料生产将继续以传统原料为主,尽管许多国家对生物燃料生产的可持续性方面的敏感性有所提高(图9.3)。粗粮,特别是玉米和甘蔗将继续用作乙醇的原料。预计到2028年,乙醇产量将分别占全球玉米和甘蔗

> **插文 9.1 生物燃料一览**
>
> 生物燃料（生物乙醇和生物柴油）是由生物原料生产的燃料。如今，约 60% 的乙醇来自玉米，25% 来自甘蔗，7% 来自糖蜜，4% 来自小麦，其余来自其他谷物、木薯或甜菜。约 77% 的生物柴油是以植物油（30% 大豆油、25% 棕榈油、18% 菜籽油）或废弃食用油（22%）为基础的。以纤维素为原料的更加先进的技术（如作物残渣、木材或专用能源作物）在生物燃料总产量中所占份额不大。尽管如此，它们通常被视为未来的相关技术，因为它们本应减少与粮食产品的竞争，并排放更安全的温室气体排放水平。国际生物燃料部门深受国家政策的影响，国家政策有三大目标：农民支持，减少温室气体排放和降低能源独立性。
>
> **表 9.1 生物燃料生产排名及主要原料**
>
> | | 产量排名（基期） | | 主要原料 | |
> |---|---|---|---|---|
> | | 乙醇 | 生物柴油 | 乙醇 | 生物柴油 |
> | 美国 | 1 (50%) | 2 (19%) | 玉米 | 豆油 |
> | 欧盟 | 4 (5%) | 1 (36%) | 玉米 | 菜籽油/废油 |
> | 巴西 | 2 (24%) | 3 (12%) | 甘蔗 | 豆油 |
> | 中国 | 3 (8%) | 8 (3%) | 玉米 | 废油 |
> | 印度 | 5 (2%) | 15 (0.5%) | 糖蜜 | 棕榈油 |
> | 加拿大 | 6 (1.6%) | 10 (1.4%) | 玉米 | 废油 |
> | 印度尼西亚 | 23 (0.2%) | 4 (10%) | 糖蜜 | 棕榈油 |
> | 阿根廷 | 9 (1%) | 5 (7%) | 玉米/甘蔗 | 豆油 |
> | 泰国 | 7 (1.5%) | 6 (4%) | 糖蜜/木薯 | 棕榈油 |
> | 哥伦比亚 | 13 (0.4%) | 9 (1.5%) | 甘蔗 | 棕榈油 |
> | 巴拉圭 | 15 (0.3%) | 19 (0.03%) | 玉米/甘蔗 | 豆油 |
>
> 注：百分比数是指基期内各国的生产份额。
> 资料来源：经合组织/粮农组织（2019 年），《经合组织–粮农组织农业展望》，经合组织农业统计数据库（数据库），http://dx.doi.org/10.1787/agr-outl-data-en。
>
> 使用 Aglink Cosimo 模型对生物燃料在缓解交通运输过程中对气候变化的潜在影响因素 (COM/TAD/CA/ENV/EPOC(2018)19/FINAL) 进行分析后发现，生物燃料在交通运输部门脱碳中的作用显著增强，此外还需要具有成本效益并考虑到对粮食安全和资源使用可持续性的影响的一套不同的政策激励措施。

产量的 14% 和 24%。植物油有望继续作为生物柴油生产的首选原料。以废油脂为原料生产生物柴油将继续在欧盟、加拿大和美国发挥重要作用。

只有巴西一个国家通过生物燃料进入运输部门的能源份额超过 10%。然而，许多生物燃料政策的目标，特别是在发展中国家，是减少对化石能源的依赖。这个目标在许多国家远未实现。

第九章 生物燃料

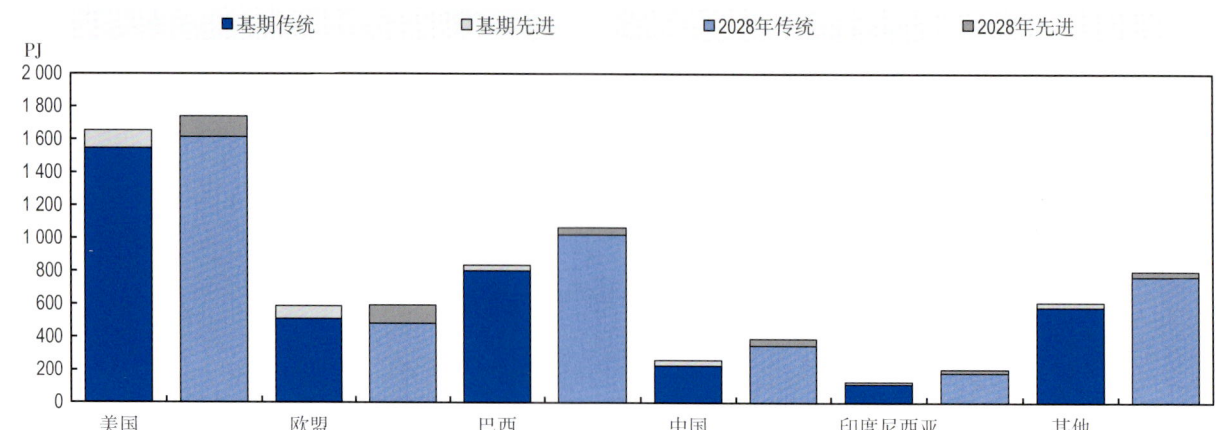

图 9.3 世界传统和先进饲料的生物燃料生产

注：此处将传统原料定义为基于粮食和饲料作物的生物燃料。Petajoule 中的值 = 1 015 焦耳。
资料来源：经合组织/粮农组织（2019 年），《经合组织–粮农组织农业展望》，经合组织农业统计数据库（数据库），http://dx.doi.org/10.1787/agr-outl-data-en。

美国

在美国，《2007 年能源独立和安全法案》（EISA）确立了《可再生燃料标准》计划（RFS2）。它制定了适用到 2022 年的 4 项量化年度任务：要求完全可再生燃料的温室气体排放量减少至少 20%，要求先进生物燃料的温室气体排放量减少至少 50%，其中先进生物燃料要求中又嵌套了生物柴油要求和纤维素生物燃料要求。环境保护局（EPA）为 4 类生物燃料中的每一类规定了年度最低排放量[①]。

2018 年，环保局决定在 2019 年上调先进生物燃料规定量（+23 亿升），在 2020 年上调先进生物燃料中的生物柴油的规定量（+13 亿升）。与以前的裁决类似，作为《能源独立和安全法案》建议的最初和最终水平的重要部分，完全可再生燃料、先进生物燃料和纤维素生物燃料的规定被推翻，原因是纤维素乙醇的生产能力尚未得到发展；传统差距[②]（通常暗指玉米燃料规定量）维持在 568 亿升。

本展望假定，尽管预计运输燃料的使用量将减少，但所有规定量仍将保持在最近公布的数量水平。例外的情况是纤维素燃料规定量，预计在预测期内增长一倍以上，在 2028 年仅能达到《能源独立和安全法案》规定水平的 4.6%，但据推测，纤维素燃料方面的目标将得以实现，主要是可使用可再生压缩天然气和可再生液化天然气。乙醇掺混阈值[③]预计到 2028 年将仅适度增长至 11.2%，因为目前有关在全国

[①] https://www.epa.gov/renewable-fuel-standard-program/final-renewable-fuel-standards-2019-and-biometry-based-diesel-volume.
[②] 传统差距是可再生燃料标准（RFS2）规定的完全可再生燃料规定量和先进生物燃料规定量之间的差异。
[③] 在这种情况下，掺混阈值是最大的可实现的全国平均混合率，因为美国大多数泵只提供 E10。这假设未来几年将开发几类 E15 泵。

范围内开发 E15 的讨论尚未考虑在内。

由于上述规定量的上调，生物柴油（与两项上调均相关）的产量预计将增加到 870 亿升（图 9.5）。乙醇产量的年增长率预计将限制在 0.1%，几乎完全是由假定的纤维素燃料规定量的增长所驱动；这一前景并不预示着美国有很大的出口潜力。尽管该公司预计将保持其全球最大乙醇生产商的地位，但美国全球产量份额预计将从 50% 降至 43%。

欧盟

自 2010 年以来，欧盟有关生物燃料支持的立法以 2009 年《可再生能源指令》（RED）为基础，该指令要求欧盟成员国在 2020 年前至少 10% 的运输能源使用以可再生能源为基础。2018 年 6 月，双方达成协议，将生物燃料目标提高至 14%，国家对粮食和饲料作物生物燃料的上限为 2020 年水平以上 1 个百分点，但不超过 7%。新框架于 2018 年 12 月 11 日根据第 2018/2001 号指令通过，并将于 2030 年实施[1]。该框架的主要指标，即前景预测所依据的指标，如表 9.2 所示。

表 9.2 欧盟生物燃料政策框架

	2010—2020 构架	2020—2030 构架
	RED / ILUC	ILUC RED II 协议
运输中的可再生能源	10%	14%
限制基于作物的生物燃料	7%	2020 年会员国 +1 级，最高 7%
进阶目标	无目标，重复计算	3.5%，重复计算
废油脂的贡献		最大 1.7% 重复计算

资料来源：2018—2030 年欧盟农业市场和收入前景，欧洲委员会，布鲁塞尔农业和农村发展总司。

根据国际能源机构用于此展望的基准，预计运输部门柴油和汽油的总能源使用量将减少。柴油类燃料的降幅如此之大，尽管 RED II 提案促进了生物燃料消费份额的一些增长，但预计只有乙醇消费量会增加（+8 亿升），而生物柴油消费量的绝对值预计会减少（-4 亿升）。鉴于欧盟对棕榈油生产可持续性的担忧，棕榈油生物柴油在这一下降中占很大比例。其他植物油生产的生物柴油预计也会减少，但幅度较小，而废油生产的生物柴油预计将保持稳定。鉴于对生物柴油行业的这些预期需求，预计 2028 年欧盟将继续成为世界上最大的生物柴油生产地区，但全球生物柴油生产份额预计将从 36% 降至 30%。

按能源计算，2028 年生物燃料总消费量预计将略有增加（14 PJ），但先进生物燃料来源的份额预计将从目前的 15% 增加到 2028 年的 22%（图 9.3）。

---

[1] https://ec.europa.eu/jrc/en/jec/renewable-energy-recast-2030-red-ii.

巴西

巴西是少数几个拥有大量可使用乙醇汽油（汽油和无水乙醇的混合物）或 E100（含水乙醇）的灵活燃料汽车的国家之一。对于乙醇汽油，乙醇的强制混合要求为 27%。在巴西的一些主要州，也有一个有区别的税收制度，它支持含水乙醇而不是混合乙醇。对于生物柴油，有 10% 的要求。

在本展望中，乙醇消费和产量增长的最大份额预计来自巴西（图 9.4），主要原因是 RenovaBio 计划[①]，该计划将在未来两年内生效。RenovaBio 计划于 2018 年 1 月正式签署；它规定了无水燃料乙醇的最低混合目标，到 2030 年，按容量计算，应达到 40%。其目的是根据巴西根据第二十一届缔约方会议所作的承诺，降低巴西运输部门的排放强度。为了建立必要的激励结构，雷诺瓦比奥将引入一个可交易的碳节约信用额体系，类似于加利福尼亚州低碳强度计划中的体系。这项计划可能需要几年时间才能改变目前的生产趋势，而一旦出现这种情况，预计产量将出现强劲增长。巴西预计将为全球生产和使用增长贡献 370 亿升（+80 亿升）。预计到 2028 年，巴西乙醇总产量的一半以上将用于高混合灵活燃料汽车，这意味着这类汽车的数量将增加。

图 9.4 世界乙醇市场变化

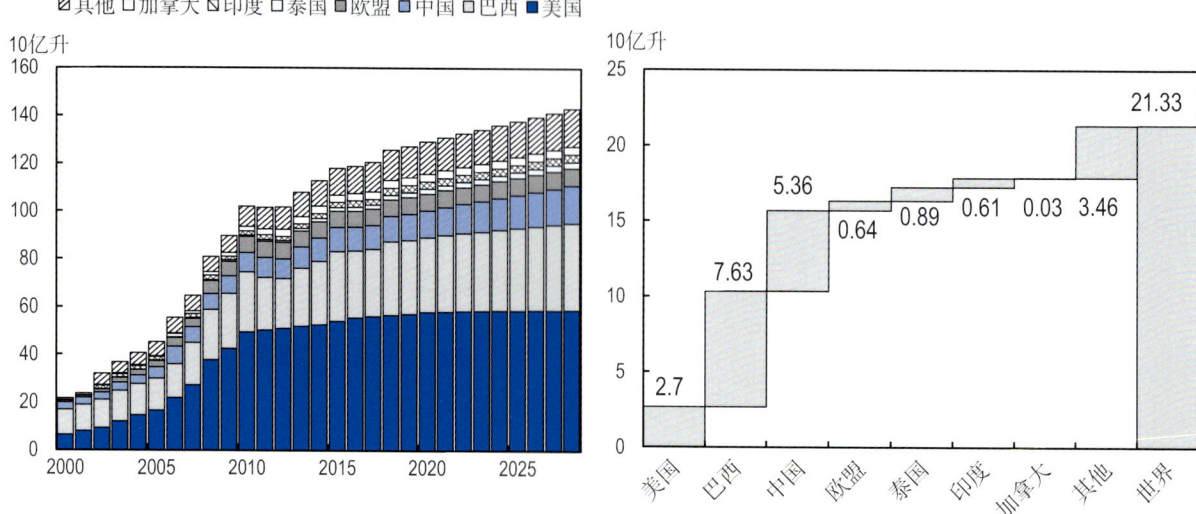

资料来源：经合组织/粮农组织（2019 年），《经合组织–粮农组织农业展望》，经合组织农业统计数据库（数据库），http://dx.doi.org/10.1787/agr-outl-data-en。

与美国和欧盟相反，巴西的柴油和汽油总燃料消耗量预计在未来 10 年内会增加（图 9.1），为这两种可再生燃料提供了增长空间。因此，《展望》预测，巴西不仅乙醇市场容量将增加，生物柴油消费量也将增加。预计这一增长速度将与柴油总消费量的增长速度相同，因为 2018 年实现了 10% 的生物柴油混合率规定量，预计这一规定量不会有进一步变化。

---

① http://www.planalto.gov.br/ccivil_u ATO2015-2018/2017/lei/l13576.htm.

中国

全球乙醇产量增长的第二大贡献预计将来自中国。2017 年 9 月，中国政府宣布在 2020 年前实施新的全国乙醇 E10 规定量。截至 2019 年 3 月，其执行和执行机制尚未公布。尽管这一展望假设，雄心勃勃的 E10 规定量将不会在 2028 年实现，但它确实假设汽油型燃料将与 4% 的乙醇混合。这相当于产量增加了 50 亿升，因为展望认为大部分乙醇需求将由国内原料生产。中国生物柴油生产将继续更多地用于发展潜力有限的食用油。

印度

国家生物燃料政策于 2018 年 5 月生效。主要目标是实现 20% 乙醇和 5% 生物柴油的混合，大大高于目前 1.4% 和 0.1% 的混合水平。一个新的特点是，如果谷物不适合人类食用，就有可能将其用作原料。乙醇将继续主要由糖蜜生产。这项新政策包括使用非食用作物、限制进口、价格管制、财政激励和研发，特别是在第二代生物燃料方面。

尽管印度是世界第五大乙醇生产国，但大部分用于工业和食品，而生物燃料约占总需求的 44%。印度是植物油的净进口国，生物柴油的生产处于边缘地位。虽然这一前景假设到 2028 年乙醇和生物柴油的使用量将达到 16 亿升和 2.4 亿升，但随着对传统燃料需求的快速增长，预计混合燃料的使用量将比当前水平略有下降。

在展望期内，生物燃料生产增长的主要限制是原料的供应。印度预计的糖蜜产量不足以满足生物燃料行业日益增长的需求。虽然甘蔗是一种替代品，但目前甘蔗在乙醇中的应用还很有限。目前还没有明确的迹象表明新政策将如何支持甘蔗加工能力的提高；这一前景假定没有相关的增长。尽管非食用谷物有资格生产乙醇，但预计饲料谷物（玉米和其他粗粮）的库存利用率下降表明市场紧俏，预计谷物乙醇不会增加。

加拿大

《联邦可再生燃料条例》规定，汽油中的可再生燃料含量为 5%（有些省份有自己的省级规定，高于此含量水平），柴油中的可再生燃料含量为 2%。本法规应被将于 2022 年针对液体燃料流实施的加拿大清洁燃料标准(CFS)取代[①]。加拿大清洁燃料标准政策目前正在商议中，旨在通过推行碳信用额减少燃料的温室气体排放。当前的《联邦可再生燃料条例》（生物燃料规定）很可能不会被废止，而是可以通过规定最低的混合率作为加拿大清洁燃料标准的后备方案。然而，人们的期望是，加拿大清洁燃料标准将通过合规信用额增加生物燃料的价值，并将制定进一步的激励措施，以增加加拿大的混合率和混合燃料的使用。本展望并不包括加拿大清洁燃料标准可能对生物燃料市场产生的影响，因此生物柴油和乙醇的混合率预计将保持在当前水平。

---

① https://www.canada.ca/en/environment-climate-change/services/management-pollution/energy-production/fuel-regulations/clean-fuel-standard/regulatory-design.html.

印度尼西亚

B30 的实施旨在减少该国对进口石化燃料的依赖。近年来，生物柴油项目增加了生物柴油产量，该项目为生物柴油生产商提供支持，并由粗棕榈油基金提供资金。根据媒体报道，在 2016—2017 年，据估计，粗棕榈油基金约为 19 亿美元，其中 15 亿美元用于生物柴油项目。生物柴油生产的持续增长完全依赖于棕榈油出口和具有竞争力的价格。

在过去 3 年通过粗棕榈油基金征收出口税的支持下，印度尼西亚生物柴油产量在 2018 年达到了 50 亿升的历史峰值。这一前景假设 2019 年产量将增加，达到 55 亿升。此后，鉴于棕榈油出口的预计增长，需要补充粗棕榈油基金，以使产量继续扩大。因此，本展望假设生物柴油产量将在两年过渡期内下降，尽管不会低于 50 亿升，但随后将恢复上升趋势，到 2028 年将达到 60 亿升。支持生物柴油生产商的政策依赖于国际价格，特别是国内和国际棕榈油价格之间的价格差距，决定了征收的金额。尽管印度尼西亚的目标是实现 B30 目标，但预计到 2028 年，混合率将从基期的 8% 提高到 13%（58 亿升）。尽管如此，预计生物柴油产量的增长是本展望中所有国家中最高的（图 9.5）。

图 9.5 世界生物柴油市场变化

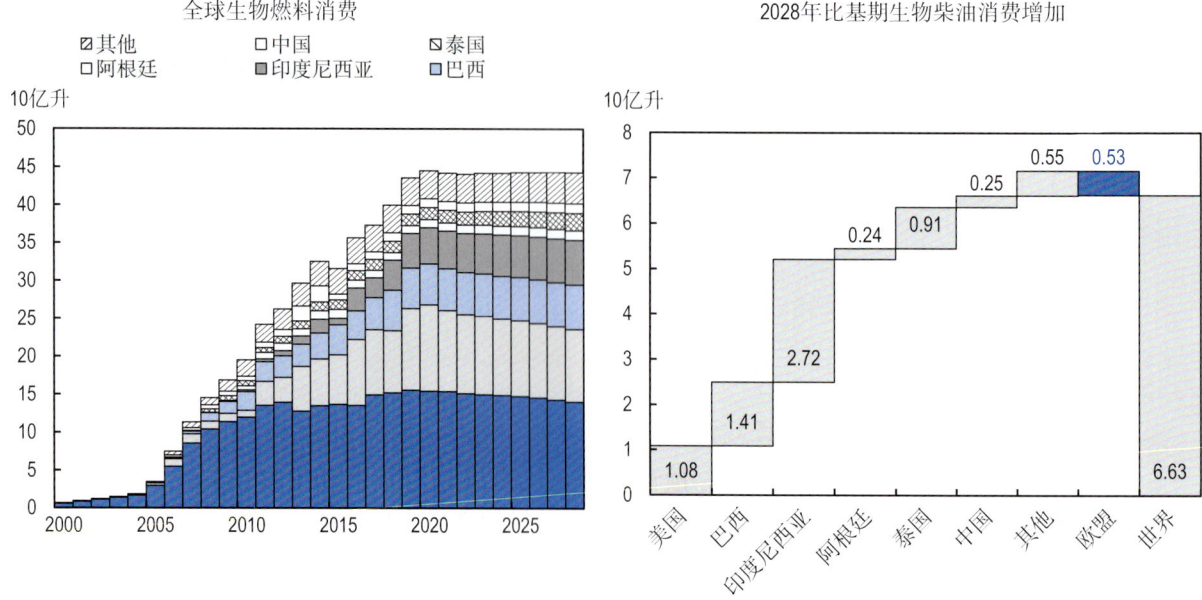

注：蓝色阴影数字表示减少。

资料来源：经合组织/粮农组织（2019 年），《经合组织–粮农组织农业展望》，经合组织农业统计数据库（数据库），http://dx.doi.org/10.1787/agr-outl-data-en。

阿根廷

阿根廷要求混合 10% 的生物柴油和 12% 的乙醇。目前正在讨论上调生物柴油的混合率规定，特别是考虑到美国和欧盟这两个主要出口市场已对阿根廷征收反倾销进口税。阿根廷的任务预计到 2021 年完成。免税应继续推动阿根廷生物柴油行业的发展，该行业出口的生物柴油占总产量的一半以上。然而，美国对阿根廷生物柴油设置的贸易壁垒可能会限制阿根廷生物柴油的出口需求。因此，尽管生产预计将从目前的低水平恢复，但阿根廷预计不会再次达到2014年或2017年的生产高峰。

泰国

泰国正在努力减少二氧化碳排放量，并减少对进口化石燃料的依赖。为实现这些目标，该公司制定了一个雄心勃勃的目标，即生产41亿升乙醇和生物柴油；然而，由于原料供应问题（糖蜜、木薯和棕榈油的国内生产限制），该目标被下调至26亿升。虽然预计国内木薯产量将足以达到最初的目标，但木薯生产主要集中在出口市场，因为国际价格高于当地生物燃料行业提供的价格。因此，在展望期内，国内对生物燃料行业的供应仍将有限。虽然甘蔗将是一种替代品，但对能够加工乙醇的甘蔗作坊的投资有限，而且没有考虑到为实现这一点而进行的政策改革。

哥伦比亚

哥伦比亚政府已宣布打算在该国实施E10。事实证明，现有的生物柴油B10任务很难完成，因为这将要求棕榈油产量大幅增加。其他政策包括免税，以促进国内生产商的混合并管制价格。

该展望假设到2028年将实现E10目标，导致燃料需求为15亿升。目前主要原料是甘蔗，预测认为这将在展望期内继续。根据历史发展，预计乙醇作为甘蔗产业的另一种收入来源的重要性将增加。预计到2028年，甘蔗产量的38%将用于乙醇生产。只有在预测期内将生产能力翻一番，才能实现这一雄心勃勃的目标。预计生物柴油需求将在预测期内以每年1.1的速率小幅增长，2028年将达到7亿升，混合率恒定在6%左右。尽管生物柴油将受益于免税、混合和法定价格，但生产仍被认为是有限的。截至2018年，哥伦比亚开始进口少量生物柴油；如果允许更多进口，会引起生产商对国内工业可持续性的担忧。

巴拉圭

巴拉圭的平均混合率约为18%。基于过去的增长和灵活燃料汽车占汽车总量的份额较大，未来国家混合比例可能会增加。乙醇生产预计仍将主要以糖为基础；然而，因为即使人均糖摄入量下降，预计甘蔗也无法满足对粮食和生物燃料的需求，因此玉米的应用比例将增加。预计这两种生物燃料的产量在展望期内将增加一倍多。

贸易

预计到2028年，全球乙醇贸易在全球产量中所占份额将从基期的9%降至8%。预计美国仍将是玉米乙醇的净出口国和甘蔗乙醇的适度进口国。进口甘蔗乙醇的必要性与加州实施的低碳燃料标准有关，也与先进生物燃料规定量的实现程度有限有关。由于强劲的国内需求和疲弱的国际需求，美国乙醇出口在预测期内应该会减少。鉴于巴西乙醇工业将主要满足持续的国内需求，而且国内乙醇价格预计仍将略高于国际乙醇价格，预计巴西乙醇出口在预测期内不会扩大。

生物柴油贸易受到当前贸易紧张局势未来的不确定性影响。在这一前景下，生物柴油贸易预计在未来10年内将减少，因为大多数有生物柴油的规定量或目标的国家将填补国内的空缺，发达国家，特别是美国和欧盟的进口需求将减少。

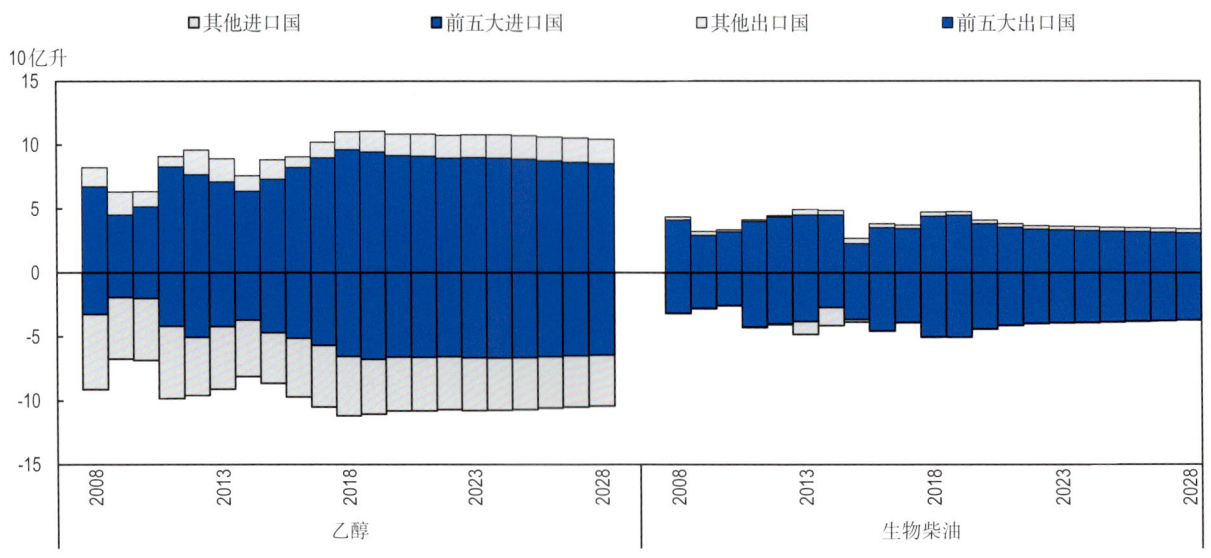

图 9.6 生物燃料主要生产国贸易

注：2028年排名前五名乙醇出口国：美国、巴西、巴基斯坦、欧盟、英国。2028年前五名乙醇进口国：巴西、美国、日本、加拿大、中国。2028年前五名生物柴油出口国：阿根廷、欧盟、加拿大、美国、印度尼西亚。2028年前五名生物柴油进口国：欧盟、美国、英国、秘鲁、加拿大。
资料来源：经合组织/粮农组织（2019年），《经合组织－粮农组织农业展望》，经合组织农业统计数据库（数据库），http://dx.doi.org/10.1787/agr-outl-data-en。

阿根廷继续是生物柴油净出口国的领头羊，其次是欧盟（主要出口到英国）和加拿大。预计阿根廷出口将在预测期内从目前的低点增加。印度尼西亚和马来西亚的出口预计将下降，这主要是由于出口市场特别是欧盟市场的减少。

主要问题和不确定性

生物燃料行业未来发展的主要风险和不确定性与政策环境有关。这包括规定量变化的不确定性、任务执行机制、对非传统生物燃料原料的投资以及生物燃料免税政策的变化。

本展望对各项任务的预期完成率做出了许多假设，在许多情况下，完成率都将大大低于100%。加大对生物燃料生产能力的投资或加大对该部门的支持力度，将增加生物燃料的潜力。

另一个不确定性是，如果要完成任务，许多国家的农业部门是否有能力为日益增长的生物燃料需求生产原料。生物柴油生产受到植物油供应有限的制约，因为植物油直接与粮食需求竞争。乙醇生产受到甘蔗部门的干扰，这是这种作物周期性生产所固有的。虽然可以通过原料多样化来应对这些挑战，但增加加工能力仍不确定。

2019年年初达成的可持续性标准要求欧盟成员国从2024年起减少能导致土地间接利用变化方面高风险的生物燃料，到2030年达到零。这类生物燃料是由粮食和饲料作物生产的，这些作物的耕种会导致在全球范围内大规模地侵占森林、湿地和泥炭地等高碳储量的土地。目前仍不确定这一标准将如何影响生物燃料市场，特别是棕榈油作为"低风险"生物燃料原料的使用需要认证。

使用生物燃料的一个主要决定因素将与国家运输车辆的发展有关。汽车工业目前正在投资于电动汽车，如果采用了这项技术（这可能取决于颁布的政策），燃料总需求预测可能低于本展望中的假设，从而降低生物燃料的潜力。

第十章

棉 花

第十章 棉花

市场形势

2018 年销售年，全球棉花产量下降 3%，至 2 580 万吨[①]。根据国际棉花咨询委员会的惯例，棉花销售年的定义为从 8 月 1 日至 7 月 31 日。因此，2018 年的数据是指从 2018 年 8 月 1 日至 2019 年 7 月 31 日，是基于现有数据的预测。印度、中国和美国出现了下降。水资源有限、虫害问题和恶劣天气导致了这些产量的下降。在最大的棉花生产国中，只有巴西扩大了产量，尤其是在马托格罗索州，过去 4 个季节棉花面积从不足 60 万公顷增加到了约 100 万公顷。

2018 年，全球棉花消费量增长 2%，达到 2 730 万吨。中国仍然是最大的原棉消费国，约占纺织厂总用棉量的 1/3（见下文），其次是印度。近年来，纺纱和纺织业的强劲增长刺激了孟加拉国、土耳其和越南的原棉加工，这一趋势在 2018 年仍在继续[②]。

据估计，全球原棉期末库存下降 7%，至 1 780 万吨，约为全球消费量的 8 个月。库存的变动主要由中国决定，中国目前拥有全球库存的 40%，但自 2014 年以来一直在减少库存。

全球棉花出口增长 7%，至 950 万吨，占全球产量的 37%。美国（世界主要出口国）和巴西的出口都出现了增长，巴西越来越多地向南亚和东亚供应棉花。在需求方面，中国以及越南和孟加拉国的进口都有所增加；由于后两个国家都没有太多的国内棉花生产，它们不断增长的棉花消费反映在不断增长的进口上。

国际棉花价格的主要参考指标 Cotlook A 指数从 2017 年 8 月的 1 750 美元/吨增长到 2018 年 8 月的近 2 200 美元/吨。但最近几个月一直在下降，预计 2018 年将达到 1 960 美元/吨的平均水平[③]。与棉花的主要替代品聚酯相比，棉花价格继续处于历史高位。2018 年，聚酯短纤维价格在 1 200~1 700 美元/吨波动。

预测要点

虽然棉籽用作油籽，但棉花主要是因为其纤维（也称为棉绒）而种植的，这些纤维在纺纱厂纺成纱线。这些纺纱厂通常也可以加工合成纤维。纱线随后被编织成织物，然后被加工成服装和其他纺织产品。未来 10 年，由于人口增长集中在人均棉

[①] 根据国际棉花咨询委员会采用的公约，棉花的销售年度定为 8 月 1 日至翌年 7 月 31 日。因此，2018 年的数据是指从 2018 年 8 月 1 日至 2019 年 7 月 31 日，是基于现有数据的预测。

[②]《展望》将亚洲最不发达国家的数据作为一个整体进行报告，除孟加拉国外，这些国家还包括阿富汗、不丹、柬埔寨、东帝汶、老挝、缅甸和尼泊尔。就棉花而言，孟加拉国几乎占据了这一总量中的所有活动。为简单起见，本章将数据描述为仅指孟加拉国。

[③] Cotlook A 指数以美分/磅表示，而展望价格以美元/吨（2 204.6 磅）表示。将此处报告的价格除以 22，得出的价格为每磅美分。

织品使用量较低的地区，而大多数地区的人均使用量预计将继续停滞不前，预计全球棉织品消费增长将慢于世界人口增长。

本展望中的消费数据指的是纺纱厂的使用，即将原棉加工成纱。因此，全球消费的分布取决于纺纱厂的位置，通常靠近纺织业。在过去的几十年里，纺纱厂的活动发生了明显的变化，从发达国家和苏联向亚洲，特别是向中国转移。然而，中国的消费在2007年达到顶峰，并且一直在下降，因为更严格的环境法规和不断上升的劳动力成本刺激了该行业向其他亚洲国家转移，特别是越南和孟加拉国。这些趋势预计将在展望期内继续下去。在另一个主要棉花消费国印度，政府的政策促进了国内纺织业的发展，预计这也将刺激纺纱厂的使用增长。

预计2028年世界产量将增长16%，达到2 920万吨。增长主要来自棉花面积的扩大（9%），而全球平均产量预计将增长6%。自2004年以来，随着几个国家与虫害和水问题做斗争，平均产量一直持平。更好的农艺措施（如高密度种植、短期品种的使用和更好的冠层管理）以及更好的遗传学和新的害虫管理技术可以在未来10年带来改善，但产量增长在一些国家可能仍然是一个挑战。印度仍将是世界上最大的棉花生产国，占预期面积增长的65%以上，但鉴于其产量较低，仅占全球产量增长的1/3。

预计2028年全球原棉出口量将达到1 200万吨。美国仍然是世界上最大的出口国，占全球出口的31%。部分得益于棉花和大豆的高效双季种植，巴西有望在未来10年成为一个主要出口国。鉴于孟加拉国和越南（这两个主要进口国）的预期消费增长，它们的进口将继续增长。随着消费恢复长期下降，预计中国进口在早年将保持稳定，随后几年将下降。

由于来自合成纤维的竞争施加下行压力，棉花价格在实际价格和名义价格上都将低于基期平均水平。这一前景假设，在头三年里，棉花的实际价格下降了23%左右，使棉花价格更接近聚酯纤维。

有几个不确定性影响了所研究的展望期。目前尚不清楚，随着收入增长和城市化进程的继续，特别是考虑到来自聚酯的竞争，发展中国家和新兴经济体的棉纺织人均消费量将如何演变。这一展望假设，这些经济体的人均棉花消费与过去10年观察到的趋势一致，处于停滞状态，但与这一趋势相对较小的偏差可能对全球预测产生重要影响。在生产方面，预测对害虫和天气条件敏感。气候变化及其对干旱和风暴等事件的发生和规模的影响，构成了未来不确定性的另一个因素。预计收益率趋势也不确定。虽然过去10年来许多产区的产量增长令人失望，但更好的农艺措施、改进的遗传学和更好的虫害管理技术可能会带来更强劲的产量增长。可持续性考虑将继续影响未来棉花的需求和供应。

政策也是一个不确定因素，特别是中国在其大量储备方面的政策，以及生产国对转基因抗虫棉的立场，因为关于转基因抗虫棉的效力和影响的辩论在印度和布基纳法索重新出现。

图 10.1 世界棉花产量

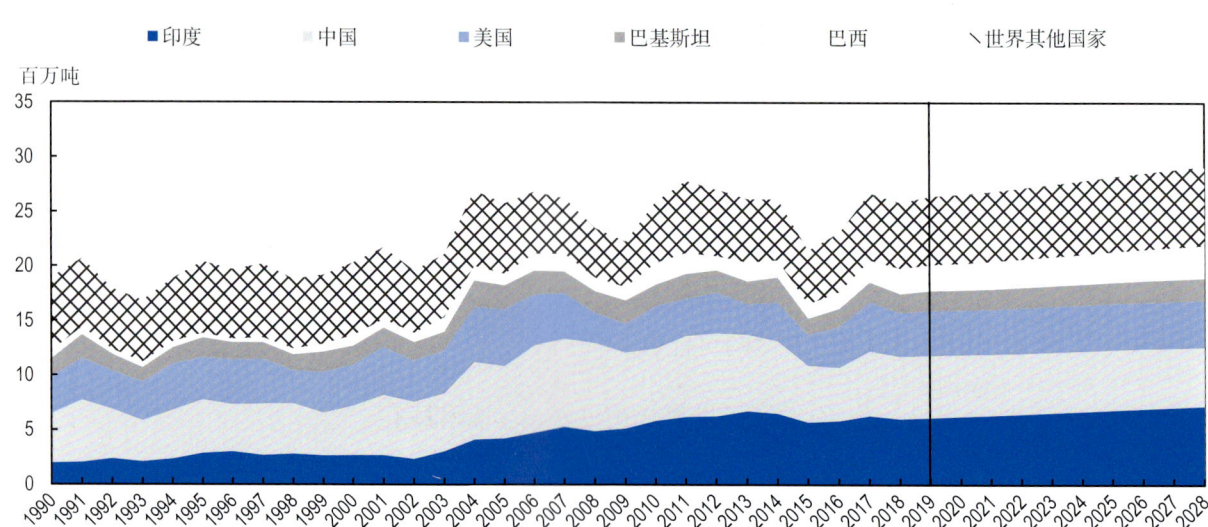

资料来源：经合组织/粮农组织（2019），《经合组织–粮农组织农业展望》，经合组织农业统计数据（数据库），http://dx.doi.org/10.1787/agr-outl-data-en。

价格

由于世界棉花需求仍然受到合成纤维，特别是聚酯纤维的压力，预计整个预测期内，国际棉花实际价格将下降（图 10.2）。自 20 世纪 70 年代初聚酯与棉花价格形成竞争以来，棉花价格往往跟随聚酯价格；1972—2009 年，棉花价格平均仅比聚酯短纤维价格高出 5%。然而，自 2009 年以来，棉花价格平均比聚酯价格高出近 40%。这可能在一定程度上反映出偏好的变化，但在很大程度上可能是由于临时因

图 10.2 世界棉花价格

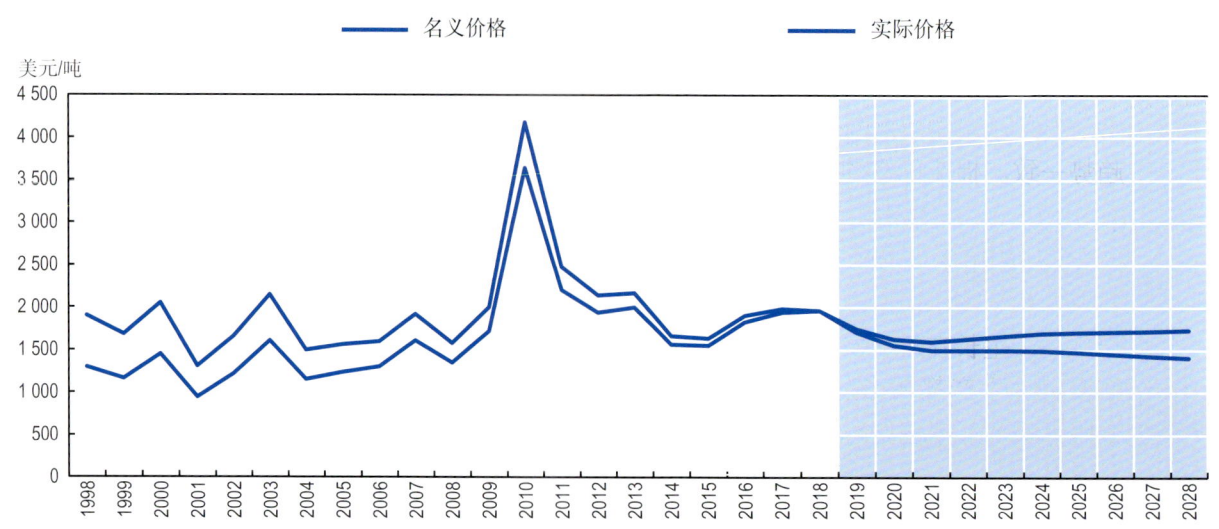

注：参考棉花价格为 Cotlook 价格 A 指数，中等 1 1/8 棉花，远东港成本加运费。所示数据代表营销年平均值（8月/7月）。
资料来源：经合组织/粮农组织（2019），《经合组织–粮农组织农业展望》，经合组织农业统计数据（数据库），http://dx.doi.org/10.1787/agr-outl-data-en。

素，包括 2015—2016 年的低产量和中国的库存。这一前景预计将出现部分回调，使棉花价格更接近历史格局。预计在展望期的头三年，实际棉花价格将下降 23%，随后实际价格将逐渐下降 1.1%。（聚酯价格本身不属于前景预测的一部分，但预计将跟踪油价，而实际价格假定持平）。

棉花价格历来对供需冲击敏感，这可能导致大幅波动。2009 年和 2010 年，由于全球库存水平低、需求出乎意料地高以及巴基斯坦发生洪灾，棉花价格翻了一番多。随后的棉花价格调整部分被中国国家棉花储备的大量购买所抵消，近年来中国棉花库存增长到全球总量的一半或更多（图 10.3）。

需求或供应冲击造成波动的可能性仍然存在，但鉴于中国以外的全球各地的库

图 10.3 世界棉花生产、消费和库存

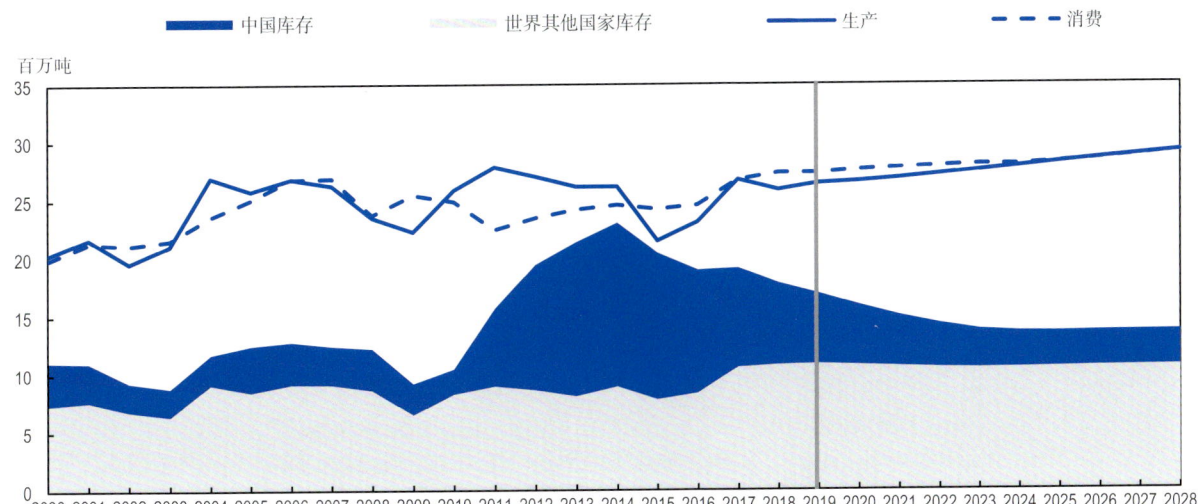

资料来源：经合组织/粮农组织（2019），《经合组织–粮农组织农业展望》，经合组织农业统计数据（数据库），http://dx.doi.org/10.1787/agr-outl-data-en。

存较高，2009—2010 年价格峰值似乎不太可能重现。然而，中国去库存的决定可能会影响预测。本《展望》假设，中国库存将逐步恢复到 2011 年前的水平，与最近的趋势一致。棉花价格的未来走势显然对这一假设敏感。

生产

棉花生长在北半球和南半球的亚热带及季节性干旱的热带地区，尽管世界上大部分棉花生产都在赤道以北。主要生产国是印度、中国、美国、巴西和巴基斯坦。这些国家加起来占全球产量的 3/4 以上（图 10.1）。

未来 10 年的生产增长预计大部分来自这些国家，其中印度占增长的 1/4 以上。在全球范围内，棉花面积预计增长 9%，而产量预计仅增长 6%。过去 10 年，全球产量停滞不前，原因是一些主要生产国（美国、巴基斯坦、印度）的产量停滞不前，

第十章 棉花

以及美国和中国（产量高于平均水平）的棉花面积下降，而印度（产量低于平均水平）的棉花面积扩大。尽管巴西的产量和棉花面积都有所增长，但这两个因素预计将继续影响未来10年的全球产量趋势。

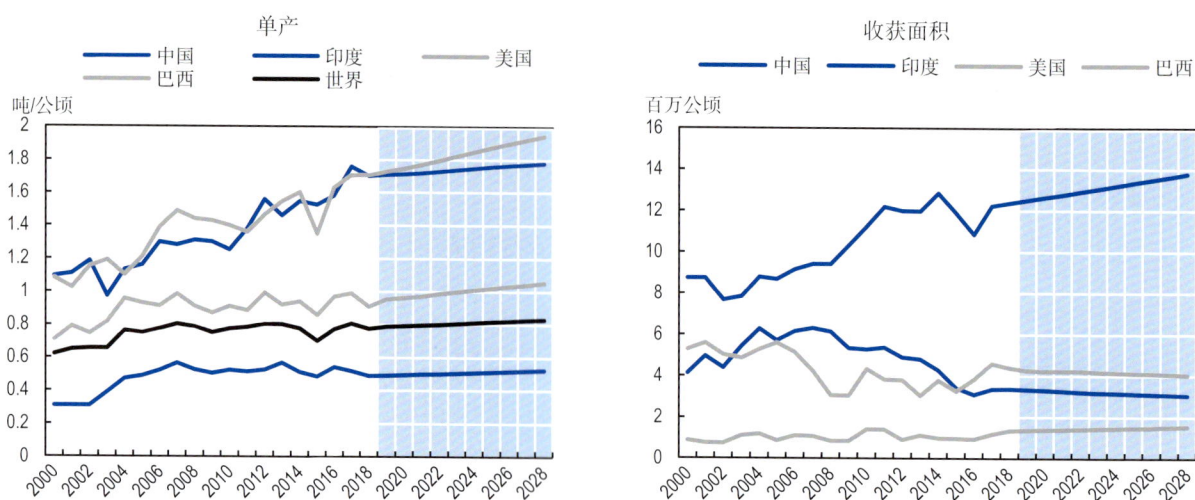

图10.4 主要生产国的棉花产量和收获面积

资料来源：经合组织/粮农组织（2019），《经合组织－粮农组织农业展望》，经合组织农业统计数据（数据库），http://dx.doi.org/10.1787/agr-outl-data-en。

印度的产量预计在未来10年内每年增长约1.8%，这在很大程度上是由于对棉花的需求不断增长，以供应国内服装业。在2000—2007年产量迅速增长（与灌溉、化肥使用和采用转基因抗虫棉有关）之后，近年来产量增长令人失望，因为生产者一直在与不利的天气和害虫（如粉红棉铃虫）作斗争。已经对抗虫棉花产生了抗性。虽然新技术有可能提供救济，但解决方案的开发和推出可能需要几年时间。此外，印度的棉花产量受到雨季气候的影响，因此容易受到气候变化的影响。因此，这一前景假定印度棉花产量大致持平，而印度棉花需求的增长很可能会像过去一样，通过增加棉花面积来满足。

中国棉花生产商目前每公顷产量是世界平均水平的两倍，尽管产量仍低于潜在水平，但进一步提高产量可能会变得更加困难。过去10年，中国的棉花面积一直在下降，主要是由于政府政策的变化。然而，在过去两年里，这种下降似乎已经停止。这一前景预计中国棉花面积将缓慢减少。

在巴西，棉花作为大豆或玉米轮作的第二种作物部分种植，马托格罗索州的产量最近强劲增长。鉴于有利的生长条件和现代技术的高采用率，似乎产量和收获面积将继续保持过去几年的上升趋势。

预计在展望期的头几年，棉花产量的增长速度将低于消费，这是由于库存的预期释放，特别是在中国。

消费

本展望中的棉花消费统计是指纺纱厂使用棉纤维生产纱线。这种纺织厂的使用取决于全球对纺织品的需求,以及聚酯和其他合成纤维等替代品的竞争。过去几十年,全球对纺织纤维的需求强劲增长,但其中大部分需求是由化学纤维满足的(图10.5)。20世纪90年代初,非棉纤维的人均消费量超过了棉花,并继续强劲增长。相比之下,全球棉花纤维人均消费量并没有随着时间的推移而大幅增长,近年来甚至有所下降。因此,全球棉花消费在2007年达到顶峰,为2 700万吨,但在2016—2018年下降到2 600万吨左右。

全球棉花的前景在很大程度上取决于发展中国家和新兴经济体的棉花纺织品人

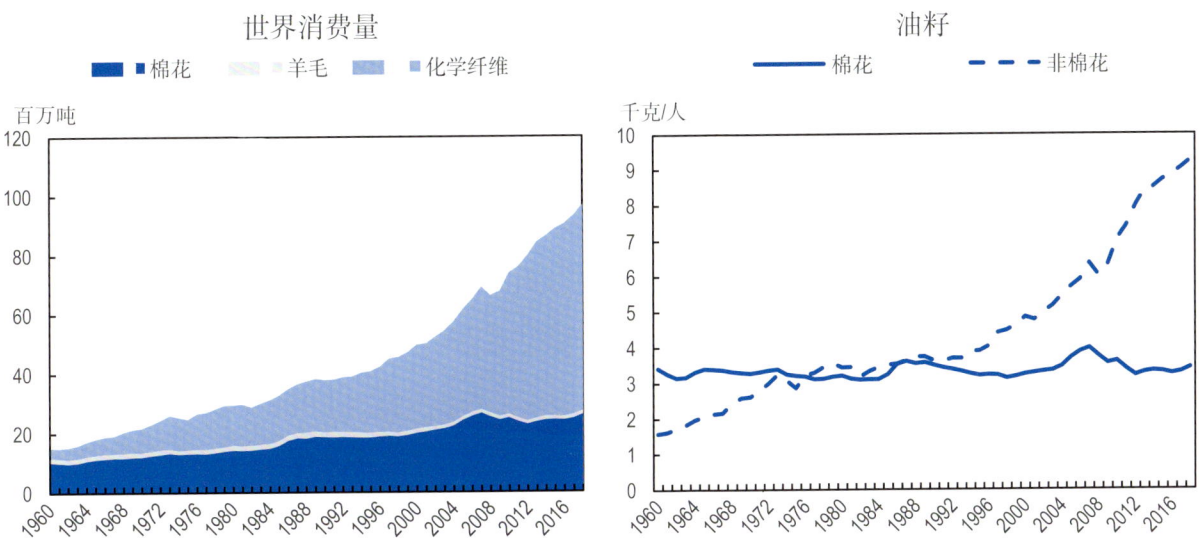

图 10.5 纺织纤维消费趋势

资料来源:国际棉花咨询委员会世界纺织品需求估计,2018年。

均消费量将如何演变。国际棉花咨询委员会收集的数据表明,就整个发展中国家而言,2007—2012年,这类棉花产品的人均需求下降,此后一直持平。收入增长的影响(这可能导致对棉花产品的更高需求)似乎有可能被人均棉花产品需求低于平均水平的地区的强劲人口增长部分抵消。由于这些发展,本展望预计未来10年全球棉花产品消费增长将比全球人口增长慢。相应地,在展望期内,全球磨机使用量预计每年增长0.7%左右。

棉花纤维需求的分布取决于纺纱厂的位置,在那里棉花和合成纤维被纺成纱线。这些工厂大多位于亚洲国家,部分原因是劳动力成本较低;自20世纪60年代以来,中国一直是世界上最大的棉花消费国。然而,随着纱线生产逐渐从中国转移到其他亚洲国家,重大转变正在发生。

中国的消费在2007年达到顶峰,此后下降了20%。这一下降的部分原因是政府购买棉花的减少,这为农民提供了更高的价格,但也导致需求方面从棉花转向合

图 10.6 各区域棉花消费量

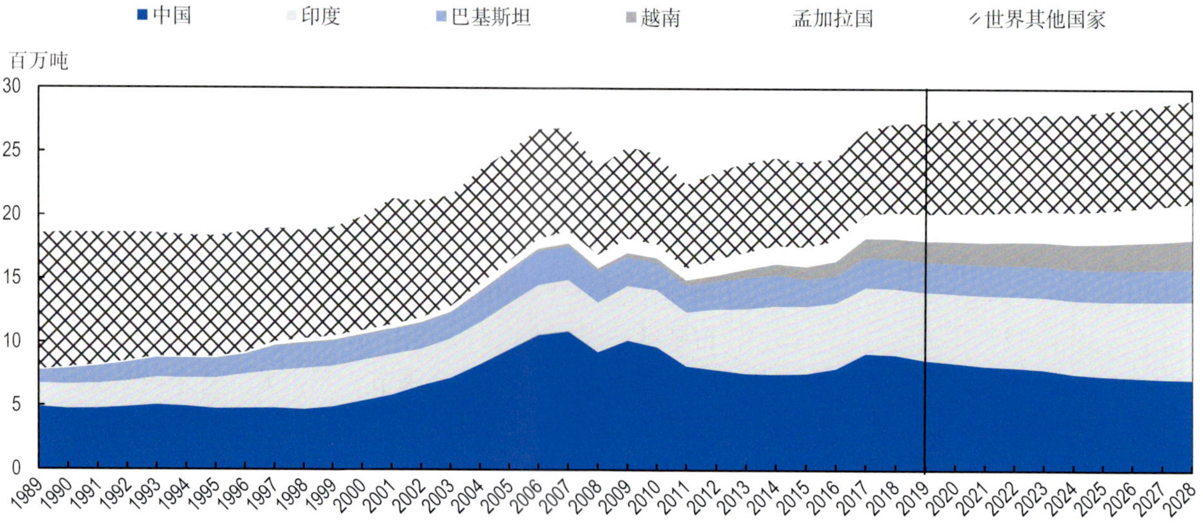

资料来源：经合组织/粮农组织（2019），《经合组织－粮农组织农业展望》，经合组织农业统计数据（数据库），http://dx.doi.org/10.1787/agr-outl-data-en，历史数据来源于香港廉政公署。

成纤维。这一下降还反映出一种更为结构性的变化，因为劳动力成本的上升和更为严格的监管刺激了该行业向其他亚洲国家，特别是向越南和孟加拉国转移。在过去的3年里，棉纺厂的消费已经恢复了一些失地，部分原因是，随着政府支持棉价的干预措施减少，棉花比聚酯更具吸引力。由于政府采取措施治理工业污染，聚酯似乎也遭受了挫折。尽管存在这些因素，但低成本亚洲国家服装和纺织业的强劲增长表明，中国纺纱厂的使用将在展望期内恢复下降趋势。

相比之下，由于印度政府支持国内纺织业的发展，预计印度纺纱厂的使用量将增加。纺织品是印度工业生产的重要组成部分，被认为是创造就业机会的引擎。预计政策将继续支持其发展，例如通过支持采用更快的织机。

预计2005年逐步取消多纤维安排（该安排规定了发展中国家对欧洲和美国的进口双边配额）将有利于中国纺织品生产商，而对较小的亚洲国家不利。相反，孟加拉国、越南和印度尼西亚等国的纺织业却出现了惊人的强劲增长。以越南为例，部分原因是中国企业家的外国直接投资和2007年加入世界贸易组织。预计这些国家的快速增长将在未来10年内继续，这三个国家的工厂使用量都将扩大50%以上。预计土耳其的纺织业也将进一步增长，部分原因是对欧盟和俄罗斯出口的增长。

贸易

历史上，棉花一直以原棉纤维捆的形式进行交易，尽管近期棉纱贸易一直在增长。预计2028年全球原棉贸易（本《展望》的重点）将达到1 200万吨，比基期增长约30%。因此，鉴于孟加拉国和越南等国内棉花产量不多的国家的需求增长以及巴西国内棉纺厂使用量的下降，预计贸易增长将快于总体消费和生产增长。

由于进口量的强劲增长，孟加拉国和越南预计将在未来10年成为主要进口国。预计到2028年，两国进口将增长50%以上。加起来，它们将占全球进口的40%以上。

在整个展望期内，美国仍将是全球最大的出口国，在2028年占全球出口的近1/3。随着巴西到2028年成为第二大出口国，预计未来10年巴西出口将强劲增长。

棉花是撒哈拉以南非洲的一种重要出口作物，目前占全球出口的15%（西非约占该区域生产和运输的75%）。布基纳法索、贝宁、马里和科特迪瓦是主要的生产国，由于地区扩张和政府支持，它们的产量在最近几个季节不断扩大。整个撒哈拉以南非洲地区的纺纱厂消费仍然有限，许多国家几乎全部出口。预计撒哈拉以南非洲出口在未来10年将继续每年以2.6%左右的速度增长，使该地区的市场份额增加到17%，其中亚洲和东南亚是主要的出口目的地。

主要问题和不确定性

如前所述，目前尚不清楚经济增长和城市化将如何影响发展中国家和新兴经济体对棉织品的人均需求。即使与本《展望》所设想的发展中世界人均需求趋势存在相对较小的偏差，也可能导致全球消费、生产和贸易预测发生重大变化。从短期来看，对纺织品的需求取决于经济状况；因此，全球经济衰退可能导致棉花需求下降。

其他需求趋势也可能影响预测。例如，纺织业的回收利用正在创造一个稳定的二级市场，市场主体竞相为低质量纺织品和非纺织产品的生产者提供原材料。这一趋势可能进一步减少对棉花和其他纤维的需求。另外，在高收入国家，消费者似乎越来越偏爱天然纤维，这可能使棉花获得比聚酯更大的优势地位。

政策措施也会影响消费趋势；例如，几个东非国家正朝着抑制二手服装进口的方向发展，这可能会推动棉花消费，并鼓励非洲的增值。

棉花生产对害虫和天气条件敏感。鉴于棉花对水的依赖，预测其可能对干旱或其他不利的天气条件等气候变化非常敏感。如上所述，过去10年来，几个国家的产量增长缓慢。改良的遗传学（部分是由于对棉花基因组的更好理解）和更好的害虫管理有可能导致比预期更强劲的产量增长。然而，这种创新需要时间来开发和部署，对于转基因棉花来说，有时是有争议的。在印度，粉红棉铃虫似乎已经对转基因抗虫棉产生了抗性，导致马哈拉施特拉邦的主要农作物损失。这一问题的原因目前仍在争论之中，尽管印度的长期杂交棉品种可能是造成这一问题的原因之一。在布基纳法索，2008年引进的转基因抗虫棉在对抗棉铃虫方面是有效的，但导致棉絮长度缩短（因此质量溢价降低），促使政府在2015年逐步淘汰转基因抗虫棉。

政策在全球棉花市场上发挥着重要作用。如前所述，中国的持股政策就是如此。

其他政策举措（如对国内纺织业的支持、投入补贴）也可能影响预测。

可持续发展政策将继续影响未来棉花的需求和供应。在全球范围内，据估计，2017—2018年有19%的棉花是按照"更好的棉花倡议"的可持续性标准生产的，预计还会有进一步的增长。有机棉等相关产业也有望增长。这些趋势的一个后果是对供应链透明度和可追溯性的需求增加。